上海大学创意写作丛书(第五辑)
本书系国家社科基金重大项目"世界创意写作前沿理论文献的翻译、整理与研究"(项目编号:23&ZD294)的阶段性成果

创意写作管理

谢尚发　著

上海大学出版社
·上海·

图书在版编目(CIP)数据

创意写作管理 / 谢尚发著. -- 上海：上海大学出版社，2025.6. -- ISBN 978-7-5671-5284-7

Ⅰ. H15

中国国家版本馆 CIP 数据核字第 202540JV08 号

责任编辑　徐雁华
封面设计　倪天辰
技术编辑　金　鑫　钱宇坤

创意写作管理

谢尚发　著

上海大学出版社出版发行
（上海市上大路 99 号　邮政编码 200444）
（https://www.shupress.cn）发行热线 021-66135112
出版人　余　洋

＊

南京展望文化发展有限公司排版
上海华业装璜印刷厂有限公司印刷　各地新华书店经销
开本 890mm×1240mm　1/32　印张 11　字数 246 千
2025 年 6 月第 1 版　2025 年 6 月第 1 次印刷
ISBN 978-7-5671-5284-7/H・444　定价　58.00 元

版权所有　侵权必究
如发现本书有印装质量问题请与印刷厂质量科联系
联系电话：021-56475919

谨以此书献给我的父亲：
谢法礼（1947—2022）

总　序

许道军（教授、博导，上海大学中国创意写作研究院执行院长）

创意写作引进国内高校至今已有 16 个年头，2024 年 1 月，中文创意写作正式入列中国语言文学二级学科，实现了从学科引进、中国化创生、"野蛮发展"到建制化发展的持续性飞跃。16 年间，"上海大学创意写作丛书"全程见证并参与了这个进程，"创意本位中文创意写作学"也逐渐成型，上海大学出版社功不可没。

创意写作要不要理论，需不需要建构自己的学术体系，对于一个正式的学术科目来说，实则无须论证。但之所以出现"创意写作需不需要理论"这样的疑问——而事实上世界创意写作也确实存在理论不足的现象——这里面有深刻的历史原因。创意写作兴起于 19 世纪 80 年代的美国高校，其"初心"表面上是反抗当时文学教育文学选本陈旧、语文学和修辞学对文学审美性的压抑，但底层逻辑却是为了创建美国"国族文学"。相较于欧洲，美国文学传统几乎微不足道，"创造性发展"和"创新性继承"无从谈起，"美国在政治上独立了，文学也需要独立"，"创造美国文学"迫在眉睫，而创造首先需要"创意"。爱默生倡导"创意写作"与"创意阅读"，我们需要在这个背景下去理解。事实上，之后的创意写作发展尽管在某些时候、某种形式上"偏离"了这个预设——比如创意写作最初的形式是"英语写作"——但整体上是在"创意"领域展开的。

任何持久深入的实践都需要理论的支持,创意写作也是如此,它最初受益于进步主义。进步主义反对理论(或者说反对过度理论化)——尽管它也是理论的一种,——给了创意写作这个新生事物极大的信心,让它可以"撇开"学术权威,专心教学探索。第二次世界大战后创意写作专业又连续得到几个"大礼包":一是出自冷战意识形态竞争的需要,美国政府(包括中央情报局)给予了它足够的经费资助;二是《军人权利法案》和《国防教育法案》颁布后,成千上万的军人涌入创意写作课堂,给了它"报效国家"、大展宏图的专属机会;三是20世纪70年代始的美国大学扩张和"婴儿潮",相当程度上解决了它的就业和生源。此时,创意写作依旧只需要专注于教学教法,宣扬"实践效能"即可。但到了20世纪80年代,几个外在加持相继失效,创意写作成了一个普通的常规学科,"彪悍"不再,这个时候它要独自面对市场和学术,证明自己的合法性。首先它要区分创意写作与文学写作、作文写作的不同,确证自己的学科独立性;其次要走出文学研究、作文研究"搭伙过日子"的舒适区,建构自己的知识体系,证明自己能够贡献新学术知识;最后它要真正扎下根基、沉下心来,磨炼自己的"技能",如专业的作家培养模式、科学的写作技巧,以及能应对创意时代需要的核心素养等,证明自己继续"能",创意写作研究由此兴起了。它开始反思自己过往的理论不足,总结与提炼自己的学科史、学科方法等,我们熟知的创意写作研究成果,如《大象教学——1880年代以来的美国创意写作史》《创意写作的兴起——战后美国小说的"系统时代"》《作为学术科目的创意写作研究》等相继问世。再坚持"创意写作无须理论"不合时宜了,当然再说创意写作没有理论也不符合事实,尽管它的成果与自己的实践实在不相匹配。

创意写作在中国的兴起自有其背景与愿景,相对于美国创意写作,中国创意写作学科的创建迟了许多年,但创建"创意本位中文创意写作学"却恰逢其时。一是包括美国在内的世界创意写作实践已有一百多年,积累了大量的经验和研究材料;二是创意写作全球化传播与在地化发展,形成了多种路径与模式,"历史上的创意写作""现实/发展中的创意写作"与"理想/应然的创意写作"三个图景并存,给我们提供了更开阔的视野;三是世界创意写作研究的迟滞为中文创意写作提供了宝贵的时间窗口,在某种意义上说,中文创意写作学研究与世界创意写作研究实际上同步,我们有机会与世界创意写作一起共同应对新时代的写作问题,在这个过程中实现中西创意写作研究的对话、交流与互鉴。

葛红兵教授是创建中国创意写作学科的重要奠基人,"创意本位中文创意写作学"的提出者与践行者,其主持的国家社会科学基金重大项目"世界创意写作前沿理论文献的翻译、整理与研究"(23&ZD294)为相关研究提供了重要平台。从世界创意写作研究看,"创意本位"而不是"实践本位""文学/写作本位"代表着最新学科认识。世界创意写作研究在文学研究、写作研究上逗留了太多时间,最重要的几位学者也才刚刚认识到这一点——这也说明,走出舒适区有多难,开创新的学术领域有多难。

"上海大学创意写作丛书"第五辑一如既往坚持"创意本位中文创意写作学"学术立场,即"坚持创意本位,坚持面向文化创意产业和创意国家建设,坚持生成叙事和生成抒情规律研究",为中文创意写作实践和创建创意写作"中国学派"服务。它不再讨论"作家是否可以培养""写作是否可以教学"这些初级命题,也不再纠结"创意写作古已有之""创意写作的创意性"这些似是而非的问题,在宏观上全神贯注研究中国/世界创意写作研究的新范式、新知识、新话语、新学术体系,中观上研究创意写作的分/跨文体、分/跨文类、分/跨媒介的写作与教学,微观上研究创意写作的文本创意与生成、作家的培养与生存等。同时,丛书一如既往地坚持它的前沿性与探索风格,研究新的写作文类,比如微短视频写作、剧情游戏写作,研究创意写作过程管理,研究新型创意作家的培养,打通创意写作与服务文化创意产业发展"最后一公里"的区隔。这其中,创意写作的叙事生成语法、抒情生成语法将是我们的攻关领域。

AI写作的兴起划时代地改变了人类写作,也对以"培养作家"著称的创意写作学科造成了巨大挑战,但我们不会纠结"写作是否需要亲历亲为""作家是否有必要培养"这些挑衅性问题,也不会对AI写作视而不见或以邻为壑,而是勇敢并欣然地拥抱新技术与新写作逻辑,积极开展"人机协同/对抗"研究、"AI生成叙事/抒情语法"研究、"元写作"研究等,相信创意写作不仅能够反哺文学写作,也能反哺AI写作算法。假如我们认为AI写作算法并不完美、需要现有多学科提供支持的话,那么创意写作将是最积极也是最有力的那一个。毕竟,将写作的权利与能力交付所有人,实现全民写作,是创意写作的愿景,而这一点,它与AI写作不谋而合,相向而行。

创意写作研究,朝阳永续!

2025年6月14日星期六

目　录

绪论　写作中的"烂尾楼"问题与创意写作活动管理的必要性 1
　　第一节　写作中的"烂尾楼"现象 2
　　第二节　"烂尾楼"的创意写作学问题 7
　　第三节　探究创意写作活动组织与管理的
　　　　　　必要性 14

第一部分　创意管理：原理与方法

第一章　管理你的灵魂：品性与德性 21
　　第一节　伟大灵魂是创意写作的核心与基础 22
　　第二节　伟大灵魂的核心要素 27
　　第三节　管理你的灵魂 31
　　第四节　敏感与浑厚：伟大灵魂之于创意写作 36

第二章　素材管理与创意形成 41
　　第一节　生活中的创意时刻 42
　　第二节　观察、搜集与积累 46
　　第三节　反向思维与类推 49

- 第四节 细节、人物与感官 52
- 第五节 素材的管理 58

第三章 阅历与阅读 62
- 第一节 自传与创意 64
- 第二节 阅历的组织与管理 67
- 第三节 阅读、写作的镜像与创意 73
- 第四节 阅读的组织与管理 76
- 第五节 虚拟的人生与现实的人生：一种组织行为学的探究 82

第四章 想象与创意 86
- 第一节 类型与比类联想 87
- 第二节 想象的心理机制与激发 90
- 第三节 遐思：从音乐与协意中寻求 94
- 第四节 想象激发的组织与管理 99

第五章 创意写作思维训练 104
- 第一节 身体与心灵 105
- 第二节 差异性与陌生性：周身世界与周围世界 111
- 第三节 头脑风暴：团体创意写作思维训练的组织与管理 115
- 第四节 创意写作思维训练的几个建议 119

第六章　分要素训练 …… 123

　　第一节　一些原理：分要素训练的组织与管理 …… 124

　　第二节　从描写开始：语言或风格练习 …… 129

　　第三节　人物及其命运 …… 133

　　第四节　如何讲述故事 …… 142

　　第五节　结构设计的训练 …… 148

　　第六节　主题，或思想，或深度 …… 156

　　第七节　一些原则：分要素训练的组织与管理 …… 161

第二部分　自我管理：过程与途径

第七章　写作的准备与计划 …… 167

　　第一节　锚定主题，构思大纲 …… 168

　　第二节　网罗人物，编织情节 …… 176

　　第三节　确立风格，并追问几个问题 …… 184

　　第四节　写作日程表：计划的制定与实施 …… 189

第八章　困难与危机管理 …… 195

　　第一节　外界环境的干扰，内在自我的躁动 …… 197

　　第二节　才思枯竭的危险，中途充电的必要 …… 202

　　第三节　期待落差的形成，补救措施的落实 …… 206

　　第四节　拯救一个创意，完成一份初稿 …… 211

第九章　改变作为未知数 ……215
- 第一节　创意继发性,过程适应性 ……216
- 第二节　全盘推翻,重新创作 ……220
- 第三节　计划调整,思路新变 ……224
- 第四节　一个例子：安娜这一人物塑造的转向 ……228
- 第五节　创意写作为何青睐未知数 ……234

第十章　写作的"习性"及其养成 ……237
- 第一节　创意写作的习性是什么 ……238
- 第二节　习惯成自然,或管理的效果 ……243
- 第三节　风格与习性 ……247
- 第四节　写作的三种状态：立马开工、深思熟虑或腹稿完成 ……254

第十一章　监督与补偿机制的建立 ……260
- 第一节　为什么要建立监督与补偿机制 ……262
- 第二节　自我监督的三个方面：定、核、反思 ……265
- 第三节　补偿机制的三个方面：借、补、延长 ……270
- 第四节　适应压力,创造动力 ……275

第十二章　自我管理的方法 ……280
- 第一节　数量管控法 ……282
- 第二节　质量管控法 ……288
- 第三节　时间管控法 ……294
- 第四节　日常性管控 ……299

第十三章　从稿件到作品：编辑、修改与投稿　......304
　　第一节　从草稿到作品：自我编辑的重要性　......305
　　第二节　修改也是一次创意写作　......310
　　第三节　学会做一个"投稿人"　......320
　　第四节　改变角色：从生产者到批评者与
　　　　　　消费者　......326

后记　......332

绪论　写作中的"烂尾楼"问题与创意写作活动管理的必要性

　　在写作过程中,写作者常常经历这样的尴尬:心中念想起于一时之间,鲜活的人物形象跃于眼前,活灵活现,故事也曲折完美,动人心魂,甚至觉出倘若写出来定然会成为"杰作""名著",最不济也应该是"一流作品"。但例外情况层出不穷,其中一种便是写作者发现并没有付诸行动的充足理由,于是等待着念想更为充分、不断酝酿与聚集,结果等来的却是念想"胎死腹中"。还有一种情况是,念想付诸书写行动,但接下来的写作过程,要么一开头就觉得不对劲,要么写到中途甚至完成大部分内容后,却最终不了了之,成为典型的写作中的"烂尾楼"。"烂尾楼"问题尤其多发于青年写作及业余写作中,似乎成了许多写作者起步的梦魇。但殊不知,即便是著名作家,这样的例子也屡见不鲜,甚至几乎每一个作家终其一生都存在着"写作的烂尾楼现象"。这就涉及创意写作管理的问题。

　　成为作家的前提不仅仅是"开始写吧"的问题,还在于动笔之后如何对自己的思路、文字、习惯等一系列的创作过程进行管理。可以说,"一部作品的诞生"就意味着实现从"念想"(idea)到"成品"(production)的生产过程的管理,换句话说,就是"作为产品的文本"的生产管理过程。之所以需要这一管理过程,就是为了降低或避免半成品、残次品和伪劣品的产出率,从而提升、改善成品率。脑力劳动的文化生产活动,与体力劳动的商品生产活动,其质同一。

就创意写作而言,迈出第一步"开始写吧"是突破障碍、激发潜能、从成规上路①等一系列写作的初始阶段,此时就需要写作者对创作的兴念、续念、生念等一系列的构思阶段进行管理,甚至需要进行提纲、初创、草稿等的管理活动。待进入具体的写作过程,对思路的持续激发、对文字书写的麇集与管理、对写作习惯的适应与改变、对团队的组织与管理等,都需要运用具体而微的管理学知识。尤其是创意写作进入文化创意领域后,文化产品的生产以一人之力无法承担之时,组建团队、管理团队、协调团队等,就更需要创意写作管理学了。它可以有效地针对写作过程中出现的各种问题,将写作类同于生产,从而保证产品的产出率,提升写作的成功率。

第一节 写作中的"烂尾楼"现象

在古今中外的文学史中,许多作家都曾碰到写作的"烂尾楼"问题。"烂尾楼"现象甚至成为文学史中值得研究的普遍性问题,它涉及作家的思维、文学作品本身的难度、对人类思维的把握等各

---

① 这种阶段性的创意写作的训练,最早引入国内高校时,是为了破除"中文系不培养作家"的陈旧观念,因此鼓励写作者迈出第一步就成了"成为作家"最重要的任务。这种观念尤其体现在葛红兵和许道军主编的教材《创意写作教程》中。在这一论述中,包括突破作家障碍、在创意写作工作坊中成长、自我发掘、思维训练、伟大的成规、开始创作等几部分,既鼓励写作者迈出第一步,也是初步进行创意写作活动的管理。相关论述可参见葛红兵、许道军:《创意写作教程》,高等教育出版社2017年版,第16—62页。

方面的问题。甚至,哲学史、学术史上同样不乏半途而废的"写作烂尾楼"现象——计划中要完成的著作,最终只能以残卷的方式存在,成为历史上的遗憾。再扩大到人类一切思维领域,这种"烂尾楼"现象也是普遍存在的——物理学中有待解决的问题被搁置,天文学中对地球的思考停滞下来,乃至于牛顿对微观世界和宏观世界放弃了思考而归于"上帝"。这些"未完待续的故事""半途而废的探索",或"被迫停下的脚步",细细探究,实则充满魅力,它们存在的意义和价值甚至不亚于那些"完成品"。可以追问,从这些"写作烂尾楼"现象入手,究竟可以给我们带来什么样的启迪呢?这不仅仅是针对写作者的追问,也是面向读者、文学史研究以及所有写作现象的追问,更重要的是,它还涉及对人类思维的关注与探究。

列夫·托尔斯泰在世时,便有许多研究者就其创作过程进行探究,让我们有机会一窥其创作的概貌,了解到"烂尾楼"现象对他而言也时有发生。在其早年创作中,"还在1856年,十二月党人从流放地返回的时候,他就开始写作有关十二月党人的中篇小说。这部小说是以十二月党人从流放地返回莫斯科为其开端的"[①]。这个中篇小说一开头,列夫·托尔斯泰就觉得不对头。因为虑及主人公的青年时代,他觉得有必要以十二月党人起义作为开端,于是抛弃了既定构思。当他准备以此为开端动笔去写的时候,又发现若要叙述十二月党人起义,就必须要探究起义发生的原因,时代的

---

① 尼·尼·古谢夫:《〈战争与和平〉创作过程概要》,西北大学出版社1987年版,第10页。大约从列夫·托尔斯泰晚年开始,已经有大批关于其创作过程研究的专家,从事对其手稿的搜集、整理、辨认、分类、编辑、出版和研究的工作,试图揭示这位伟大作家的创作过程,其中尤以《战争与和平》《安娜·卡列尼娜》和《复活》的创作研究最为丰富。

背景又被大大提前。他自述道:"我又一次抛弃了业已开了头的写作,而从1812年写起。"①作家终于可以信心满满地开始他的创作了,然而一个十分偶然但也情理之中的原因,使他再次抛弃既定想法,因为他考虑到"假若不描写我们的失利和我们的耻辱,我便羞于去写我们在和拿破仑的法国人作战中所取得的胜利。在阅读1812年卫国战争的有关著作时,有谁没有体验过那种隐秘的,而又羞怯与疑惑的不快活的情绪呢?如果说我们胜利的原因并不是偶然的,而是扎根于俄罗斯人民和军队本来的天性之中,那么,这种本来的天性就应当更加鲜明地表现在失利和溃败之中"②。叙述至此,我们便可以看出,列夫·托尔斯泰的思考朝向了更为深邃的历史深处,一次次抛弃既有构思,从十二月党人归来挪移到1812年,又从1812年挪移到了1805年。即便如此,这一中篇小说也还是未能完成,因为后来,他觉得这部中篇小说的规模应该扩展为一部长篇小说,便再一次放弃了既有构思。但构思中的长篇小说也未能完成,而是慢慢地转移到《战争与和平》的创作上,最终关于十二月党人的中篇小说、长篇小说的写作便宣告为"烂尾楼"工程。

在中国作家中,"烂尾楼"现象也不在少数。茅盾有多部长篇小说是"未完成"的状态,老舍的《正红旗下》也是较为典型的写作中的"烂尾楼"现象。还有沈从文创作的《长河》与贾平凹写了15

---

① 尼·尼·古谢夫:《〈战争与和平〉创作过程概要》,西北大学出版社1987年版,第10页。列夫·托尔斯泰创作中的"烂尾楼"现象往往在其创作之始便已产生,他会在开头处就宣布停止,或者转移,因此他较少写废作品,这也值得深思。

② 尼·尼·古谢夫:《〈战争与和平〉创作过程概要》,西北大学出版社1987年版,第10—11页。

万字又被放弃的《忙忙人》,也是较为典型的。《长河》曾因连载引起不小的关注,被认为是《边城》的继续与延展;《忙忙人》尽管被废弃却成了《浮躁》的前身与试笔,联结着作家的另一部经典作品。在《边城》的写作过程中,沈从文重回家乡时"已经意识到,正在写作的《边城》无法'对应'发生了深刻变化的湘西现实"①,由此产生了《长河》的最初创作念想。四年后,沈从文在战乱中再次返回故乡,切身感受家乡发生了深刻的变化,写作《长河》的构思逐渐酝酿成熟,等到了昆明后即动笔写作。本来打算写成中篇小说的《长河》,在写作过程中沈从文发现中篇的规模已无法容纳"变动时代的历史含量,就打算写成多卷本的长篇",连载的部分是第一卷,直到 1942 年已被扩充为 13 万字,预计最终为 30 万字。但除了第一卷外,此后构思中的其他卷便不见写出,更不见出版,以至于黄永玉感叹:"写《长河》之后一定出了特别的事,令这位注意力很难不集中的人分了心,不能不说是一种损失。真可惜。"②预计 30 万字的小说,最终只写出了 14 万字。师法沈从文的贾平凹,在《浮躁》的第二个序言中坦言:"这部作品我写了好长时间,先作废过十五万字,后又翻来覆去过三四遍。"③实际上这作废了的 15 万字,可以算作是贾平凹的另一部长篇小说,且命名为《忙忙人》。据何丹萌的记述:"《忙忙人》已经写到 17 万字,按计划再有 5 万字就可脱稿了。"但此后随着贾平凹被检查出罹患乙型肝炎,"他的那个《忙忙人》的手稿,是被韩俊芳收起来锁进了柜子,她怕平凹为此

---

① 张新颖:《沈从文的前半生:1902—1948》,上海三联书店,2018 年版,第 222 页。
② 黄永玉:《沈从文与我》,湖南美术出版社,2015 年版,第 48 页。
③ 贾平凹:《关于小说》,生活·读书·新知三联书店,2015 年版,第 32 页。

而操劳"①。患病或许是贾平凹"写作烂尾楼现象"产生的原因,但其间创作观念的变化大约才是最根本的原因。

没必要一一罗列文学史上更多"写作烂尾楼"现象。视线转到哲学史上,那里也有不少"写作烂尾楼"现象,其中比较有名的当属海德格尔的《存在与时间》。按照既定的计划,海德格尔把存在问题的清理工作分为两项,因此在写作中就把书的内容也相应地分成两部分,两部分又各分为三篇。但1927年春发表于胡塞尔主编的《哲学和现象学研究年鉴》第八卷上并出版了单行本的《存在与时间》,却只有第一部分的前两篇而已,连第三篇都未能写出来,更遑论计划中的第二部分了。在1953年的第七版序言中,海德格尔交代说:"本版删去了一直标有的'第一部'的字样。时隔四分之一个世纪,第二部将不再补续,否则就必须把第一部重新写过。"②但是因为对这一问题的持续思索,后来海德格尔将他1927年夏在马堡大学的讲课稿,即此后出版的《现象学之基本问题》界定为"对《存在与时间》第一部第三篇的重新修订"③。与此同时,1953年他

---

① 何丹萌:《见证贾平凹》,安徽文艺出版社,2011年版,第116、120页。贾平凹的记述与何丹萌的叙述略有差异。贾平凹交代,《忙忙人》写于《浮躁》之前,几乎可以看作是《浮躁》的第一版本。但何丹萌说写作这个小说是在《浮躁》之后的1988年,两者相差2年。有理由相信,《浮躁》之前贾平凹已经写了《忙忙人》15万字的书稿,在《浮躁》创作完成之后,这部小说应该是继续写,所以才有17万字。从构思上来看,《忙忙人》与《浮躁》应该是两部长篇小说,而非《忙忙人》是《浮躁》的准备或第一版。

② 马丁·海德格尔:《存在与时间》,陈嘉映、王庆节译,商务印书馆,2019年版,第1页。在1927—1953年长达26年后,海德格尔虽然一直在探索存在的问题,却承认依旧无法再接续《存在与时间》的第二部的写作,也就是明确表示,即便是在作者有生之年,也无法实现从"未完成品"到"完成品"的跨越。

③ 马丁·海德格尔:《现象学之基本问题》,孙周兴、丁耘译,商务印书馆,2018年版,第1页。不仅如此,此后海德格尔在《存在与时间》出版后的边注中也说:"参见1927年夏季学期马堡课程《现象学之基本问题》。"参见马丁·海德格尔:《存在与时间》,陈嘉映、王庆节译,商务印书馆,2019年版,第57页。

还告知读者,《存在与时间》的第二部"可以参看我的《形而上学导论》,那是我在 1935 年夏季学期授课时的教本"①。即便如此,人们也能够一眼看出,后来的《形而上学导论》处理的并不是康德图型说和时间学说、笛卡尔的存在论与思执以及亚里士多德的时间论。当然,这种种都是海德格尔事后对《存在与时间》这个"写作的烂尾楼"的补救,单纯就写作的完成度而言,将之归入"未完成品"是没有任何问题的。

第二节 "烂尾楼"的创意写作学问题

稍微深究一下"写作烂尾楼"现象的产生,以文学史上较为常见的案例来看,原因大致可以归纳为两大类:其一,不可抗的外在因素,最为常见的是死亡突然降临、战争爆发、生活中发生了不以人力为转移的巨大转折。当然,也存在其他外在因素,比较罕见的如著作散佚、被毁于水火等,比较常见的如手稿保存过程中出现问题而导致续补困难等。穆齐尔在生命结束前的十年里,计划中的《没有个性的人》没有完成与他贫病交加有关。老舍创作的《正红旗下》未能如期完成,与时代的际遇、生命的消亡亦有直接的关系。其二,"烂尾楼"现象产生的内在原因与创意写作学有关。它既有创意思维中的构思、想象、心理准备等内在原因,也与创意写作中的结构、叙事语调、写作预期、故事与情节准备不充分等有关,还与创意写作外的写作准备、习惯培养、计划制定等有关。无疑,认清

---

① 马丁·海德格尔:《存在与时间》,陈嘉映、王庆节译,商务印书馆,2019 年版,第 1 页。

这些思维的、内在的、外在的创意写作学问题,能有效减少"写作烂尾楼"现象的发生。粗略归纳,大致有以下四种创意写作学问题:

其一,创意问题导向,主要是创意本身的特性所导致的"烂尾楼"现象。需要明了的是,创意活动具有鲜明的未完成性和继发性。创意的未完成性,指的是任何一个创意都不可能形成最终完善的成品,从而达成一个终了状态,而是始终处在未完成的状态。即便看似完成性的创意观念,也会随时有断裂、自我否定与新创意的产生。创意的继发性,指的是创意确定之后,即便阶段性地形成了成果,也会持续性地从主创意系统中生发出新的、更丰富的创意,从而给既定的创意带来巨大的冲击,新旧创意之间形成无法弥合的张力,推动创意持续向前发展。本质上而言,正因为未完成性和继发性的存在,创意才成为创意;但也因为未完成性和继发性的存在,创意的定型就变得十分困难。创意的如此特性,使写作者在写作过程中会为创意的源源不断涌入而兴奋。与此同时,写作者如果因此而无法抗拒这些全新创意的诱惑,抛弃既定的写作计划,从而转向其他作品的写作,"烂尾楼"现象也就在所难免了。这其中也包括创意本身的扬弃与持续化自我完善,善于利用创意的这种特性并进行有效管理,不但不会催生"烂尾楼",还能扼住创意这匹爆发力与耐力十足的奔马,促成伟大作品的诞生。列夫·托尔斯泰关于十二月党人的中篇小说被延长为长篇小说的篇幅,并最终以"烂尾楼"的方式付诸阙如——无论是对他自己而言,还是对读者而言,这都不可惜,因为他把这个创意导向合适的位置,使得"烂尾楼"的产生成为后一个伟大作品的"基础",即作为《战争与和平》的开端。1863年,他动笔写了自己的长篇小说,给这部"长篇小说确定的年代界限为1810—1820,这个年代表明,第一,还没有放弃有关十二月党人的长篇小说的构思；第二，作者开始的长篇小说并不是从1805年的事件写起的"①。从这里也可以看出，创意的未完成性与继发性，促使列夫·托尔斯泰关于十二月党人的小说构思一直未能达到完成性的状态，反而由此促发了《战争与和平》的写作。

其二，预期期待问题导向，指的是事实上的写作所产生的结果与创意预期中期待的文本效果存在偏差，当这个偏差达到一定程度，"写作烂尾楼"现象就会产生。某种程度上来说，这是一种自我否定的结果，也是一种积极的、带有防御性质的自我修正，亦是作家对自我创作严格要求、对作品质量的担忧及其传世心态的表现。及时地对自我创作进行修正、掉转方向，可以避免写作中残次品产生的概率。出现预期期待导向问题，是因为写作之前未能对创意进行充分地挖掘与管理，但这里强调的修正、掉转方向，已经不再是创意的问题，而是创意与写作技巧之间发生了龃龉，写作的生产技术与创意的产品理念设计之间出现了断裂，哪怕是偏差，都会导致"烂尾楼"现象的发生。前面所举的贾平凹写《忙忙人》即是其中一例。在接受穆涛采访时，他就强调："《浮躁》就写废过一遍，还有一部《忙忙人》，写过七八年了，也没拿出去发表，我想要是发表的话，还得重新写一遍。"②他说的"重新写一遍"就是因为预先所期待的文本效果与实际的写作结果之间产生了差距，诱发了预期期待

---

① 尼·尼·古谢夫：《〈战争与和平〉创作过程概要》，西北大学出版社，1987年版，第12页。通过研究手稿和日记、书信，尽管古谢夫认为列夫·托尔斯泰并未放弃关于十二月党人的小说创作，但此后作家却并未创作出这样的小说，将之称为"烂尾楼"也是合适的。

② 贾平凹：《贾平凹文论集·访谈》，生活·读书·新知三联书店，2015年版，第343页。从这里也可以判断，在《浮躁》后记中所言的写废了的《忙忙人》应该是另外一部小说，而非是写废了的《浮躁》的第一稿。

导向问题。贾平凹自己也曾经强调,凡是做了相关"创作计划表格时,我所作的计划从来没有实现过,有许多觉得要写的东西都没有写出来"①。计划中的创意情况与现实的创作情况之间发生的这种断裂,导致"烂尾楼"的产生,且无从补救,除非另起炉灶。

其三,意图转折问题导向,指的是在创作进行过程中预先构思的创作方向因为实际的写作情况而发生了转折,也就是说创作中的文学世界证明了预先构思的不合理,从而逼迫着写作者放弃预先的构想,而服从于文学世界本身发展规律的书写。严格来说,这应该算是创作过程中写作者对自我创作的一种修正,是创意的持续性完善过程的表现。这一情况极其鲜明地体现在列夫·托尔斯泰创作《安娜·卡列尼娜》的过程中。"托尔斯泰为《安娜·卡列宁娜》设定的主题是'家庭的主题',他原想要通过这部作品表达一种女人应该只在家庭中做贤妻良母的观点,但是安娜的遭遇却实际上大大超越了这个主题,而提出了一个带有深刻人性意义的妇女问题。对于安娜命运的解释,作家的构思原本局限于一种宗教的宿命论,然而作品的客观意义却大大超越了作家本人的意愿,变成了对那个不平等的社会的强有力的控诉。"②对于整个小说而言,这种意图转折导向促成了创作的成功,但对最初的创意构思而言,的确导致了"烂尾楼"的产生。从一开始要立志于创作这部小说开始,"托尔斯泰准备谴责长篇小说离婚的主人公,准备从道德立场谴责的时候,从一开始,他就在相当的程度上,把他们写成社会环

---

① 贾平凹:《贾平凹文论集·访谈》,生活·读书·新知三联书店,2015年版,第343页。

② 这里引用的是智量的"译序",而且题目翻译为"卡列宁娜",为保持原文风貌,这里不作修改。可参见列夫·托尔斯泰:《安娜·卡列宁娜》,智量译,译林出版社,2002年版,第4页。

境的牺牲品",但小说内部情节的发展,却迫使他放弃这样的创意执着,而是服从了小说世界内在发展的规律,成了"说明他们是无罪的"①。由此,小说中"出现的那个塌鼻子、高额头、翻鼻孔、喜欢饶舌的女人却变成优美动人、雍容大方、步态轻盈、感情真挚的妇女形象"②。当然,这是意图转折问题导向产生的积极效果。也有产生不良效果的,如海德格尔《存在与时间》的写作。当海德格尔意味深长地说:"时隔四分之一个世纪,第二部将不再补续,否则就必须把第一部重新写过。"这时就意味着,最初的创作设计与写作过程中所激发的问题已经出现转折,被视为《存在与时间》第一部第三篇的《现象学之基本问题》的第一部分,毋宁说是其第二部的内容,其中涉及亚里士多德、康德等人对存在的论述,只有这部书的第二部分才重回"时间与时间性",与之前构思中的"时间与存在"有所关联。至于被认定为是《存在与时间》第二部的《形而上学导论》,毋宁说更像是一部对"时间概念史"的考察,与《时间概念史导论》倒颇为相似,反而和设计中的三篇论述康德、笛卡尔和亚里士多德相关哲学观念的构思,相去甚远。构思中的《存在与时间》未能写出的部分,又被分散在《对亚里士多德的现象学解释:现象学研究》《康德与形而上学疑难》《物的追问:康德关于先验原理的学说》《亚里士多德哲学的基本概念》等书稿中。

其四,计划问题导向和准备问题导向,都和写作的前期准备有关。计划问题导向,指的是写作者未能在写作之前就制定严格的

---

① 符·日丹诺夫:《〈安娜·卡列尼娜〉的创作过程》,雷成德译,内蒙古人民出版社,1980年版,第36页。
② 雷成德:《探索托尔斯泰创作的秘密——苏联对托尔斯泰创作过程的研究》,见尼·尼·古谢夫:《〈战争与和平〉创作过程概要》,西北大学出版社,1987年版,第7页。

创作计划,使得写作具有随意性、随机性,从而未能全面贯彻创意阶段所形成的理念而产生"写作烂尾楼"现象。尽管不能以此就判定创作者"不严肃、不认真",但写作活动的随意性、随机性是写作的大敌,许多"烂尾楼"现象便是这种计划问题导向所带来的。准备问题导向又包含两个方面,即客观上的外在准备和主观上的创意准备。所谓客观上的外在准备,是说创作者未能提前预判创作过程会受环境、人事、生活等琐碎事件的影响,未能在创作开始前与创作过程中合理地化解这些琐碎事件,从而导致精神不集中、精力被分散,引发"写作烂尾楼现象"。主观上的创意准备,是说创作者在创意还未形成一定规模、还未达到成熟阶段便仓促上马,投入写作中,使得写作过程充满了各种不确定性,甚至面临创意资源枯竭的问题,从而被迫终止写作,导致"烂尾楼"的发生。沈从文创作《长河》,最初起因于《边城》。《边城》发表之后,为使外界看到"全然是一个陌生的世界"的湘西,且为更多读者所认识,他便宣称:"我并不即此而止,还预备给他们一种对照的机会"①,便开始了《长河》的创作。至于如何来写、写成什么规模、计划何时完成,一概付诸阙如。按照沈从文1938年7月28日写给张兆和的信中说的邮寄了十页小说,应该就是《长河》创作的开始,当时他预备写六万字②,完全是一个中篇小说的规模。到1942年5月给大哥沈云麓的信中则有了不小的变化:"《长河》已成十三万字,不久可付印。今年我还打量把另外一个作品写成,名叫《小砦》,用王村作背景,

---

① 沈从文:《沈从文全集》(第8卷),北岳文艺出版社,2002年版,第59页。
② 沈从文:《沈从文全集》(第18卷),北岳文艺出版社,2002年版,第313页。从这封信中可以看出,沈从文似乎已经准备完毕了,前期的计划也已经安排好了。但从此后的发展来看,《长河》确实写得很匆忙。

绪论　写作中的"烂尾楼"问题与创意写作活动管理的必要性

有七万字八万字左右。《长河》有三十万字,用吕家坪作背景。写成十个时,我将取个总名,为《十城记》。沅陵也有一个,名《芸庐纪事》,已有二万字,我预备写十万字。……凤凰也要写一个。"①由此也可知,这个作品似乎一直在计划之中,不断地变动、调整,足可见其创意的未完成状态,远未达到成熟的阶段。几个月后,即1942年的9月8日再给沈云麓写信时,他已经在写《芸庐纪事》了,但关于这个作品创作的计划又有变动:"行将着手的名《呈贡纪事》,写呈贡三年见闻,一定很有意思,也想写十万字。"②如此看来,《十城记》也许才是沈从文构思当中的那部大作品,而《长河》只是其中之一。不唯《长河》是"烂尾楼"作品,即便是行将着手的《呈贡纪事》也只有打算,并未付诸实际的书写。因为开始创作时时间仓促、准备不足,才有后来作品的不断更改、修正,才会有更多的创意构思加入进来,导致原有的写作计划愈发显出其短板来。不能说这是贪多或好高骛远,而只能说在写作之初他对整个写作并没有一个完整的构思和计划,才导致写作过程变动不居。

整体来看,创意问题导向、预期期待问题导向、意图转折问题导向、计划问题导向和准备问题导向,基本上可以看作"写作烂尾楼"现象产生的主要原因。从某种程度上来说,这些问题导向并没有好坏之分,而是写作路途上出现的疲惫或倦怠的导火索,会让写作的过程产生各种不顺。若要成功创作一部作品,就需要规避这些问题,对这一过程进行管理。

---

① 沈从文:《沈从文全集》(第18卷),北岳文艺出版社,2002年版,第402页。
② 沈从文:《沈从文全集》(第18卷),北岳文艺出版社,2002年版,第408页。从这里可以看出,这种仓促上马的写作,会出现各种变动。

第三节　探究创意写作活动组织与管理的必要性

　　一念之间，创意风云际会，起转之间难以捉摸其后续发展，一不小心就会落入"烂尾楼"的泥淖，成为文学史的遗憾；转瞬刹那，创意激荡汹涌，翻腾处都是绝妙好词的闪耀构思，抓住构思并因势利导便会造就文学史上的经典流传。优秀的作家，好的写作者，都是利用并管理创意的高手，文学大师之所以杰出便在于其创意管理能力。如果说写作真的存在天赋，那么有无创意思维就是判断天赋存在与否的标准。而创意管理能力长期被忽视，进而被认为可有可无，殊不知它同样是天赋的重要组成部分，甚至是天赋或创意思维能否兑现的关键所在。不唯此，即便是创意能力，通过一定程度的训练、管理，人人都可具备，它并不是某些人的专项能力，神秘不可言说。因此，从内在的创意能力，到外在的创意管理能力，都亟须一门关于创意写作的管理学。

　　要创建一门创意写作管理学，首先在于对创意的理解。创意是一种变动不居的思维流，使之彻底定型几乎是不可能的事，因为即便是在落实创意的过程中，它所具有的未完成性和继发性也决定了它会朝着未知的方向发展。这也就是刘勰所谓："寂然凝虑，思接千载，悄焉动容，视通万里；吟咏之间，吐纳珠玉之声；眉睫之前，卷舒风云之色。"这并非意味着创意是不可捉摸的，而是顷刻之间宇宙时空、天人与共、千年万年的激荡，如果没有对之进行有效管理，枯竭、跑偏、戛然而止等情况会随时发生。激发创意、引导创意、管理创意、收纳创意，恰是对创意的一种完整且圆满的利用，而非将之作为对象化的产品进行"处理"。其次，在于对创意管理能

绪论　写作中的"烂尾楼"问题与创意写作活动管理的必要性

力的理解。既然要激发创意、引导创意、管理创意、收纳创意,那么懂得"驾驭创意之道"便是创意管理能力的体现,也是一个写作者应该有的基本素养。如果说创意人人共有、并非天启,那么意味着不但要承认创意管理能力的存在,且要认可这种能力对创意的重要作用——创意管理能力是促成、激发创意的重要方式。刘勰在描绘了"神思"的不可捉摸、瞬间千里的特性之后,紧接着就指出:"是以陶钧文思,贵在虚静;疏瀹五脏,澡雪精神;积学以储宝,酌理以富才,研阅以穷照,驯致以绎辞;然后使玄解之宰,寻声律而定墨;独照之匠,窥意象而运斤:此盖驭文之首术,谋篇之大端。"[①]这里所提出的"驭文之术"很显然描述的是创意管理能力,"虚静"说的是激发创意的前提,"积学"说的是引导创意的基础,"研阅"指向管理和收纳创意,此后的声律、意象、谋篇则是将创意付诸写作实践,将之归流到文本的创意定型。再次,还在于对写作习惯等的理解。就个人创作而言,特定的写作习惯与相关计划安排是能够保证创意最终被落实的前提——写作环境的创造与维护、写作计划的制定与落实、写作量的规定与补偿、写作时间的长度与效率等,都是保证创意最终成型的关键。对一般的写作者而言,忙于琐事而把写作战线拉得过长就极容易导致"烂尾楼"现象的发生,这与其说是创意能力或创意管理能力的不足,不如说是写作习惯所导致的额外情况的堆积。最后,是对写作团队活动的理解。随着时代的发展,写作越来越从个人的独创性活动,变为团队活动,创意思维的激荡、团体成员的协作、激励机制的引入等,都是在具体团

---

① "神思"一篇,既是对创意特性的诗意化描写,又对如何把控、驾驭、管理创意提出了建设性的意见。其中,激发创意的手段不但包括提供独特的场景与处境,还包括创意阅读、认识人情世故等。

队写作过程中会涉及的。甚至随着科学技术的进步,人工智能写作(AI写作)将会在写作中占据越来越重要的位置,如何利用、管理诸如此类的"新生写作力量"实际上也呼吁着一门"创意写作管理学"的诞生。

如果存在一门"创意写作管理学",那么它应该包括哪些内容呢?就以上分析而言,它至少应该包含如下四个方面的内容:其一,创意管理,包括创意激发的前期准备阶段,诸如生活阅历的积累、创意阅读的沉淀、创意素材的搜集与整理等;创意激发阶段,诸如遐思、潜意识召唤、音乐醒悟等;创意激发的实训,诸如想象力培养、联想能力练习、发散思维训练、反向思维倒推等;创意训练的风险与危机管理,诸如素材搜集的过程管理、阅历积累过程中的危机管理等。其二,创意写作的自我管理,包括写作的准备与计划,诸如工作量安排、日程计划、情节与人物列表、创意写作的环境营造、写作要素的前期准备等;危机预案与管理,诸如写作被打断及其补偿、创作中途出现才思枯竭情况如何进行调试、预期期待落差形成后怎样来干预、创意接续问题的管理等;创意写作的过程管理,诸如思路的调整与变化及其适应性、写作惯性的累积与维护、监督与补偿机制的建立与严格贯彻、创意写作压力的自我调节与疏通等;创意写作自我管理的方法,诸如数量控制法、质量控制法、时间控制法等。其三,创意写作团队的组织与管理,其中,创意写作团队的组织,诸如人员的确定、团队架构的设置、沟通机制的建立、团队文化的建设等;团队创意写作活动的管理,诸如团队的沟通机制、团队的效率控制、团队的绩效管理等;创意写作团队组织的形式,诸如圆桌写作方式、工坊制写作方式、摊派式写作方式等。其四,创意写作的产品管理,包括创作前期的调研,诸如问卷调查以获取市场需求与读者期待、文化市场考察与可行性报告等；创意写作的成本控制，诸如成本投入的计算与管理、投入与产出的预算、预算超支与应对策略等；创意产品的营销与售后管理，诸如作品的推介、市场化路径的探索、消费市场反馈的获取与分析、消费反馈所提供的误差与新创意的形成等。

倘若把创意写作作为一门管理学的学问，那么它所考察的核心问题便是：如何把一个创意的意念变为现实的产品。通过分析我们可以看出，极具个性的作家在创作时尚且难以摆脱"烂尾楼"的影响，更何况在日益团队化、人工智能化的当下进行大规模的创意写作活动，对它进行管理的迫切性不言而喻。创意不但是个人能力与天赋的问题，也是可以纳入管理系统的问题；创意写作不但是个人的写作行为，也是管理个人写作行为的事情；创意写作的管理不但涉及个人的私密化写作行为，也广泛地存在于团体创作活动之中。创建一门创意写作管理学的必要性，既在于它要将创意写作推向大众写作，也在于它能同时提供个人写作的管理常识。

第一部分
创意管理：原理与方法

第一章　管理你的灵魂：品性与德性

如何才能写出一部伟大的作品，引人入胜，发人深省？除了打磨写作技巧、艰苦的训练之外，成为作家是否还需要拥有更为核心的、本质的素养？又该如何修炼？这是许多写作者起步写作之后常面临的问题。刘勰在《文心雕龙·神思》中有著名的论断，不妨以此作为这个问题的切入点："故思理为妙，神与物游。神居胸臆，而志气统其关键；物沿耳目，而辞令管其枢机。枢机方通，则物无隐貌；关键将塞，则神有遁心。是以陶钧文思，贵在虚静，疏瀹五藏，澡雪精神。"所谓"志气"乃神思之关键，"虚静""澡雪"都在描述它的状态，以及达到它的方式、涵养它的途径。由此也不难理解，当公孙丑问孟子"敢问夫子恶乎长"时，他答道："我善养吾浩然之气"，并进一步解释说："其为气也，至大至刚，以直养而无害，则塞于天地之间。其为气也，配义与道。无是，馁矣。是集义所生者，非义袭而取之也。行有不慊于心，则馁矣。"刘勰所谓"志气"，可参照孟子所说"浩然之气"来贴近之。

那么，又如何来理解"浩然之气"呢？朱熹在集注孟子"浩然之气"时，曰："至大初无限量，至刚不可屈挠。盖天地之正气，而人得以生者，其体段本如是也。"这种"天地之正气"是义、道、慊的集合，而"慊"即"积善"。简单来说，孟子的"浩然之气"是指以人性之善为基础的敢于坚持一切真理的纯而盛的道德感情。孟子的养浩然之气的养气原理,也就是培养人的道德感情、道德情操的原理。这一"浩然之气"的获得与修炼,就创意写作而言,其价值与意义,也许可以用黑格尔的话来进行判断,即他在谈到艺术处理"冲突"时对"精神方面的能力"的强调。他说:"个人必须凭他的心灵方面的优点就已经可以跳跃过这种自然界限,使自然界限的力量屈服于他的愿望和目的。"①黑格尔所谓"自然界限",无异于创意写作中成为作家的各种"障碍",焦虑、犹豫、不自信、迷信天才说等,都是成为作家道路上需要克服的艰难险阻。"心灵方面的优点",便是志气的涵养、浩然之气的培养、伟大灵魂的修炼。

第一节 伟大灵魂是创意写作的核心与基础

需要明确的是,"伟大灵魂是创意写作的核心与基础,是发动机与永不枯竭的源泉"。"伟大灵魂"的重要价值不管是在传统的写作中,还是在创意写作中,都有着重要的价值与意义。它能保证作品的高度与厚度、质量与品质,唯有将之化入字里行间,作品中的人物、故事、情感,乃至于作品本身都会灌注一种生气。这恰如黑格尔所说:"在情感和情感表现里,灵魂显出自己是灵魂。因为对于灵魂,身体各部分的单纯的并存见不出真实,而对于灵魂的主体的观念性,杂多的占空间的形式也是不存在的。……这些独立自在的部分现在就不再只是表现它们自己,而是表现灌注生气给

---

① 黑格尔:《美学》(第一卷),朱光潜译,商务印书馆,1996年版,第267页。

它们的发生情感的灵魂。"①不仅是人作为一种自然美,因其"灵魂"与"身体各部分"之间的"灌注生气",而且即便将人作为客观对象、作为一种自然美,创作来源便是这灵魂,以此所形成的客观作品即人本身,这是自然美中最高级的美的存在。与此同时,黑格尔还强调:"心灵世界的机构愈庞大、愈丰富,灌注生气于整体而且形成这整体的内在灵魂的那单一的目的也就愈需要辅助的手段。"②如果我们偏离黑格尔的原意,来强调这种"辅助手段"即是各种艺术创造,其中包括文学写作在内,那就意味着,灵魂愈是盛大,灌注生气于其中的作品也就更加将这种"心灵世界"表现得充分、活灵活现。借助"灵魂—人—作品"的论述,我们即可以看出,在"世界—作者—作品—读者"的四重要素③中,"灵魂与人"统一于"作者"这一要素,它们是构成作品的前提条件。古往今来的作家之所以能够留下感人的诗篇、作品,皆因有伟大灵魂灌注于其作品之中。

杜甫一生郁郁不得志,飘零各处,但其笔下诗作却气势磅礴、沉郁顿挫,尤其"三吏三别"(《新安吏》《石壕吏》《潼关吏》《新婚别》《无家别》《垂老别》),以悲悯之心观芸芸众生,状其疾苦、述其悲惨,用了诗歌创作的形式替这些人发出声音。这便是伟大灵魂观照世间万物,形成一种悲天悯人的思想,再将之"推广到天下苍生乃至天地间一切生命,从而形成了博大、深沉的仁爱精神"④。以至

---

① 黑格尔:《美学》(第一卷),朱光潜译,商务印书馆,1996年版,第164页。黑格尔在此所强调的,一方面是自然美中人作为一种独特的自然美的理由,另一方面也促成我们对灵魂及其所赋予的"灌注生气"的对象的理解,即灵魂本身的存在,使人成为一种自然美,自然美作为对象,是因为灌注生气于其中而导致的。
② 黑格尔:《美学》(第一卷),朱光潜译,商务印书馆,1996年版,第189页。
③ "文学的四要素"说,可参见艾布拉姆斯:《镜与灯:浪漫主义文论及批评传统》,郦稚牛、张照进、童庆生译,北京大学出版社,2015年版。
④ 莫砺锋:《杜甫评传》,南京大学出版社,1993年版,第285页。

于自己流离失所,寓居茅草屋中,当秋风裹卷并摧毁他的房屋之时,他会为天下寒士呼号呐喊:"安得广厦千万间,大庇天下寒士俱欢颜。"汪灏就诗作解释道:"秋风卷破草堂,举家竟夜淋雨中,歌以纪事。不忧屋破,而思庇遍天下寒士,故不曰'叹'而曰'歌'。"[1]这一"叹"一"歌"的区别与转换,恰是杜甫伟大灵魂之体现:摆脱对自我命运的浅吟低唱、哀怨悲怜,代之以推己及人、宽阔雄浑的仁爱精神。舍小我而成大境界,这是我们阅读此诗作时所能体会到的,而若从创作来说,假使杜甫没有伟大的灵魂,不具悲天悯人的仁爱精神,那么他将对"三吏三别"的事情、天下寒士的生活视而不见,置若罔闻,而躲进一己的小悲欢之中。尽管那样也可以造就文学创作,但却缺乏气象、境界,更缺乏格调与神韵。正因为有悲天悯人的仁爱精神,才会促使杜甫触目所及皆能体会到他人的悲欢,从而给阅读者留下精神的震撼、思想的浩大与灵魂的崇高之感。无论从选材、造境、凝练主题,还是从谋篇布局、遣词造句,伟大的灵魂无不时时刻刻萦绕其间,它构成写作者的器宇、德性与品质,从而决定其眼光、立场与境界。这正如研究者所言:"由于家庭教育、家族观念等原因,……往往会转向他们著名的祖先祈求精神上的支持力量,若明若暗地形成自己的大理想、大抱负;……这些大理想、大抱负也有促使人们开阔眼界,注意重大社会和政治问题的作用,随着他们的日益深入现实,经历了种种磨炼,对那些有识之士来说,有可能在他们理想幻灭、抱负落空之后,得到并非他们梦寐以求的别种成就。"[2]这里的"别种成就",即是文学创作。无论将伟

---

[1] 萧涤非主编:《杜甫全集校注》,人民文学出版社,2014年版,第2345页。
[2] 陈贻焮:《杜甫评传》,上海古籍出版社,1982年版,第6页。

大的灵魂置于哪种领域,它都能朗照天地,成就伟大事业。

可以说,伟大的灵魂所能成就者,不仅仅是诗歌、小说、散文等文学创作,只要有这种伟大的灵魂,其所流备之处皆是妙章。列夫·托尔斯泰的一生几乎是创作的一生,也是灵魂接受洗礼与锻炼的一生,他的作品成为见证他伟大灵魂的最好注脚。最能体现伟大灵魂所筑造的篇章是《复活》。这部小说有一个公众皆知的来源:彼得堡巡回法庭检察官阿·费·柯尼的回忆录中交代的一桩司法案件,也是著名律师尼·卡拉布钦夫斯基参与的案件①。但它真正的来源,则是列夫·托尔斯泰伟大的灵魂——终其一生,他都在不停地忏悔自己的行为,这"复活"毋宁说是他本人的心灵在晚年的再一次忏悔,希望重获新生,以至于在这部著作的一开头,在铺排了一切春天的美好后,他转而写道:

> 唯独人,成年的大人,却无休无止地欺骗自己而且欺骗别人,折磨自己而且折磨别人。人们认为神圣而重要的并不是这个春天的早晨,也不是上帝为造福众生而赐下的这个世界的美丽,那种使人趋于和平、协调、相爱的美丽;人们认为神圣而重要的却是他们硬想出来借以统治别人的种种办法。②

这奠定了该书的基调,也由此可以将列夫·托尔斯泰的其他著作全部勾连起来。其中,《忏悔录》直接以自我批判的形式写成,其披肝沥胆、深入灵魂的程度不亚于卢梭;《一个地主的早晨》与其说是虚构的故事,不如说是列夫·托尔斯泰本人的亲身经历——他试

---

① 符·日丹诺夫:《〈复活〉的创作过程》,雷成德译,内蒙古人民出版社,1982年版,第1—3页。
② 列夫·托尔斯泰:《复活》,汝龙译,人民文学出版社,1989年版,第5页。

图推进农奴制改革,给予这些可怜的底层人民以权利,却遭到反对,愤而出国西去旅游以便考察其他国家的制度;《那么我们该怎么办?》则是对社会不公的灵魂拷问,思考贫穷,不仅触及乡村的贫穷,也触及城市的贫穷,关注那些城市里流浪的乞丐……这些作品,以小说、政论、散文等形式存在,但所有外在的形式都只不过是伟大灵魂所赋予的不同形式。这伟大的灵魂,在其女儿托尔斯泰娅看来:"就在于他从童年时代起就毕生追求善;如果做了错事,走了弯路,遭受挫折,他从不文过饰非、自欺欺人,而是站起来奋然前行。由于具有这些基本品质——温良、谦逊、永不自满,——所以他的思想境界不断提高,不断升华。"①如果这还是作为女儿对父亲的夸赞,那么罗曼·罗兰的评价则最能证明:"俄罗斯的伟大的心魂,百年前在大地上发着光焰的,对于我的一代,曾经是照耀我们青年时代的最精纯的光彩。在十九世纪终了时阴霾重重的黄昏,它是一颗抚慰人间的巨星,它的目光足以吸引并慰抚我们青年的心魂。"②正是因着这伟大灵魂的存在,照耀着他的创作,使之具有迷人的魅力,成为永恒的经典。

在对杜甫与列夫·托尔斯泰的叙述中,仁爱、善、谦逊、温良等成为高频词汇,这也恰恰显示出,"伟大灵魂"所应该有的要素。知乎此,我们就在管理自我灵魂上有了抓手。

---

① 亚·托尔斯泰娅:《父亲:列夫·托尔斯泰的生平》,启篁、贾明、锷权译,湖南人民出版社,1985年版,"作者的话",第2页。
② 罗曼·罗兰:《托尔斯泰传》,傅雷译,上海三联书店,2018年版,第3页。也可参见启篁等人的译文,与之略有差异:"距今一百年前,俄罗斯这个伟大心灵的光焰照亮了大地;这个心灵对于我这一代的人,曾经是照亮了我们青年时期的最纯洁的光芒。在十九世纪行将结束时阴霾重重的暮色中,它是颗安慰之星,它的闪光吸引着、抚慰我们青年人的心灵。"见亚·托尔斯泰娅:《父亲:列夫·托尔斯泰的生平》,启篁、贾明、锷权译,湖南人民出版社,1985年版,第1页。

第二节　伟大灵魂的核心要素

个人身上的修养、德性、品质，乃至于个人生命境界的诸多表现，都是伟大灵魂的重要构成。它可以看作是每一个人身上所拥有的优秀品性，亦可以是个人行为的道德表达。仅就创意写作而言，滋养、培育个人的"伟大灵魂"，它的核心要素主要体现为善、爱、宽容，以及悲悯、求真、自由与平等。

善，是一个伟大灵魂的最高体现，甚至可以说，心怀善意、日常生活中的善行、个人身上所散发出的善良，都是促成创意写作能结出经典果实的要素。亚里士多德在《尼各马可伦理学》开篇即强调："每种技艺与研究，同样地，人的每种实践与选择，都以某种善为目的。所以有人就说，所有事物都以善为目的。"[1]同时，他认为行为是最高的善，由此提出三种主要生活："最流行的享乐的生活、公民大会的或政治的生活，和第三种，沉思的生活。"[2]这"沉思的生活"即为哲人式的生活。由于善的观念经常被人们拿来评判周围所发生的一切社会现象或者某些人的举动，"依据某种东西（个人的行为和道德品质、人们的相互关系或整个社会的状况）正好受到评价，善的概念便获得善行（益行）、美德、正义等等这样一些比较具体的概念的形式"[3]。正因此，有学者指出："所谓绝对的内在善，

---

[1] 亚里士多德：《尼各马可伦理学》，廖申白译，商务印书馆，2003年版，第3—4页。亚里士多德在这里所指的善，包含具体的善与最终的善，具体的善是一个具体的目的；最终的善又被认为是城邦的善。亚里士多德说："尽管这种善于个人和于城邦是同样的，城邦的善却是所要获得和保持的更重要、更完满的善。"可参见该书第6页。
[2] 亚里士多德：《尼各马可伦理学》，廖申白译，商务印书馆，2003年版，第11页。
[3] 伊·谢·康：《伦理学辞典》，王荫庭、周纪兰、赵可、邱濂译，甘肃人民出版社，1983年版，第86页。

亦即至善、最高善、终极善，也就是绝对不可能是手段善而只能是目的善的内在善。"①从伦理学角度来看，善作为最高的善，是善性，是使善成为善的那个本质性的善，但同时它又不是空洞的、抽象的存在，而是化身为各种具体的概念，善行、美德、正义如此，"怜悯和善良意志"也是如此，亦即："以一颗纯洁的良心为他人服务，不惜牺牲自己的利益。"②也就是说，我们所强调的"伟大灵魂"所具有的善，既应该是本质意义上的善，也是表现为善行、善心、善意等的作为道德品质的善良之善。与此同时，这个善既是作为目的的善，它表现为合意、目的性等，也是作为结果的善，它表现为对生命的尊重、肯定与护佑。诚如舍勒所言："'善'这个价值——在绝对的意义上——就是合本质地在对一个（对于实现着它的本质的认识阶段来说）最高价值的实现行为中显现出来的价值"③。唯有此，才能让灵魂从本性至具体行为上，都始终贯穿着"善"。

爱，是伟大灵魂的另外一个核心构成要素。同善一样，爱首先体现为一种至高的本质性的爱，是使一切爱成为爱的那个爱本身，其次才是众多具体的爱，不管是爱情、孝顺、慈爱、热爱，还是对故乡之爱、对友朋与师长之爱。如此我们便可以看出，不必去寻求对爱的准确定义，它与善一样，构成了人的基本德性与品质，既是一种个人品性修养，也是一种实践性行为。叔本华曾强调："根本不需要什么论据，便发现仁爱、热爱、对上帝之爱的这一朴素根源，换而言之，那一德行的行为规则是这样的：'尽你力之所能帮助一切

---

① 王海明：《新伦理学》，商务印书馆，2008年版，第199页。
② 弗里德里希·包尔生：《伦理学体系》，何怀宏、廖申白译，中国社会科学出版社，1988年版，第195页。
③ 马克斯·舍勒：《伦理学中的形式主义与质料的价值伦理学》，倪梁康译，生活·读书·新知三联书店，2004年版，第28页。

人'；所有那些根据这一规则产生的行动，伦理学定名为德行的义务，或者称为爱的义务，不完全的义务。"①于此，我们也可以将之转为对"仁爱"的理解，即把爱框定在普遍意义上的宽泛的、广博的意义上。按照西季威克的解释："仁爱是一种至尊的、结构性的德性，它蕴含着并概括着其他一切德性，最适合于调节它们，以及确定它们的恰当界限与相互联系。"并且，他进一步论述道："仁爱的一般准则被普遍说成是'我们应当爱我们所有的同伴，或我们所有的生物伙伴'。"②那么，这其中就包含有孔子所言"己所不欲，勿施于人"的"忠恕之道"，亦有孟子所说的"推仁"的含义："老吾老，以及人之老；幼吾幼，以及人之幼。"不管是作为伦理学的重要概念，还是作为创意写作的先决条件，"爱"都是一个即将从事写作的人必有的核心要素。

可以说，"善"与"爱"乃是"伟大灵魂"之两翼，它们是基础的、核心的要素。两者之外，"宽容"是构成伟大灵魂的又一个要素。在为让·卡拉斯而写的《论宽容》中，伏尔泰曾自问自答："要想在今生幸福安乐，如同我们不幸的本性所能容许的，需要些什么呢？就是要宽容厚道。"③在这本小册子中，伏尔泰主要讨论的是宗教的宽容，即对异教徒的宽容。但实际上这已经超出了宗教范围，而上升为一种普遍的宽容。本书的译者指出："'宽容'（tolérance）这个字在法语里从14世纪就已出现，本来指对于某种自己不赞成的事物，出于宽厚、忍耐而表示容许容忍，并不加以禁止、阻碍或渴求；

---

① 叔本华：《伦理学的两个基本问题》，任立、孟庆时译，商务印书馆，1996年版，第255页。
② 亨利·西季威克：《伦理学方法》，廖申白译，商务印书馆，2020年版，第283—284页。
③ 伏尔泰：《论宽容》，蔡鸿滨译，花城出版社，2007年版，第148页。

或指容许、容忍他人与自己不同的情感、思想、习惯、行为等的内心情绪。到16、17世纪时,新旧教尖锐对立,冲突频仍,为缓和社会矛盾,出现'宗教宽容'(tolerance religieuse,或 tolerance)的态度和措施,'宽容'的涵义便有了一种限定。"①从宽泛意义上来说,"宽容"就被世俗化地解释为"不要太把自己当回事""不要总盯着别人的错误""宽容别人即是宽容自己"……

与宽容类似的,则是"悲悯",它是构成伟大灵魂的另一个要素。因悲悯常有"推己及人"的内涵,所以常与仁爱联系起来,也同时具有宽恕之意。但真正的悲悯之心,是一种"悲天悯人的情感"②之积蓄。这一情感也可以置于孟子所谓"恻隐之心"中来理解,他说:"恻隐之心,人皆有之;羞恶之心,人皆有之;恭敬之心,人皆有之;是非之心,人皆有之。恻隐之心,仁也;羞恶之心,义也;恭敬之心,礼也;是非之心,智也。"悲悯即是儒家所谓"仁"的一重界定,它奠基于个人,却推之于外在的千千万万事物与人,故而"悲天悯人"便是一种体谅之爱、宽容之至。孟子还说:"人性之善也,犹水之就下也。人无有不善,水无有不下。"这恰好与老子的观念续接上:"上善若水。水善利万物而不争,处众人之所恶,故几于道。"悲悯就是至善之体现,是"水之就下",是"利万物而不争"。由此,我们也可以看到,"伟大灵魂"的核心构成要素,都是互为解释的。一言

---

① 伏尔泰:《论宽容》,蔡鸿滨译,花城出版社,2007年版,"译者序",第3—4页。
② 有研究者论述余华的作品《活着》说:"余华的《活着》向我们呈示了人的一种生存方式——爱与善。因为余华心中充满着悲悯之心和对生命的终极关怀,所以作品中人物的言行无处不体现着爱与善的哲学。这不仅体现在异性之间的恋情上,更体现在对他人的怜爱、谅解、尊重以及对自身的认同感和反省的行为之中。在生命的伦理层面,作者和他笔下塑造的人物共同向我们展示了活着的苦难状态,却提供给我们一种活着的勇气和力量。"参见韩丽艳:《生命的伦理:爱与善的哲学——余华〈活着〉的伦理学阐释》,《太原大学教育学院学报》,2008年第2期。

以蔽之,伟大灵魂奠基于善和爱,以宽容、悲悯而体现,追求平等、自由、正义等。

按照孟子所言"人性本善",那么如何才能够促成伟大灵魂的诞生呢?作为创意写作的先导性、基础性、核心性的构成要素,我们应该如何来"管理灵魂"呢?

第三节　管理你的灵魂

亚当·斯密在《道德情操论》中论述同情时说:"人,不管被认为是多么的自私,在他人性中显然还有一些原理,促使他关心他人的命运,使他人的幸福成为他的幸福必备的条件,尽管除了看到他人幸福他自己也觉得快乐之外,他从他人的幸福中得不到任何其他好处。属于这一类的原理,是怜悯或同情,是当我们看到他人的不幸,或当我们深刻怀想他人的不幸时,我们所感觉到的那种情绪。"①基于这样的道德情感,我们可以说存在一种"同情的共感"或"怜悯的通感",由此"确立了两种不同的美德:一种是旁观者努力体谅当事人的情感,在这一种努力的基础上,确立了温柔、有礼、和蔼可亲的美德,以及公正、谦让和宽容仁慈的美德;而在当事人努力把自己的情绪降低到旁观者所能赞同的程度的基础上,确立了崇高、庄重、令人尊敬的美德,即自我克制、自我控制和控制各种激情的美德"②。如此,恰好构成了"管理灵魂"的起始点,它沟通于对伟大灵魂各要素的认知,以及在此认知基础上去培育并实践各要

---

① 亚当·斯密:《道德情操论》,谢宗林译,中央编译出版社,2008年版,第2页。
② 何怀宏:《伦理学是什么》,北京大学出版社,2002年版,第126页。

素的活动。

按照孟子所言"人性本善",那么"尽心""知性"与"致良知"就是"管理灵魂"的具体方法。《尽心(上)》开篇说道:"尽其心者,知其性也。知其性,则知天矣。存其心,养其性,所以事天也。殀寿不贰,修身以俟之,所以立命也。"如果将"尽心、知性、存心、养性、修身"与前此所提及的"我善养吾浩然之气"放置在一起,即可看出孟子提出了一整套"管理灵魂"的方法。过一种省察的生活以反思提点灵魂、知行合一以实践丰沛灵魂、投入创意写作以文字切磋琢磨灵魂,构成了"管理灵魂"的三个重要方面。

"过一种省察的生活以反思提点灵魂",历来是东西方哲学家所提倡的涵养性情、培育德性以及安身立命之道。《论语·学而》有云:"吾日三省吾身:为人谋而不忠乎?与朋友交而不信乎?传不习乎?""一日三省"就是一种"管理灵魂"的方法,即每日数次反省自己的言行举止是否符合伟大灵魂的标准,构成伟大灵魂的核心要素有无在自己的生活中得到体现。几乎在历史的同一时期,古希腊哲人苏格拉底提出一个哲学式命题:"未经省察的人生是不值得过的。"于是,在《苏格拉底的申辩》中我们看到,面临审判的苏格拉底为自己辩护时慷慨陈词:"我从那个神谕的角度问我自己,我究竟是愿意这样是我所是,既不像他们的智慧那样智慧,也不像他们的愚蠢那样愚蠢,还是像他们那样,兼有二者。我对我自己和神谕回答说:'是我所是'对我更好些。"[①]在其陈述中,这种生活即是一种"省察的生活"。"经过省察的人生"则是亚里士多德所提倡的"沉思的生活"。在他的论述中,"幸福的生活似乎就是合德性的

---

① 柏拉图:《苏格拉底的申辩》,吴飞译,华夏出版社,2007年版,第83页。

生活,而合德性的生活在于严肃的工作,而不在于消遣。……我们身上的这个天然的主宰者,这个能够思想高尚[高贵]的、神性的事物的部分,不论它是努斯还是别的什么,也不论它自身也是神性的还是在我们身上是最具神性的东西,正是它的合于它自身的德性的实现活动构成了完善的幸福。而这种实现活动,如已说过的,也就是沉思。"这是因为,"沉思是最高等的一种实现活动"①。沿着古圣先贤的论述,我们可以说,"过一种省察的生活以反思提点灵魂",以及过一种沉思的生活,过一种爱智慧的生活,这种生活以爱智慧的形式出现,是一种实现自我德性的活动。因此,在日常生活中不断反思自己的言谈举止与行事、为人,是否靠近伟大灵魂,也就是对伟大灵魂的一次次提醒,来靠近并真正成为"伟大的灵魂"。"一日三省"也好,"经过省察的人生"也罢,"沉思的生活"也好,"爱智慧的生活"也罢,反思是通达伟大灵魂的必要途径,也是涵养伟大灵魂的重要保证。人性本善,之所以产生恶是因为对本善的遗忘与忽略,反思便是纠偏校正,使之归入伟大灵魂的正途。

"知行合一以实践丰沛灵魂",是以知行合一的态度,在生活中将伟大灵魂构成的核心要素付诸实践,以此起到对伟大灵魂的提升、涵养与保持的作用。这既是对孟子所提倡的"致良知"的一种回应与继承,也是对王阳明所提倡的"知行合一"的转化性应用。王阳明在给学生朱守乾留下的书信中认为:"人孰无是良知乎?独有不能致之耳。"伟大的灵魂作为本性,源出于每个个体之中,唯"致"者能真正表现出这种良知。在给学生诸阳伯的书信里,他又

---

① 亚里士多德:《尼各马可伦理学》,廖申白译,商务印书馆,2003年版,第304—305页。

说:"端庄静一亦所以穷理,而学问思辨亦所以养心,非谓养心之时无有所谓理,而穷理之时无有所谓心也。"养心与穷理,都是致良知的方式,端庄静一与学问思辨同样是致良知的方式,此二者皆为管理灵魂,并培育之、涵养之、磨砺之。关于"知行合一",王阳明在《传习录》中回答徐爱提问时说:"知是行的主意,行是知的工夫;知是行之始,行是知之成。若会得时,只说一个知,已自有行在,只说一个行,已自有知在。古人所以既说一个知,又说一个行者,只为世间有一种人,懵懵懂懂的,任意去做,全不解思惟省察,也只是个冥行妄作,所以必说个知,方才行得是;又有一种人,茫茫荡荡,悬空去思索,全不肯着实躬行,也只是个揣摸影响,所以必说一个行,方才知得真。……故遂终身不行,亦遂终身不知。"[①]从这一点来说,"行""实践"本就是伟大灵魂的一种表现,与认识到善、爱、宽容、怜悯等是伟大灵魂的核心要素同等重要。那么在对我们的灵魂进行管理之时,若是脱离了实践、脱离了"致良知"与"知行合一"的工夫,那就意味着伟大灵魂停留于"知"的阶段而毫无用处。如此,去爱每一个人,去爱世间每一个事物,以善来对待这个世界及其所有附属物,对所有人与事都保有善意、善心,努力去付诸善行,宽容万事万物,用一种悲天悯人的眼光来看待这个世界,将伟大灵魂在实践中进行滋养,才是管理我们灵魂的重要方式。

如果"省察"是管理伟大灵魂的"知"的方式,那么"实践"则是管理伟大灵魂"行"的方式。省察,即学问思辨,实践,即知行合一,两者之外,"投入创意写作以文字切磋琢磨灵魂",说的就是将创意写作置于推演生活的程序,贴着作品中人物的心绪与血脉去理解,

---

[①] 王守仁:《王文成公全书》,中华书局,2015年版,第5—6页。

从而将写作变为培育与涵养灵魂的途径与方法,达成对伟大灵魂的管理效果。福楼拜刻画包法利夫人形象的创意写作行为,就是一个典型的个案。《包法利夫人》塑造了一个贪慕虚荣、婚姻出轨,因债台高筑而不得不选择自杀的乡下女性的形象,但福楼拜却另辟蹊径地把包法利夫人内在的精神描摹出来,从而发现她人性的闪光点。许渊冲评价说:"艾玛不倾心艺术,所以成了庸俗的浪漫主义的牺牲品;而福楼拜却凭借现实主义的艺术,超越了浪漫主义的自我,写出了《包法利夫人》。"①他还借用圣·佩韦的话说:"夏尔是个'可怜的好人',经过艺术加工,可以塑造出'一个高尚、动人的形象。'"②与其说福楼拜是在进行文学创作,不如说他在用文学创作的方式淘洗自我灵魂,从而笔下那个外形笨拙、智力低下、性格软弱且毫无理想的医生,反而是一个值得尊重的灵魂,因为他善良、忠厚老实;即便是爱慕虚荣、贪恋荣华富贵的包法利夫人,身上也迸发出青春少女的闪光,同样是一个可爱的人物,因为她追求上进、不满现状,有一个浪漫主义的灵魂。福楼拜并未按照现实情况,将包法利医生刻画为欧解·德拉玛,也没有把包法利夫人逼真再现为德尔芬·库蒂丽叶。《包法利夫人》的写作过程,同时也是福楼拜伟大灵魂的展现过程,亦是一个通过写作而涵养、培育伟大灵魂的过程。在写作中,超越自我,回归自我,让伟大灵魂闪烁耀眼光芒,可以说这就是伟大作家通过写作而实现的对自我灵魂的管理。

---

① 福楼拜:《包法利夫人》,许渊冲译,浙江文艺出版社,2021年版,"译者序",第7页。
② 福楼拜:《包法利夫人》,许渊冲译,浙江文艺出版社,2021年版,"译者序",第3页。

总而言之,"管理自己的灵魂"并不是将之机械地理解为对一个固定的物体或某一件事情,进行管理学的操作。它涉及个人修养与品质的提升、德性的培育、器宇的涵养与灵魂的洗礼。不可否认的是,除了"过一种省察的生活以反思提点灵魂""知行合一以实践丰沛灵魂""投入创意写作以文字切磋琢磨灵魂"三种方法,还有其他管理灵魂的方式,比如阅读伟人传记学习他们的情怀、设置具体情境拷问自我灵魂等,这些会在后面的训练中陆续涉及。

第四节　敏感与浑厚:伟大灵魂之于创意写作

伟大灵魂之于创意写作的意义,并非仅停留于赋予作品以气象、思想,乃至道德的层面,更能从过程性的角度帮助创意写作者进行兴象、构思,以及影响作品的风格、神韵与意境。究其原因,前者在于伟大灵魂总充满着善待万物的观念;后者在于风格的形成主要应归于人格。前者我们可称为敏感,即伟大灵魂因怀揣着善、爱、宽容与悲悯,而对于所经历的事情、所见到的人与物,都给予额外的关注,从而能发现不为人知的世间隐秘,把那些被置若罔闻的人、事、物重新以陌生化的眼光来观看;后者我们可称为浑厚,它是对拥有伟大灵魂的人所书写的作品从风格上的概括,浑厚,并不排斥优美,与其说浑厚是定于一尊地对风格的概括,不如说它是对风格本身的关注。

尽管我们说,"敏感"与"陌生化"不是同一个概念,但却可从"陌生化"这一概念去理解敏感。"陌生化"是俄国形式主义文论家什克洛夫斯基所提出的一个概念,他在《作为手法的艺术》中指出:"那种被称为艺术的东西的存在,正是为了唤回人对生活的感受,使人感受到事物,使石头更成其为石头。……艺术的手法是事物的'反常化'手法,是复杂化形式的手法,它增加了感受的难度和时延,既然艺术中的领悟过程是以自身为目的的,它就理应延长;艺术是一种体验事物之创造的方式,而被创造物在艺术中已无足轻重。"①通俗一点来解释,这里的"反常化"即"陌生化","所谓陌生化就是'使之陌生',就是要审美主体对受日常生活的感觉方式支持的习惯化感知起反作用,要很自然地对主体生活于其中的世界不再看到或视而不见,使审美主体即使面临熟视无睹的事物时也能不断有新的发现,从而延长其关注的时间和感受的难度,增加审美快感,并最终使主体在观察世界的原初感受之中化习见为新知,化腐朽为神奇"②。实际上,"陌生化"不仅仅是一种艺术表达的方法,它还是一种观察与构思的方法,将诸多熟悉的事物以陌生的眼光去观看,并发现平时因视而不见、听而不闻所忽略的信息,再使其重新彰显出来。毋宁说,"陌生化"就是写作者"敏感"的一种表现,正是因为敏感,写作者不再以普通人的方式来观看眼前的事物,而采取了"陌生化"的方式去观察、体验。这里非常突出的一个例子,即列夫·托尔斯泰写作的《哈吉穆拉特》,尤其是小说开头的引子部分,详细地描摹了牛蒡花:"这棵'鞑靼花'有三个枝杈。其中一枝已经断掉了,残枝像砍断的胳膊突出着。另外两枝每枝都有一朵花。这两朵花原是红的,现在却变黑了。一枝是断的,断枝头上有一朵沾了污泥的花耷拉着;另一枝也涂抹了黑泥,但仍然向上挺

---

① 维克托·什克洛夫斯基:《作为手法的艺术》,见维克托·什克洛夫斯基等:《俄国形式主义文论选》,方珊等译,生活·读书·新知三联书店,1989年版,第6页。
② 杨向荣:《陌生化》,见赵一凡、张中载、李德恩:《西方文论关键词》,外语教学与研究出版社,2006年版,第339页。

着。看样子,整棵灌木曾被车压过,过后才站起来,因此它歪着身子站着,但总算站住了。就好像从它身上撕下一块肉,取了五脏,砍掉一只胳膊,挖去一只眼睛,但它仍然站了起来,对那消灭了它周围弟兄们的人,决不低头。"①仅仅是一株牛蒡花,列夫·托尔斯泰写来,仿若第一次看见,事无巨细地写下,并将之延伸到他所关注的事情上来。这自然可以看作作家的高超之处,但也提醒我们,伟大灵魂需要保持敏感,以善意看待世界,以爱拥抱世界,进而去宽容、去怜悯。

历来关于风格的论述,十分丰富,文学家、哲学家,乃至于艺术学家,都曾触及这一命题,皆因此命题不仅关涉着产品,还连接着创作者本人。长期以来,"风格"与"修辞学"总脱不开关系,尤其是古希腊人所强调的"演说术"与"修辞术"等技艺,更将风格的形式化一面强调到无以复加的地步。亚里士多德的《修辞学》更是将之推向了"政治学"高度,"认为政治技艺等同于修辞术"②。但就"文学的风格"而言,在众学者的论述中,情形大不相同。威克纳格就认为:"风格论并不具有像诗学和修辞学那样深刻的内容。它的对象是语言表现的外表;不是观念,不是材料,而只是外在形式——词汇的选择,句法的构造。"③在历来论述"风格"的篇什中,

---

① 列夫·托尔斯泰:《哈吉穆拉特》,刘辽逸译,见《列夫·托尔斯泰文集》(第四卷),人民文学出版社,1986年版,第393—394页。
② 施特劳斯:《修辞术与城邦:亚里士多德〈修辞术〉讲疏》,何博超译,华东师范大学出版社,2016年版,第15页。作为"政治哲学"复古流派的开创者,施特劳斯的古典学强调对先贤典籍的注疏,此即为其一。但亚里士多德究竟是否在政治作为一种修辞术的技艺层次上来剖析修辞术,则不能听信其一家之言。这里引用,仅作为参考,提供一种视角。
③ 威克纳格:《诗学·修辞学·风格论》,见歌德等:《文学风格论》,王元化译,上海译文出版社,1982年版,第15页。本书是王元化先生为研究《文心雕龙》中的"风格论"而做的准备,收入了较为重要的4篇西方学者论述风格的文章。因布封《论风格》早有译介,而未收入。

威克纳格的解释代表着学界较为统一的认知,即"风格就是服从所用材料的各种条件的一种表现方式,而且它还要适应一定艺术种类的要求和从主题概念生出的规律"①。"表现方式"成为风格的界定,柯勒律治就提出:"风格只能是清晰而确切地传达意蕴的艺术,不问这个意蕴是什么,作为风格的一个标准就是它不能在不伤害意蕴的情况下用另外语言去加以复述。"②梳理这些关于风格的表述,可以发现,尽管学者们努力挣脱修辞学对风格研究的渗透与干预,但最终仍旧落入"语言""表现方式""形式"等的窠臼之中。稍有疏离者,也仅仅只是将风格作为一种"审美风貌"③或"艺术境界"④。但是在中国的文论中,"'风格'最早却不是用来品文。在汉末魏晋之际盛行的所谓九品论人的社会风气中,'风格'一词被广泛应用。'风'是风彩、风姿,指人的体貌;'格',指人格、德性;

---

① 黑格尔:《美学》(第一卷),朱光潜译,商务印书馆,1979年版,第373页。黑格尔是把风格放在"作风"和"独创性"中来论述的。在这一系列中,作风是浮夸的个人风格,是语言的雕饰与炫耀;独创性则是"不仅见于他服从风格的规律,而且还要见于他在主体方面得到灵感,因而不只是听命于个人特殊的作风,而是能掌握住一种本身有理性的题材,受艺术家主体性的指导,把这题材表现出来,既符合所选艺术种类的本质和概念,又符合艺术理想的普遍概念"。风格是由作风通向独创性的重要阶段。在这种观念中,作风是主观性的存在,而风格则是客观性的体现,独创性是"艺术表现里的主体和对象两方面融合在一起"的完美装填。
② 柯勒律治:《关于风格》,见歌德等:《文学风格论》,王元化译,上海译文出版社,1982年版,第37页。
③ 王之望:《文学风格论》,四川文艺出版社,1986年版,第33页。原话为:"创作主体与对象的本质联系通过高度完美的文学作品所体现出来的鲜明独特的审美风貌,就是文学风格。"
④ 歌德:《自然的单纯模仿·作风·风格》,见歌德等:《文学风格论》,王元化译,上海译文出版社,1982年版,第3页。歌德说:"通过对自然的模仿,通过竭力赋予它以共同语言,通过对于对象的正确而深入的研究,艺术终于达到了一个目的地,在这里,它以一种与日俱增的精密性领会了事物的性质及其存在方式;最后,它以对于依次呈现的形象的一览无遗的观察,就能够把各种具有不同特点的形体结合起来加以融会贯通的模仿。于是,这样一来,就产生了风格,这是艺术所能企及的最高境界,艺术可以向人类最崇高的努力相抗衡的境界。"

合起来正好是对人之品貌的全面评价"①。无独有偶,布封《论风格》也有类似的观点:"作品里所包含的众多知识、奇闻轶事以及新颖发现都不能确保文章成为不朽之作。如果包含的知识、奇事和发现只是该作品的琐谈对象,被描写得毫无风采,毫无才气,毫不高雅,那么这些作品会湮没无闻。因为知识、奇事与发现都很容易逸出作品而转入他人之手,经过作家的生花妙笔,或许比原作还要高出一等。这些都是身外之物,而风格就是人的本身。"②"风格即人"从此成为论述风格的重要信条,将"语言""表现方式"等一边倒的论述给矫正了过来。也恰是从此出发,关于风格的外在性和内在性、主观性要素与客观性要素的论述,也就成为论者们常谈及的问题。

从语言修辞的风格,一路梳理到布封"风格即人"的命题,就意在强调"伟大灵魂"能促成一种文学风格的诞生,且极易形成"浑厚"的风格。凡能促成经典诞生的,都离不开"风格即人"的命题。那么,管理灵魂就是培育并涵养个人人格,从而促成一种文学风格的形成。如果说"敏感"是从题材挖掘角度彰显伟大灵魂对创意写作带来的影响与好处,那么"浑厚"作为一种风格追求则是伟大灵魂带给创意写作的结果与效用。从创意写作的起兴,到最终作品的完成,"伟大灵魂"伴随创意写作的始终,促成人格到风格的转化。因此,"管理灵魂"也就成为创意写作活动的组织与管理的首要任务。

---

① 王之望:《文学风格论》,四川文艺出版社,1986年版,第15页。在古代文论中,还广泛地用气、格调、神、风神、风骨等来讨论"风格",尤其是《文心雕龙》《诗品》《二十四诗品》等著名品评诗文的作品中。
② 布封:《论风格》,见布封:《奇妙的生灵》,何敬业、徐岚译,上海文化出版社,1998年版,第172页。

第二章　素材管理与创意形成

如果说"灵魂管理"属于人格培育,是从内在来考察创意管理,那么"素材管理"则进入外在世界,以德性、品质推己及人式地触及周围世界,乃至整个宇宙人生,进而发现创意可资利用的素材,从而造就伟大作品。素材的搜集、积累、整理与取用,都构成了创意写作最初的环节,对之进行管理既是对创意起兴时思维火花的保存,也是作品写作逐级上升的必经历程。如何做一个创意写作的有心人,在素材管理上有更高效的建树,是作品创作的先决条件。但素材范围比较宽广,举凡生活中转瞬即逝的人、一个刹那擦肩而过的路人,乃至于陌生人的惊鸿一瞥、街道上一片倏忽飘落的黄叶、鱼儿在水中吐出的一个水泡……正因为素材宽泛无定,才更需要将之管理起来,以便随时取用。

司汤达写作《红与黑》的素材,来源于一份小报。"一八二七年十二月二十八日至三十一日的几期《法庭公报》向司汤达启示了《红与黑》的故事框架和人物雏形:……现年二十五岁的安托万·贝尔德是布朗格村的一个马掌匠的儿子。他受雇为米肖先生的一个儿子的家庭教师,和比他年长十一岁的米肖夫人发生恋情,因而米肖先生把他扫地出门。……一八二七年七月的一个星期日,他潜入布朗格村的教堂,先向米肖夫人,后向自己连开两枪,两人都重伤倒在血泊中。"①偶然间在小报上看到的一个真实案件的简要报道,促成了一部伟大作品的诞生。这小报与它所报道的事件,构成了司汤达取用的素材,契合了司汤达所要表达的思想,于是成为文学名著的"故事原型或本事"。无独有偶,"《长恨歌》的原型是王安忆无意中看到的一则新闻。新闻讲述的是'美丽'牌香烟封面上的女郎被男青年骚扰,男青年做贼心虚杀害了封面女郎的事件"②。比较而言,《长恨歌》的"本事"更小,且极易被忽略,正是王安忆的"敏感",抓住它并将它作为素材,才会有后续小说的创作、文学经典的产生。由此可见"素材管理"的重要性。

第一节 生活中的创意时刻

在给一位邮寄了自己诗作并问问这些诗写得如何的青年的回信中,里尔克寄寓着他的深情,语重心长地与这位青年讨论如何寻找诗意,如何觅取题材,论述了日常生活的经历与记忆,以及和诗歌创作之间的关系:

> 你的生活直到它最寻常最细琐的时刻,都必须是这个创造冲动的标志和证明。然后你接近自然。你要像一个原人似的练习去说你所见、所体验、所爱、以及所遗失的事物。不要写爱情诗;先要回避那些太流行、太普通的格式:它们是最难的;因为那里聚有大量好的或是一部分精美的流传下来的作品,从中再表现出自己的特点则需要一种巨大而熟练的力量。

---

① 司汤达:《红与黑》,许渊冲译,浙江文艺出版社,2021年版,第653—654页。
② 钱虹燊:《论王安忆小说〈长恨歌〉的艺术价值》,《美与时代》,2016年第12期。

所以你要躲开那些普遍的题材,而归依于你自己日常生活呈现给你的事物;你描写你的悲哀与愿望,流逝的思想与对于某一种美的信念——用深幽、寂静、谦虚的真诚描写这一切,用你周围的事物、梦中的图影、回忆中的对象表现自己。如果你觉得你的日常生活很贫乏,你不要抱怨它;还是怨你自己吧,怨你还不够作一个诗人来呼唤生活的宝藏;因为对于创造者没有贫乏,也没有贫瘠不关痛痒的地方。即使你自己是在一座监狱里,狱墙使人世间的喧嚣和你的官感隔离——你不还永远据有你的童年吗,这贵重的富丽的宝藏,回忆的宝库?你望那方面多多用心吧!试行拾捡起过去久已消沉了的动人的往事;你的个性将渐渐固定,你的寂寞将渐渐扩大,成为一所朦胧的住室,别人的喧扰只远远地从旁走过。——如果从这收视反听,从这向自己世界的深处产生出"诗"来,你一定不会再想问别人,这是不是好诗。你也不会再尝试让杂志去注意这些作品:因为你将在作品里看到你亲爱的天然产物,你生活的断片与声音。①

与其说里尔克是在教育青年如何写诗,不如说是在强调将创作与生活联系起来的重要性。同时,所谓"创作与生活联系起来"正是要善于从生活中提取素材,从生活中摄取诗的营养,将生活变为诗的对象,从而让诗作源源不断地挖掘生活、贴近生活、表现生活,并最终皈依到生活中去。"天然产物"意味着不管是写作还是题材来源指向的都是生活、自然,它们构成了创作的天然质素。

---

① 莱内·马利亚·里尔克:《给青年诗人的信》,冯至译,上海译文出版社,2005年版,第7—8页。

那么,哪些是应搜集、管理并取用的素材呢？生活之中的种种现象,为何有些人能够抓住创意时刻成就名篇,而许多人却失之交臂呢？由此,我们可以说,发现生活中可以取用的素材,不仅仅在于创作主题对外在生活的"套板反应",更是保持着伟大灵魂的敏感与浑厚,去感应生活中发生的诸种事情,所遭遇的各种人与物,唯有如此,才能保证让熟视无睹者不再被忽视,才能让那些听而不闻、视而不见的东西"显现"出其本身所具有的"诗情"与"文材"。有几点需要特别注意:

其一,情绪体验强烈的时刻。情绪体验越是强烈,这样的生活时刻越是充满创意,素材便浮现了。华兹华斯在《〈抒情歌谣集〉序言》中提出了著名的诗学命题:"诗是强烈情感的自然流露。它起源于在平静中回忆起来的情感。诗人沉思这种情感直到一种反应使平静逐渐消逝,就有一种与诗人所沉思的情感相似的情感逐渐发生,确实存在于诗人的心中。"[①]这种强烈情感本身就构成了诗作,按照里尔克的说法,记录下如许素材,便是诗作诞生了。以杜甫《春望》为例:"感时花溅泪,恨别鸟惊心。""感时"与"恨别"便是情绪体验非常强烈的时刻,那么"花溅泪"与"鸟惊心"便是从生活中索取的素材。所以有人评价道:"为诗贵于意在言外,使人思而得之。……花鸟平时可娱之物,见之而泣,闻之而悲,则时可知矣。"[②]日常生活中,越是情感强烈的时刻,越是素材诞生之时。因为在强烈情感的触发下,创意时刻诞生的概率就更大。

---

① 华兹华斯:《〈抒情歌谣集〉序言》,曹葆华译,见山东师范大学中文系文艺理论研究室:《外国作家谈创作经验:下》,山东人民出版社,1982年版,第43页。此处关于作者姓名的翻译,采用后来更正的"华兹华斯",而不是"渥兹华斯"。

② 杜甫:《杜诗镜铨》,杨伦笺注,上海古籍出版社,1998年版,第128—129页。

其二,异常或反常事件发生的时刻。日常生活中之所以会出现"套板反应",许多人、事、物会被置若罔闻,就在于其重复发生,使得敏感的内心变得迟钝,产生一种"见怪不怪"的思维定式,于是就会有"太阳底下无新事"的心理暗示。正因为如此,但凡碰到日常生活中任何的"例外时刻",出现任何程度的"异常与反常",它都促成创意时刻的产生。雨果的《巴黎圣母院》,其取材按照序言所言,诞生于他对日常生活中异常与反常时刻的关注:"许多年以前,当本书的作者造访——或者说得恰当一点,当他研究圣母院的时候,他在两座塔楼之一的暗角上,发现了这个用手刻到墙上的字:'A NAΓKH(命运、定命、命数)这几个因剥蚀而变黑了的,深深地刻在石头上的大写的希腊字,那粗率的形式和姿态,我们不知道是代表什么,好像是为了叫人明白那是一个中世纪的人的手写在那儿的,特别是这些字所封锁着的悲哀与不幸的意义,很快地激动了作者。他觉得奇怪,久久地深深地思索,他设法去猜测那个痛苦的灵魂是谁——他非要把这罪恶或不幸的印记留在古老教堂前面,才肯离开人世。"①异常现象引发思考,从而成为写作素材的来源,雨果提醒我们,敏感于非常时刻、异常时刻,是素材管理的第一步。

其三,外在世界的人、事、物与内在世界的情感体验的融合时刻。关于这一点,我们同样可以引用华兹华斯的论述:"选择日常生活里的事件和情节,自始至终竭力采用人们真正使用的语言来加以叙述或描写,同时在这些事件和情节上加上一种想象的光彩,使日常

---

① 雨果:《〈巴黎圣母院〉序》,陈敬容译,见山东师范大学中文系文艺理论研究室:《外国作家谈创作经验:下》,山东人民出版社,1982年版,第169页。

的东西在不平常的状态下呈现在心灵面前;最重要的是从这些事件和情节中真实地而非虚浮地探索我们的天性的根本规律——主要是关于我们在心情振奋的时候如何把各个观念联系起来的方式,这样就使这些时间和情节显得富有趣味。"① 情感体验与外在人、事、物的融合,意味着长久思索的问题触碰到了其能寄寓的对象,这对象就是创意诞生时刻应提取的素材。杜甫《春望》的情感,就是面临着山河破碎,"感时""恨别"这些内在情感体验,触碰到了"鲜花"与"鸣鸟"这些外在的人、事、物,于是日常生活也就构成了素材。

在以上三种日常生活的创意时刻之外,还有其他创意时刻的存在,诸如人生某一阶段里的重要事情、别人讲述的故事、突发事件或者灾害等。整体而言,情感体验的强烈时刻、异常或反常事件以及主体内部与客体世界的融合时刻,是日常生活中创意时刻的主要体现。

第二节 观察、搜集与积累

知晓了日常生活中创意时刻的存在与发生契机,"素材管理"就要正式开始了。只有把握住日常生活中的创意时刻,才能关注到素材的存在,才能进一步对这些素材进行管理。在管理素材之前,观察以获得素材、搜集以整理素材、积累以备取素材,均属于先导性的素材管理行为。

观察是获取材料的重要途径之一。观察的类别主要有两大类:一是事先没有确定目标和目的的随意观察,它易于产生强烈感

---

① 华兹华斯:《〈抒情歌谣集〉序言》,曹葆华译,见山东师范大学中文系文艺理论研究室:《外国作家谈创作经验:下》,山东人民出版社,1982年版,第26页。

受,引发灵活思维;二是事先有确定目标和目的的定向观察,它利于深入对象,收到预期效果。"观察不是单纯依靠感官的感觉,还需要思维活动的介入,不仅要'观',而且要'察',不仅要进行感官观察,而且要进行心灵体察。一个正常人从外界获取的信息,主要是通过观察获得的。"①观察是管理素材的最初步骤,它表现为对素材的攫取,也表现为对素材进行初步理解和加工,对生活世界中所关注对象的选择,以及这一选择背后对素材的认同与情感寄寓。这也是为何茅盾强调:"故为初学者设想,凡技巧上诸问题(包括所谓'炼字'在内),固然不可不下一番苦功夫,但尤其不能不下苦功的,是在观察力的养成。"②

作为素材管理的第一步,观察的重要性毋庸置疑,它应该包括如下方面:其一,保持敏感,时刻对生活抱有警惕与感恩之心。所谓警惕,意味着周身的事物即便以日常状态存在,但因写作者个体情感处于高涨状态,寻常事物也能摆脱俗常的一面,具有成为素材的潜质。所谓感恩之心,即写作者在日常生活中以感恩的心态去留意人、事、物。其二,如果用唐君毅所主张的"人生九境界"而言,这就要求写作者以"依类成化境"来对待日常生活,从而达到"观类界"的效果③。但这并不是说对素材的管理时刻处于"归个别于一类"之中,而是在素材获取阶段,能够把周围世界形成一个系统,从而将之关联起来,使彼此分离的事物具备连接的可能,从而让碎片化或者无法成为素材的对象,因作为整体的一部分而具有成为素材的可能性。

---

① 尹均生:《中国写作学大辞典》,中国检察出版社,1998年版,第32页。
② 茅盾:《茅盾论创作》,转引自尹均生:《中国写作学大辞典》,中国检察出版社,1998年版,第34页。
③ 唐君毅:《生命存在与心灵境界》,中国社会科学出版社,2006年版,第84—128页。

其三,无差别心与含纳万境的气魄。这就需要写作者在日常生活中以无差别之心来对待生活世界,从而扩大取材的范围与素材的可能性。写作者必须有含纳万境的气魄,来包举宇内、睥睨寰球。

搜集素材是第二环节。它与观察不但紧密相关,且有一定的重合,但作为一个独立的步骤,搜集素材需要注意以下事项:其一,搜集素材时要注意素材的完整性。就素材本身而言,它是一个内宇宙与外宇宙的统一,即便是素材本身,也意味着它本身拥有一个完整的世界。以列夫·托尔斯泰的《哈吉穆拉特》为例,托氏不仅注意到一株牛蒡花,还将它所有的枝头、所有枝头的存在状态都搜集起来,而不是忽略其他仍旧盛开着花朵的枝头,却只关注那倔强昂头的一枝,保持了"素材的完整性"。其二,保持素材的新鲜度与自然性。搜集素材的时候,保持其新鲜度与自然性并非是强调原封不动地搜集素材,也不是违反素材加工的基本写作规律,而是要让素材以最初的状态存在,确保其价值的最大化。生活中搜集素材,改变它的形态很容易,但让其以本真状态存在于写作中,却不是一件易事。其三,保证素材与其周围世界的关系不被破坏,或者说素材不是被孤立地截取出来的。以罗曼·罗兰写作《约翰·克里斯朵夫》为例,他自己交代,这个人物形象第一次出现是在霞尼古勒,"夕阳在下山。深红色的城市在我足下形成半圆形,燃烧着。亚尔彭群山的笑意正在天际消逝。索拉克特山下的拱门似乎在荒原上漂浮……"[①] 如果这一个群体的形象,促成了罗曼·罗兰将之作为素材截取出来,那么夕阳、城市、群山、拱门等就是互相联系

---

① 罗曼·罗兰:《约翰·克里斯朵夫之诞生》,见罗曼·罗兰:《罗曼·罗兰文钞》,孙梁译,上海译文出版社,1985年版,第208页。

的,并且紧密地与人物相互关联。即便是这些事物本身,也不是截取其中的碎片,而是作为一个和周围建立了密切联系的"事物的群像"。如果还要追溯得再远一些,那么这个素材与罗曼·罗兰聆听的贝多芬的音乐、阅读的列夫·托尔斯泰的《战争与和平》、他所了解的法国十六世纪宗教战争等①,都构成了一个丰富复杂的整体,聚焦于小说主人公的身上。

在素材管理中,素材的积累是对观察素材与搜集素材的整合,它进一步确保素材能够持续地存在于创作者的创意欲念中,并且通过积累而越发丰富起来。以对一个人的认识为例,最初将之作为素材后所留下的必然是"第一印象",乃是此人的外貌、衣着、行为举止等;素材的积累,意味着会得到此人具体行为的"二三事",从而发现其性格特征、思维方式等;再继续观察此素材,将会积累到此人的家世背景、教育情况、心理状态、思想构成……通过对素材的积累,可以把素材的方方面面汇集起来,从而达到对素材的真正占有。

从观察到搜集再到积累,就素材管理的过程而言,这意味着无特定目标的一面,也是采摘菁华的提前准备,算是初步的管理过程。尽管积累可以看作是对素材的进一步延展,但素材管理过程中,若要使之丰富起来,仍然需要对之进行管理的更多方法。

第三节　反向思维与类推

作为素材管理的起始活动,观察、搜集、积累乃是素材自然地

---

① 罗大冈:《罗曼·罗兰在创作〈约翰·克里斯朵夫〉时期的思想情况》,《文学评论》,1963年第1期。

呈现自身,是一种自发现象。除此之外,还存在对素材进行"拓展与开掘"的一面,常采用的方法是"反向思维"与"同类推定"。搜集素材与开拓素材,实际上都是对素材的管理,哪怕这里所说的"反向思维"与"同类推定",都是意在把素材的张力给挖掘出来。如此,关于扩展素材即管理素材的观念就能建立起来,"反向思维"与"同类推定"也才能真正地落到实处。

在心理学研究中,"思维是一个认知过程,在这一过程中,我们的大脑运用从感觉、情绪、记忆方面获得的信息来创造和操控诸如概念、表象、图示和脚本这样的心理特征"①。从最初的素材获取,到对素材进行加工以纳入认知的范畴,思维起到的作用就是对素材进行扩展与深化,所以"它常常指向事物的新特征和新关系,这就需要人们对头脑中已有的知识经验不断进行更新和改组"②。不管是素材管理中的"反向思维"还是"同类推定",都是对素材的"更新与改组",以求素材存取、搜集范围的最大化。

反向思维,又称逆向思维,就是对素材进行逆向推理,以反转的方式推定素材存在的相反状态。心理学认为,逆向思维是"问题解决策略的一种。从问题的目标状态出发,按照子目标组成的逻辑顺序逐级向初始状态递归的问题解决策略"③。把这种思维引入素材管理之中,是丰富素材、拓展素材的一种方式。当素材以正向的形式出现的时候,反向思维即以逆向的方式推定其负面状态;当素材以负情绪出现的时候,反向思维来假定其正向情绪的状态。

---

① 菲利普·津巴多等:《津巴多普通心理学》,钱静、黄珏苹译,北京联合出版公司,2017年版,第208页。
② 彭聃龄:《普通心理学》,北京师范大学出版社,2019年版,第255页。
③ 林崇德、杨治良、黄希庭:《心理学大词典》,上海教育出版社,2004年版,第871页。

现实中最典型的例子,莫过于"暴风雨来临前的宁静"与"黎明到来前的黑夜"——从宁静状态中推定骚动与混乱的状态,从黑暗状态下的素材表现推定光明、白昼条件下的素材表现。这并不是强调以发展的、动态的眼光来看待素材,而是将一个素材一分为二,举一个简单的例子:一朵花怒放时,将之作为素材,同样地按照反向思维去推定它凋零时的状态,尤其是两种相反状态下个体心理情绪的差别。契诃夫曾说:"作家务必把自己锻炼成一个目光敏锐、永不罢休的观察家!……您明白,要把自己锻炼到让观察简直成为习惯,……仿佛变为第二天性了。"①这里"目光敏锐、永不罢休"就意味着对素材的持续关注与多侧面思维,围绕着要提取的素材核心,来呈现它的各种侧面,尤其是反面。当然,这些侧面也包括对"同类"的推定,这就要用到"同类推定"的思维方式了。

同类推定,按照心理学研究的论述,是一种类比的思维方式,"类比基于不同的事物所存在的部分相似之处。类比启发是将以前解决某个问题的方法运用到一个新问题上"②。当然,类比的思维方式在联想、想象中也经常用到,但在对素材管理的过程中,"同类推定"就是沿着同一个素材的轨迹,去推定更多素材同类状态下的表现。关于这一点,巴尔扎克曾主张:"为了塑造一个人物,往往必须掌握几个相似的人物。此外,还常常会碰到一些怪人,他们身上有着许许多多可笑的,足以用来塑造两个人物的东西。"③围绕一

---

① 契诃夫:《论文学》,见王旭:《创作与描写辞典》,东北财经大学出版社,1995年版,第774页。
② 斯宾塞·拉瑟斯:《心理学》,宋振韶、周倩译,中国人民大学出版社,2019年版,第149页。
③ 巴尔扎克:《古物陈列室》,见王旭:《创作与描写辞典》,东北财经大学出版社,1995年版,第775页。

个素材,去推定数个可能存在的类似素材,这样不仅能丰富素材库,还能从这种推定中进一步深入了解所搜集到的素材,从而在真正的写作过程中,选取素材时既游刃有余、俯拾皆是,亦能从中找到最典型、最合适的素材,为成功的写作奠定基础。举一个简单的例子:仔细观察一朵花的盛开,将之作为一个有待使用的素材,那么花朵从无到有的过程,从蓓蕾到开放再到凋谢的过程,便可以将之类推为一个人爱情的起与灭——茫茫人海中只有一个人,从第一次相见时看到花骨朵即将喷薄而出的萌芽,到芳心暗许时蓓蕾将要开放,到爱情来临时的盛大与蓬勃,再到分手后的伤心与低落。这种类推并不意味着只是一种比喻,而是在素材积累时给予素材以更多可能性,恰如列夫·托尔斯泰从牛蒡花联想到哈吉穆拉特这个人物一样,他在素材管理时所采用的就是从植物到人类的"同类推定",亦即从差异中寻找到相同之处,用挪移的方式将素材从一到多地开发出来。

当然,除了"反向思维"与"同类推定"两种积累素材的方式之外,还有其他的方式。但这两种方式一个是"相背而行",一个是"相向而行",都是素材管理中较为常用的,也是许多作家屡试不爽的方法。唯有在素材管理中,更充分地挖掘素材的可能性,把握素材的多种侧面,才能在取用时更从容、高效。

第四节　细节、人物与感官

在写作者常见的论述中,"反向思维""逆向思维"都是解决问题的方法,素材管理则是拓宽取材范围的一种方式。所以,当这种素材被取用,就会产生刘禹锡《陋室铭》与贾平凹《丑石》这样的作品。"从审美心理来讲,'陋室'和'丑石',在审美过程中都会遇到一定的心理障碍。可是在《丑石》中,文章的前半部,写在世俗的眼光中,这块石头实在丑陋,确实无用,'丑得不能再丑';可是在文章的后半部,当丑石被天文学家发现后,就极言丑石的珍贵、伟大之处,从而得出'丑到极处,便是美的极处'的截然相反的结论。这是作者运用逆向思维所求得的哲理;而文章运用的欲扬先抑的手法,就是逆向思维在文章中的具体表现。"[1]这实际上指明了任何思维方式都会影响写作的进程,因此对素材进行管理,就需要一种长远的眼光,将取用的意图事先保存起来,如此才能在管理素材时有针对性地选取。当然,这只是素材管理的一部分,在挖掘素材、寻找素材与搜集素材的过程中,还需要侧重于较为常见且重要的素材,尤其是细节、人物与感官三个领域的素材。

细节管理,旨在强调对素材的细节进行关注,以防止流于表面、与俗无差的弊端产生。在素材管理开始时,作家看待世界的眼光、拥抱的立场,以及对素材的敏感就已经展露出非凡的一面,差异化、独特性就在把握素材的细节方面凸显出来。注重素材的细节,才能抓住其特征,才能使素材迥异于日常粗枝大叶的状态。在写作理论中,一般认为"细节是艺术的细胞。它赋予艺术形象以具体性,赋予情节以血肉,赋予人物以个性。这常常有助于作品整体意境的表现,能赋予作品以特定的色彩和格调,成为结构情节的枢纽,认识特定社会历史的镜子,揭示作品主题的向导,探视人物灵魂的窗户。细节还可以代替情节,胜过情节,几组生动的细节合起

---

[1] 林文勉、程克夷、程国安:《基础写作辞典》,湖北辞书出版社,1989年版,第26页。

来,可以构成总的情节,对细节进行描写,可以产生作品。"①重新强调"细节"的作用,正是将之置于"陌生化"的情境中,即观看所有事物都像是第一次见到,把素材的方方面面都记录下来,以至于一片落叶,它的细节就在飘落的过程、颜色的构成、下落时周遭的一切处于何种状态,甚至于要把叶片上的绒毛都仿佛搁置在显微镜下观看。除此之外,落叶在雨天是何种情形? 在晴天、阴天、雾天等,在南方、北方、山中、院子里又是如何的? 梧桐树叶的飘落与竹叶的飘落又有何差异? 这诸多侧面,都是在选取素材过程中需要注意的细节。唯有如此,素材才能够栩栩如生。屠格涅夫曾说道:"于是我马上把一切记在小纸片上。我仿佛为了写戏似的规定着人物:某某,多大年纪,装束怎样,步态又是怎样。有时我想象起他的某种手势,也马上把这写下来:他用手摸摸头发或者理理胡子。"②如果将日常生活的一个人物作为素材,那么人物肖像的细节就意味着要关注到头发、眉毛、嘴唇等乃至于手指甲;语言细节方面则要知晓其使用的日常词汇,特别是抓住其独具个人特色的字词。其他如动作、心理等方面,抓住能深入灵魂的细节,如此素材才会足够深刻,取用也更有价值。

不管是在具体的写作中,还是在素材的管理上,"人物"都是极重要的一环,日常生活是以人为中心的,乃至整个社会的方方面面、角角落落,都是人所触及的场域,都有属于人的痕迹。纯自然的东西是存在的,但一俟有人涉足就意味着它拥有了人的属性,变成了属人的世界。创意写作以人物为中心,素材管理也应该以人

---

① 阎景翰等:《写作艺术大辞典》,陕西人民出版社,2002年版,第106页。
② 亚里士多德等:《外国理论家作家论形象思维》,钱锺书等译,中国社会科学出版社,1979年版,第101页。

为中心,从素材的发现、搜集到管理,整个过程都离不开人物这一核心。茅盾就曾说:"'人'——是我写小说时的第一目标。我以为总得先有了'人',然后一篇小说有处下手。"[①]正因如此,向来写作理论都强调:"塑造人物形象,特别是塑造主要人物、典型人物的形象,是叙事文学的根本任务。一切人物形象,特别是典型人物形象,都是作者生活经验的沉淀,人生经验的结晶。持之以恒地观察和体会社会生活,熟悉各种人物,研究他们的性格特点,探视他们的内心世界,进行人物形象积累,是塑造人物形象的前提。"[②]

单就素材管理而言,"人物"应当具备以下几点:其一,认识、记录、选取日常生活中的人物,就意味着有一个"从整体到部分,从部分到整体"的"解释学循环"[③]意义上的管理侧重点。整体上认识人物,意味着对其有轮廓性的印象,并能以高屋建瓴的方式来认识该人物,从而判定此人所具有的总体特征;部分上认识人物,就是从细节上去把握这个人物,将其事无巨细地呈现出来,外貌、衣着、言谈举止、行为习惯、做事风格……条分缕析,细致入微。其二,一定要实现印象式认知到精神性认知的超越,也就是要对人物有个人格调、神韵上的认识。传统写作学强调的"画眼睛"方法,就属于对人物进行"传神"的写作。鲁迅说:"要极俭省的画出一个人的特点,最好是画他的眼睛。"苏轼的《书陈怀立传神》中说:"传神之难

[①] 茅盾:《谈我的研究》,转引自阎景翰等:《写作艺术大辞典》,陕西人民出版社,2002年版,第96页。
[②] 尹均生:《中国写作学大辞典》,中国检察出版社,1998年版,第472页。
[③] 伽达默尔在《真理与方法》中强调,要理解一个对象就要首先理解其整体才能更好地理解其部分,但要理解其部分就必须首先理解其整体,由此形成一个解释学的循环。相关论述可参见伽达默尔:《真理与方法》(下),洪汉鼎译,商务印书馆,2010年版,第70—80页。关于"解释学循环"更多的内容,还可参见伽达默尔:《真理与方法》(上),洪汉鼎译,商务印书馆,2010年版,第377—433页。

在于目。"①格调与神韵,是人物精神性、思想性的一面,也是认识人物最为核心的要素,日常所说"器宇不凡""风姿绰约"等都属于这个层面。人物要素类素材的管理,就是要强调超脱于表面观察,而深入人物的灵魂。其三,要实现内与外、客体与主体、个体与群体等的协调,要兼顾人、事、物的关系。所谓人物的内与外,指的是人物印象式的外貌及其内在心理、精神与灵魂。内与外的全面,就意味着搜集人物素材时,就必须使内与外相匹配,如内在修养所透露出的人格境界,与其外在相貌、妆容的一种匹配。所谓的客体与主体,指的是作为观察者、搜集者与写作者,尽量不要把主体性的东西覆盖在作为客体、素材存在的人物身上,让素材本身保持一种客观性,按照人物自身的轨迹向前发展。而个体与群体,是指要始终把人物置于环境之中,将其搁置在群体之中又要从群体中将之孤立出来,唯有如此观察,才能全面、完整。除此之外,还有人提出要注意:"(一)处理好单纯与多样的统一。(二)正视性格中的对立因素。(三)注意人物的肖像、语言、行动、心理、细节等。"②

在素材管理中,获取感官素材是很重要的,所有感官都时刻敏感地捕捉周围世界的任何变动,不管这变动是轻微的还是剧烈的。感官是人们借以认识世界的方式,其所留下的是丰富的感知印象。这些感知印象,恰好构成了素材的重要部分。"它涉及的一般是差不多完全处于被动状态下头脑所记录的一些尚未理解、消化或整理的印象,这种印象,常常是受某种东西的引发而在人物头脑中联翩浮现而又转瞬即逝,是距离意识注意力焦点最远的感觉或意

---

① 尹均生:《中国写作学大辞典》,中国检察出版社,1998年版,第184—185页。
② 阎景翰等:《写作艺术大辞典》,陕西人民出版社,2002年版,第96—97页。

象。"①正是这最初的印象,在还未形成"感觉适应"②的阶段,恰好是素材选取的最佳时机。一般而言,作为素材的感官获取途径,主要是通过感官而产生的各种感觉。"感觉(sensation)是指感受器感受到刺激,并将感受到的信息传递到中枢神经系统(脊髓或大脑)。感受器分布在感觉器官,例如眼睛和耳朵、皮肤及身体的其他部位。对刺激的感觉是一个自动的过程。它来自各种能量源,像光和声音,或引起嗅觉和味觉的化学物。"③通常来说,我们从感官所获得的素材主要是以下几个方面:视觉而来的形象、听觉而来的声音、嗅觉而来的气味、味觉而来的味道、触觉而来的感觉,尤其是后一种感觉,常常会被称为"皮肤觉",也就是一般而言的触觉。除此之外尚有心理学上更为丰富的区分,比如"运动觉(肌肉和关节里的感受器,感知身体的位置和运动)以及平衡觉(内耳的感觉器,对平衡、中立以及加速度敏感)",还有较为特殊的"痛觉",或"疼痛感"④。但所有的身体器官在作为感官来感知世界并在这种感知中将感觉、印象转化为素材的时候,既能够分散、单独地进行,也能够作为一种全身性的、综合性的、整体性的活动:"它还包含着其他感觉器官对外来刺激的反映,是一种全身心的体察,诚如有人所指出的,是一种'官察'——通过自己的全部感官来洞察外界。它凝结了感觉、

---

① 尹均生:《中国写作学大辞典》,中国检察出版社,1998年版,第1017页。
② 在心理学中,"感觉适应"就是"我们对没有变化的刺激的敏感性逐渐降低。在持续感受某一刺激后,我们的神经元会降低放电的频率"。参见戴维·迈尔斯:《心理学》,黄希庭译,人民邮电出版社,2013年版,第216页。
③ 斯宾塞·拉瑟斯:《心理学》,宋振韶、周倩译,中国人民大学出版社,2019年版,第51页。
④ 库恩:《心理学导论:思想与行为的认识之路》,郑钢等译,中国轻工业出版社,2014年版,第143—158页。

知觉、感情、情绪、想象、思维等因素。"①正是有赖于众多感官的存在，素材搜集才会变得丰富多彩，创意写作所能依赖的资料才会绚烂多姿。

就感官而言，素材管理所要做的主要有以下三件事：其一，既能保证身体各个感官的独立运作，又能同时整合它们作为一个整体，来充分感知、理解、分析、统摄作为素材的对象。单个感官所能够获取的素材，若从它本身来说是已经足够了，但假使能以其他感官来作为辅助、佐证，提供不同侧面的感受，那就能保证素材更充盈、丰腴。其二，始终保持身体感官的敏感性，尤其要戒除"感觉适应"所带来的负面效应，从而使得素材搜集与摄取变成俗常的感受，甚至产生置若罔闻的严重后果。保持感官的敏感性，就在于调动身体的内在积极性，尤其是感受的丰富性、情感与情绪的高涨、伟大灵魂各要素的激活状态等。其三，保持对感官的训练，在训练过程中积累新素材，至少应该让神经因感官的训练而保持活跃度。素材或者只是一个印象，或者是一系列故事，那么唯有处在持续活跃状态的感官才能够捕捉到具有流线性质的素材。所谓感官的训练，也就是对自己的习惯性提示、刻意地以行动唤醒身体等。

细节、人物与感官，是素材管理中的三个方面，也是素材呈现自身的三种主要路径。正因如此，才要将三者作为综合体，纳入素材管理中。

第五节 素材的管理

知晓了日常生活中的创意时刻，就不会轻易忽视素材的存在；

---

① 钱谷融、鲁枢元：《文学心理学》，华东师范大学出版社，2003年版，第105页。

从观察到搜集再到积累,是沿着素材所给定的方式,粗略建立管理的程序;反向思维与同类推定,强调素材搜集可以改造、重组的方式;至于细节、人物与感官,是为了凸显素材积累的三大来源。当我们重新回过头来检视这四部分,再次触及素材管理的问题,有两种重要的素材管理方式与路径,于焉可见。

第一种素材管理的方式与路径,可以称为"数量聚集效应",即紧盯素材不放,以一个素材为核心,聚集起其他素材,用"滚雪球"的方式促成素材的类型化聚集,从而形成规模效应,达成较大篇幅作品的创作。最初触碰素材的时机可能是随意的,但当一个素材成为关注的核心之后,其他各种素材开始围绕这个核心,对其加以补充、阐释、说明,并成为有机体的一部分,从而使单一素材逐渐发酵为综合性、整体性、全面性的素材,最终能够被落实在创意写作的活动之中。举一个例子,列夫·托尔斯泰写作《安娜·卡列尼娜》之初,构思女主人公安娜这一角色的过程,有研究者曾撰文指出:"苏联文科博士希弗曼在《文学的俄罗斯》第667期上发表文章,题为《一幅肖像画的谜》,对安娜·卡列尼娜的原型做了探讨。他断定普希金的女儿玛利娅·阿历克桑德罗芙娜·普希金娜是安娜·卡列尼娜的原型",19世纪80年代末,两人曾偶遇的经历,普希金娜便成了列夫·托尔斯泰搜集素材的第一个对象。随后,托尔斯泰以普希金娜为核心,再聚集起其他人物原型,从而来丰富核心素材:"安娜·卡列尼娜的原型除普希金娜外,还有安娜·斯捷潘诺夫娜·皮罗戈娃。她是托尔斯泰家邻近的一个庄园主比比柯夫的女管家和情妇。"[①]当然,一个小说中人物形象所综合的远不止

---

① 道远:《托尔斯泰的安娜·卡列尼娜的原型》,《外国文艺》,1978年第2期。

一两个原型素材,正如鲁迅所说:"人物的模特儿也一样,没有专用过一个人,往往嘴在浙江,脸在北京,衣服在山西,是一个拼凑起来的角色。"①人物形象如此,故事积累亦如此。

第二种素材管理的方式与路径,可以称为"散点随机型",也就是"随机与例外状态"的素材管理方式,即随机碰见、发现,随机储备、积累,再随机取用、打磨。这种方法适合所有素材的管理,因为素材本身也是偶发性、随机性的,所以在没有写作长篇小说打算之时碰到令人动容的素材,应随时将之搜集起来,以备后用,便是这种管理方法。至于更为具体的方法,则可以采用如下方式:其一,笔记体方法,即随时以速写的方式记录下生活中偶然发现的素材,并归入到相关的类别之中,方便取用。这种方法考验素材管理者的耐心、细心,也要求管理者有长期的规划,这样才能做到分门别类、事无巨细地辑录素材。其二,碎叶式装载的方法,亦即跟随素材的偶发性、随机性,随手记录下素材,然后集中精力于这一素材,整理以成作品。此种方法是李贺常用的,李商隐《李贺小传》中记载:"恒从小奚奴,骑距驴,背一古破锦囊,遇有所得,即书投囊中。及暮归,太夫人使婢受囊出之,见所书多,辄曰:'是儿要当呕出心乃已耳。'上灯与食,长吉从婢取书,研墨叠纸足成之,投他囊中。非大醉及吊丧日,率如此。"其三,小素材小作品、中素材中作品与大素材大作品的"素材对位创作法",即根据素材的大小,随时以合适的方式把素材创作为作品,而不是留待后用。以创意写作来促成作品诞生的方式管理素材,是最好的管理方式,因为及时使用素

---

① 鲁迅:《我怎么做起小说来》,见鲁迅:《鲁迅全集》(第四卷),人民文学出版社,2005年版,第527页。

材就不会遗漏任何有价值的素材,不容易造成素材的浪费与"写作烂尾楼"的产生。这种方法与李贺的"骑驴投囊法"类似,但强调的是素材的随机性牵动着创作的随机性,不以硬性规定破坏素材的存留。

整体上来说,"数量聚集效应"的素材管理方法,更强调时间线性的优势,以长时段造就主题的集中,从而高效利用素材;"散点随机型"的素材管理方法则相对自由,不管是随时搜集、以类编排、长久保留、随时取用,还是随遇随写、因材而作,都意味着素材管理是随着素材的性质而采取灵活的方法,不拘泥于定法与定性。须知,素材发现、搜集、积累,是创意写作的准备阶段,唯有素材丰富,素材管理合理,写作才会更加畅通无阻。

第三章 阅历与阅读

对文学史稍有了解的人都知道,晚唐时期诗歌创作衰落,但仍然出现了贾岛、姚合这样的"苦吟诗人",后世研究者对之多有批评,一般理由皆为:"晚唐苦吟诗人对社会生活关心不够,阅历范围狭窄,入诗的事料相对贫乏。他们的诗思往往不是自然涌现,而是一开始就着意为之。"更进一步的批评认为:"贾、姚一派的缺点是诗境狭窄,有句无篇。生活阅历有限,诗料不离琴、棋、僧、鹤、茶、酒、竹、石等物。内容不足而一味苦吟,不免伤耗元气,减损诗美,露出小家习气。"①无独有偶,南宋末年颇有诗名的"永嘉四灵"也遭到类似的批评:"'四灵'或为布衣,或任微职,都是命运落拓的贫寒之士。他们的生活面狭小,诗歌内容也比较单薄,只是偶尔写到民生疾苦或时事,多数作品的内容是题咏景物,唱酬赠答。他们的诗集都取名于书斋名,他们的创作局限于书斋之中。"②宋末方回编《瀛奎律髓》时,于姚合诗下有论,谓"永嘉四灵"学习姚合:"五言八句,皆得其趣,七言律及古体则衰落不振。又所用料,不过花、竹、鹤、僧、琴、药、茶、酒,于此几物,一步不可离,而气象小矣。"③这些批评都

---

① 袁行霈:《中国文学史》(第2卷),高等教育出版社,2014年版,第343—344页。
② 袁行霈:《中国文学史》(第3卷),高等教育出版社,2014年版,第170—171页。
③ 方回:《瀛奎律髓汇评》,李庆甲集评点校,上海古籍出版社,2020年版,第365—366页。

提及两个现象：其一，生活面过于狭小，阅历不够丰富，导致诗作气象不大，所写范围也较小。其二，诗中意象单调，反反复复吟咏的只有少许事物，亦即素材不够丰盈充沛。这不但指向了素材管理的相关问题，也直接提出了一个问题：除了针对素材本身而来的管理方法外，如何拓宽素材搜集的范围。这自然与阅历有关，也和阅读密不可分。

就创意写作而言，阅历直接决定着作品取材的范围、素材的丰盈程度；阅读则意味着可以进一步拓宽自己的生活面，把未知领域以知识的形式灌注于自我生命历程之中。因此历来都有"读万卷书，行万里路"的训示，它们强调的正是阅读与阅历对创意写作的影响。一般来说，阅历是指"个人在社会生活中观察、体验和思考的历程。这是主体不断接触、感知、识别外在世界的活动过程，大体可分为身体活动、心理活动、文化活动三方面"[①]。实际上，阅历就是"对客观世界的亲见、亲知和亲历"。其作用也是显而易见的："一是体察入微，方能描写准确，表情达意才会生动活泼，说理才会透彻。……二是丰富的生活阅历，可能触发作者的写作灵感和激情，达到'长期积累，偶然得之'。……三是阅历可以陶冶性情，开阔胸襟，直接影响到作品的风格。"[②]与此同时，阅读是"由感知、记忆、思维、想象等心理活动参加，以捕捉信息、获取知识、积累写作素材、提高写作能力为目的的读书看报活动。阅读能磨砺思想，陶冶情操，扩大视野，增长知识；能开阔思路、丰富词汇、提高语言表达能力，是培养和提高文学素养与写作能力的重要途径"[③]。

---

① 庄涛等：《写作大辞典》，汉语大词典出版社，2003年版，第56页。
② 阎景翰等：《写作艺术大辞典》，陕西人民出版社，2002年版，第73页。
③ 尹均生：《中国写作学大辞典》，中国检察出版社，1998年版，第54页。

在创意写作视域中,阅历不仅强调熟悉客观生活世界,还包括在认知上对此有所拓展、有所改变,以达到创意的目的。如此,阅历的含义就可以理解为是创作主体对周围世界以好奇之心去加以观照,它包含对客观世界的认知、改造、重组等一系列的行为所产生的丰富素材。阅读还可以称为创意阅读,它指的是创作主体不以理解和单纯接受作品为目标的阅读行为,而是以创作者的身份进入文本世界,以锤炼、提升写作能力为目标的写作指向性阅读行为。这其中,不仅存在着阅读者对文本的"二度创意",甚至存在着作为创作者重构文本世界的"三度创意""四度创意",乃至"多重创意"。一般阅读强调接受者的印象式效果,创意阅读则强调阅读即写作行为。

第一节 自 传 与 创 意

希区柯克善于讲故事,他曾说:"伟大的故事就是活生生的人生,只是把庸庸碌碌的部分给剔除掉了而已。"从这句话延伸出去,贝尔说:"一个没有麻烦的场景就是庸庸碌碌的部分。如果一个人物没有遭遇考验、危险、挑战、险阻,没有经历过内心世界或者客观世界或者两者兼备的种种艰难曲折,这样的人物是无法让大家惊喜连连的。至于这个人物的身份、地位则是毫不重要的。任凭一个角色如何诡诈离奇、花里胡哨,倘若在几个章节之后也没有麻烦登门造访,那么他也是难以吸引读者的。"[①]也正是从这里出发,有

[①] 詹姆斯·斯科特·贝尔:《冲突与悬念:小说创作的要素》,王著定译,中国人民大学出版社,2014年版,第3页。

作家建议:"成为作家最大的快乐之一就是我们可以创造自己的世界,它们可以比我们所生活的世界更令人满意。"①这就涉及作家与记忆的关系问题,也正因如此,如何丰富自己的生活,人为地为自己的生活"制造麻烦、生产不顺",也就是成了创意写作的管理问题。因为无论如何,生活中的冒险、好奇、变动等,都会以某种方式促使写作产生,许多生活的经历,即便是选取他人作为素材,也都是变成"我的经历"之后而浮现于创作者心中的。因此,创意的形成首先来自自我的现在生活与过去生活的记忆。

尽管有专家强调:"回忆过去并不是为了写自传,而是为了开采过去的宝藏,寻找可以在你的作品中应用的人物角色和事件,尤其是那些有情感力量,并且能为你的作品注入能量的元素。"②但是一个不可忽略的事实是,"在作者可以利用的所有题材中,最熟悉的是自己:自己的过去和现在、自己的思想和情感"。因此也就有人建议写作者要"运用个人生活中的细节,写最靠近自己的。……写自己的生活自然与阅历有关。当你的其他资源之井干枯的时候,你的记忆几乎总能提供素材"③。几乎所有的写作,都会在字里行间透露出创作者的风格,都可以看作是某种程度上的自传。因此,应该从自我开始,从自我的回忆开始,从自我的生活与周围世界开始,去挖掘独属于自我的内心感受、情感情绪、思想体悟。无论如何,创意写作具有"自传性"。"写作的自传性",注定了创意之

---

① 于尔根·沃尔夫:《创意写作大师课》,史凤晓、刁克利译,中国人民大学出版社,2013年版,第16页。
② 于尔根·沃尔夫:《创意写作大师课》,史凤晓、刁克利译,中国人民大学出版社,2013年版,第13页。
③ 威廉·津瑟:《写作法宝:非虚构写作指南》,朱源译,中国人民大学出版社,2013年版,第114—115页。

来处，首先是自我，作为素材的自我、作为对象的自我与作为主体的自我，它们混合在一起造就了一个丰富多彩又深沉浑厚的素材。从自我出发，创意便在日常生活中时刻浮现，因为自我创造的根源，也是所有素材能够成为素材的依据。

何为自传？法国学者菲力蒲·勒热纳认为："由一个真实的人，关于自己的存在所写作的回顾性的、散文体的叙述，重点在于他的个人生活，特别是他的人格的故事。"美国学者阿尔伯特·斯通也指出："对一个人的一生，或者一生中有意义的部分的回顾性叙述，由其本人写作并公开表明其意图：真实地讲述他或她公众的和私人的经历故事。"[①]纯粹自传的写作，一来可以作为创意写作起始阶段的训练，二来可以带动对自我经历的回溯，从而发现那些有价值、有意义的部分。一俟这种发现产生，它就构成了虚构或非虚构的源头，从而成为写作的创意时刻，化为素材而隐现于作品之中。从自我出发，从自传出发，是写作者最可靠的创意来源。尽管自传的写作要求真实性、探究人格，甚至有历史研究的学术化倾向，但作为创意的自传，更强调自我经历的素材性，以及作为回忆、经历所带来的阅历之丰富、感触之深刻。更何况，自传（包括回忆录）的写作不仅仅是历史叙述，它是"一种混合的形式，兼具小说和散文的要素，在这种体裁里面，作者用自己的声音，以谈话的形式道出对真实故事的深思，这是最重要的"[②]。无论如何，自传与创意是有着紧密关系的，甚至可以说，创意是从自传出发的对于人世的体悟与感知。

[①] 杨正润：《现代传记学》，南京大学出版社，2009年版，第292—293页。
[②] 朱迪思·巴林顿：《回忆录写作》，杨书泳译，中国人民大学出版社，2014年版，第4页。

须知,创意总是围绕着写作者这一主体的,也正因如此,作为布衣之身或微末小吏的"永嘉四灵",受其生活范围所限制,作品境界之狭窄、气度之弱小,也就可以理解了。创作者永远不可能摆脱自我而去凭空捏造,即便是选择科幻作为题材来书写,想象尽管是天马行空的、偏重理性的,但基本的出发点仍然是创作者个人,其视野、才情、生活阅历,都会带来各种各样的限制,从而间接地影响作品的格调与境界。自传不仅仅包括生活经历,还包括由这些生活经历而促成的思想升华以及人生观、世界观与价值观的蜕变。重新聚焦自我,聚焦周围世界和生活,去发现创意时刻,去积累创意素材,鉴于此,有专家建议以写日记来记录个人生活:"你的日常生活可能将你引向数以千计个不同方向,但全神贯注地写日记却可以去伪存真。"①如果日记写作是一种不公开的自传写作的话,那么就意味着关注自我既是一种开拓素材范围的方式,从中找到创意的来源,同时也是聚焦以排除干扰的方式,唯有如此,才能让自己的阅历呈现出它闪光的一面,被赋予独特的价值和意义。

第二节 阅历的组织与管理

从自传入手,打捞个人阅历以形成创意时刻,从而促成创意作品的诞生,是一个合理的出发点。具体到个人阅历的组织与管理,又该如何来着手进行呢? 如何将这种认知落实在生活之中,并且能行之有效地扩大阅历、增长见闻呢? 整体而言,阅历的组织与管

---

① 苏珊·蒂贝尔吉安:《一年通往作家路:提高写作技巧的12堂课》,李琳译,中国人民大学出版社,2013年版,第2页。

理主要有几个方面：一是以回忆的方式重整往事；二是以开拓的方式锻造新的经历；三是以虚拟的方式增加思想冒险；四是以安全为主的生活试验。

以回忆的方式重塑往事，意味着建立在时间线轴上的所有事情，都变为阅历之一种，重新挖掘，仿若再次经历一样。第一次对异性懵懂的喜欢、第一次乘坐火车的经历、第一次品尝甜瓜的味道……薇拉·凯瑟断言："一个作家在其创作中所使用的素材大都是发生在15岁之前的事情。"弗·斯科特·菲茨杰拉德也认为："一个作家可以描述他30岁、40岁和50岁之后的经历，但是他对这些经历的权衡和评判标准早在25岁的时候就已经确定，再难更改。"① 硬性地给人生阅历的新鲜度划定一个年龄阶段，也许失之武断，但整体而言，不管写作者处于何种年龄，"以回忆的方式重整往事"，都会在重温往事中仿若重新经历了那些事件，再加上由于时光沉淀所带来的"年岁智慧"，会给这些往事加入更多的反思、领悟，以及追忆往事时的感怀、歌哭等，从而不但唤回往日时光，也拓宽了阅历的范围。在这一点上，伍尔夫建议："翻看家庭影集，观看以往的家庭录影带，和家人、亲戚一起叙旧。"并提出如下问题，作为对往事的追忆之提醒："你童年时期发生过的最重要的事情是什么？童年之后呢？在你成长的过程中，谁对你的影响最大？你成长时期最好的朋友是谁？你们是怎么走到一起的？童年时期，你有没有想象中的朋友？他们是什么样子的？到目前为止，你生命

---

① 于尔根·沃尔夫：《创意写作大师课》，史凤晓、刁克利译，中国人民大学出版社，2013年版，第10页。

中最幸福的部分是什么？最不幸的呢？"①这些问题带有针对性、目的性，而如果重构往事，那么我们则建议：

第一，重看以前保存的所有文字与图片，包括影集、聊天记录等。这能够增加感官刺激，带来的印象也最为鲜明。尤其是家庭成员的合照、外出旅游的留影、朋友聚会的随手拍，乃至于不经意间拍摄的照片。

第二，重新追问自己人生的诸多"第一次"：第一次吃西瓜的感觉；第一次下水游泳的体验；第一次用心看天空是什么时候，看到了什么；第一次和最要好的朋友闹翻了是什么时候，因为什么，结局如何……第一印象永远是最鲜明的，它所留下的记忆也是最深刻的，入于文学作品，则构成了最自然的"陌生化"效果。

第三，找一个或几个熟悉的人，重新回忆共同经历的事情。对于许多在记忆中变得模糊的事情，身边熟悉的人可以起到补充的作用，许多场景能够被构建起来。所谓一人记忆之短，众人记忆之长，对于重构往事来说，大有裨益。

以开拓的方式锻造新的经历，意味着在现有生活基础上，通过某种方式拓展自己的生活范围、社交圈子等，乃至于以下沉的方式去经历自己所陌生的事情。在传统的写作理念中，这种方式被称为"深入生活""体验生活"等，柳青为创作《创业史》在陕西西安皇甫村扎根生活14年，就是典型的例子②。路遥向同乡前辈学习，为在《平凡的世界》中写好省长专员的生活，让朋友带着他去观察、体

---

① 于尔根·沃尔夫：《创意写作大师课》，史凤晓、刁克利译，中国人民大学出版社，2013年版，第14页。
② 刘可风：《柳青传》，人民文学出版社，2016年版；邢小利、邢之美：《柳青年谱》，人民文学出版社，2016年版。

验当地政府官员的生活,甚而为描写孙少平的煤矿生活而直接到铜川煤矿写作这部小说①。贾平凹为寻找自己"创作的根据地",从1983年到1986年数次深入商洛市一区六县,探查地方景观、风土人情、故事传说等,写出了著名的《商州三录》和长篇《商州》《浮躁》等作品②。在创意写作管理中,阅历的管理属于创意管理的一部分,它不仅包括传统意义上的深入生活、体验生活,还包括拓展生命存在的样式,无目的地增加生活的广度、宽度、厚度等。鉴于此,杰克·赫弗伦就提醒说:"你是一个创造性的个体。你拥有将你枯燥乏味的日常生活变得更为美好的力量。"③如此,"以开拓的方式锻造新的经历"就不仅仅是以具体创作为导向的蹲点生活,而是以创意为诉求的自由拓展,即:

第一,开始一次漫长的旅程,以在路上的姿态去经历所有陌生的人群、别样的生活方式与景观,以及不一样的人和不一样的故事等。外出旅行,是拓展生活范围最有效也最直接的方式,创意管理上的阅历拓展不是普通旅行所能比拟的,因此:首先,要把旅程变得漫长且以从容不迫的心态进行。它不是空降某地的打卡式旅游,而是浸入式的体验。其次,它对交通工具的选择原则是越原始越好,骑行、绿皮火车、汽车接力、公交车等,越接近"当地生活"越好。人为地拉长旅程,将会获取更多阅历。再次,在注意人身安全的前提下,尽量同更多的人接触、交谈,甚至和他们成为朋友。最后,旅行不是为了写作,但却可以在旅行中写作;可以自己独行,也

---

① 路遥:《早晨从中午开始》,北京十月文艺出版社,2013年版。
② 谢尚发:《作家"笨功夫"与寻根地理图——贾平凹1983年的"重返商州"》,《当代文坛》,2021年第3期。
③ 杰克·赫弗伦:《作家创意手册》,雷勇、谢彩译,中国人民大学出版社,2014年版,第26页。

可以邀约友朋一起前往；所以事情一定要亲力亲为，如果徒步前行，那么还需要考虑健康管理等要素。

第二，培养多种生活方式，以"解锁"更多人物，获取更多生活阅历的同时挖掘别人的故事。培养多种生活方式，意味着走出"生活惯性"，去尝试别的生活方式——习惯于抽烟的人强制戒烟，并尝试着去理解不抽烟的人对抽烟者的厌恶；住一次最豪华的酒店，彻底放松地体验一整天；看见一个自己心仪的姑娘，大胆去表白，成功了可以收获一份爱情，不成功就去体验失败的尴尬与垂头丧气……拓宽阅历，某种程度上也意味着"冒险"。但是就多种生活方式来说，它意味着在生活中，写作者应该学会真实的"角色扮演"，即让自己成为一个农民、餐馆的服务员、快递员或外卖小哥……勇敢地走出自己的生活圈子，去经历多种生活方式，阅历自然会更加丰盈，在这样的过程中素材会源源不断地涌现，创意也会不经意间到来。

第三，让自己学会独处，并在独处中设想未来的生活。可以朝着悲伤的维度发展，以至于惊天地泣鬼神般地感受到万物为刍狗的悲哀；也可以朝着安乐与幸福的方向前进，做一回白日梦；甚至只是对当下生活的重复，一而再再而然地重复之后发现它的空洞与苍白，或换一种眼光之后发现它的价值与意义……模拟可能性，也是拓宽阅历的一种方式，尽管它更倾向于天马行空的幻觉，但它不同于想象、联想等，而是对日子的一种筹划，对未来的一种安排。

以虚拟的方式增加思想冒险，指的是运用"极限原则"去推动事情持续发展，从而拷问绝境下人的自然反应、极端情况中人性的真实一面等；也指创作主体进入遐思以收获创意，聆听自我内心，激发创意思维的火花。在提到批评家的意见时，杰克·赫弗伦说：

"倾听和放松在冥想当中常作为释放思维的方法,冥想者们知道思想是会闯进来的。当思想来了,他会对自己说'是思想',然后就让思想随风而去,而不会为它们贴上好与坏的标签,也不会给自己贴上薄弱和注意力不集中的标签。"[1]对于创意写作者来说,"冒险应该成为一种生活方式",在冒险中去发现创意,在创意中去重新思考生活。当然,"冒险"不意味着病态,也不意味着知法犯法,更不意味着为了体验死亡而吞下毒药。所以强调"思想冒险",或"推理冒险",就是为了规避现实生活中可能会出现的损失与风险。

第一,在意念中为生活插上冒险的翅膀,将极致作为原则,置于生活的琐事之中。可以是将所有幸运集中于某个人身上,看它的合理性与不合理性如何发生,以及在这样的处境中人的本能反应;更可以假设如果人真的可以长生不老,他的生活将会怎么度过?它既可以是一种思想的沙盘推演,也可以是纯粹的"瞎想"。

第二,聆听音乐,借助音乐进入遐思。音乐是抽象的艺术形式,因其抽象而更适合遐思。找出纯音乐专辑,不要找自己熟悉的、常听的、喜欢的音乐,甚至放弃知晓任何关于音乐的介绍与知识,纯粹让音乐成为遐思的助推器,如此放飞自我,预备收获创意。

第三,把所有的坏事与好事全部作为自己的事情,在头脑中经历一次。这不同于假设,而是把自身置于俗世中去拷问自己的反应、感受。这是一种思想冒险。

以安全为主的生活实验,是指以生活实验的方式去经历那些日常生活中不可能经历的事情,去安排一场奇遇、奇迹、奇事。如

---

[1] 杰克·赫弗伦:《作家创意手册》,雷勇、谢彩译,中国人民大学出版社,2014年版,第18页。

果考验自我情感的反应,那要做好安全措施,确保不涉及伦理、法律问题。但如果是为了获取他人的反应,那么就需要考虑伦理、道德、法律等问题,在可控制的范围内进行生活实验,以拓宽自我的生活经历。建议:① 安全报备,以规避法律责任;② 在知情与不知情状态之间进行合理协调;③ 制造突发事件时,注意对周围人群与环境的影响;④ 生活实验的记录与事后回访要到位。

第三节　阅读、写作的镜像与创意

在《成为作家》一书中,多萝西娅·布兰德开辟专章,以"像作家一样读书"为题讨论阅读对于创意写作的重要意义,开篇即强调:"任何一个对成为作家感兴趣的人都对自己读过的每本书有一定的看法,而不仅仅是把读书作为一种娱乐。……大多数未来的作家都是书虫,很多人都对书籍和图书馆着迷。"[1]阅读是激发创意的源泉,也是与著名作家对话与切磋的绝佳良机。所以历来创意写作的专业书籍无不强调阅读的重要性:"不读书,你就不能成为一位优秀的小说家。要大量阅读不同体裁的作品,包括各类小说、诗歌和非虚构类作品等。每读一本书,这本书的流畅行文和写作节奏就会自然而然地在你的头脑中扎根。若这本书写得很好,能够引起你的共鸣,那么你就会把它归入优秀文库中。"[2]阅读几乎成为写作者的另类天职,也产生了许多阅读随笔与探讨阅读的著名

---

[1] 多萝西娅·布兰德:《成为作家》,刁克利译,中国人民大学出版社,2011年版,第71页。
[2] 詹姆斯·斯科特·贝尔:《从创意到畅销书:修改与自我编辑》,刘在良译,中国人民大学出版社,2016年版,第4页。

作品。何以要阅读？作家应该如何阅读？存不存在一种"创意阅读"？又该如何来组织"创意阅读"？我们可以从"阅读是写作的镜像"入手，来研究这一问题。

阅读是写作的镜像，强调的即是"应该像作家一样阅读"，它是指从作家的视角进入文本世界，不是以娱乐的方式消费文本的故事，而是以探究的方式去剖析文本的结构、叙述、人物塑造与情节构造等。从最基本的"词语"入手，"词语的妙用，取决于一个人的文学素养，但对读者来说，因其所受教育不同，社会背景不同，及年龄、性别等方面的差异，对词语的感觉也大相径庭。同样的词语，一些人听起来感到夸大其词，另一些人则感到恰如其分"①。文本中出现的词语为何是恰如其分的？如果更换为另外一个词语是否合适？诸如此类的追问，便属于"像作家一样阅读"的范畴，他不但需要知晓文本的故事世界，还要知晓写作者是如何建造、构筑这样一个世界的，对文字背后所隐藏着的写作者的苦心的追问与探索，就是"作家阅读"的最鲜明的特点，亦是最独特的部分。读者不但要以学习的心态对文本进行阅读，还要以揣摩者与修改者的角色进入其中，于是才有贝尔所列下的"阅读技巧"笔记："1. 动作、冒险、追逐和危险，先设置场景再解决危难。2. 稍微提一提故事发展的预兆，然后切换到另一个场景。3. 先提示，再将场景拉回来。4. 最终决定出现的那一刻，就要离开此处的场景。"他强调："一定要亲身实践一下，运用这个技巧来写一个场景，并让这个场景从脑海中落实到纸面上。当你进行这样的练习时，你正在吸收并消化

---

① 敏言：《文学创作手册》，中国国际广播出版社，2000年版，第39页。

学到的技巧。"①因此,"像作家一样阅读"就变成了"作为作家阅读",是一种探究式的、追问式的阅读。阅读作为写作的镜像,强调的便是"后设写作式的阅读"的一面,即在成文面前以未成文的方式来追问如何写作的问题:换一个词语效果会如何?这一段风景描述,换一种方式该如何来写?人物的出场还可以变成另外的方式吗?故事的构造是否可以变成对立的方式?乃至于行动的安排、情节的连接……所有既定文本中的片段都应该接受这种追问,以写作的心态进入阅读之中。

基于此,可以说,"创意阅读"是对文本的"二度创意式的阅读",作为一种阅读行为它本身是对文本的"二次创作",从而使纯粹的阅读接受行为变为再度创作的创意行为。不管是对既定文本进行阅读笔记的撰写,条分缕析地剖析文本的各个构成要素及其呈现的时间、位置、方式,还是对文本进行综合性的审美体悟、思想发微,创意阅读都强调对文本背后所潜藏着的创意写作思路与行为进行还原,以文本为依托,以写作为指向,最终将阅读转化为写作的行为,整个过程看似是阅读指向而实则是写作的旨归。整体上来说,创意阅读包含以下几个方面:其一,阅读行为的目的性指向发生逆转,从接受转为生产,从欣赏转为写作。这一方面是指作为作家的阅读是对文本构造技巧的考察与探究,另一方面也是作为阅读者以好奇之心追问文本如何生产的结果。化被动为主动,是创意阅读对传统阅读的巨大逆转,也是阅读与写作位置的重新调配与安置。其二,替换与重新写作的冲动始终贯穿其中,即阅读

---

① 詹姆斯·斯科特·贝尔:《从创意到畅销书:修改与自我编辑》,刘在良译,中国人民大学出版社,2016年版,第6页。

者始终以作家的眼光，随时将已成文的文本部件、架构与推进方式和未产生、不存在的自我假定写作文本进行对比，乃至于将具体的遣词造句、情节安排、故事讲述、人物塑造、思想传达等，以思想推演的方式进行模拟写作，从而起到向优秀作品学习的效用，也实现对自我写作的锤炼这一目的。其三，阅读过程中对角色进行重新设定与调配，能保证接受者与创作者之间的距离在拉近，也使得受体在某种程度上变为主体。这既是指阅读主体本身从信息接受者转变为信息创造者，也指以文本为中心对阅读者和创作者之间的关系做另类安排，即第一作者成为潜在的接受对象，聆听、审阅并接受作为创意阅读的第二作者的指摘、建议或重写意见。第一作者作为潜在的接受对象，可以是虚拟的、不存在的，但阅读者作为第二作者必须时刻在场，保持冷静与清醒，以审慎、批评的眼光重新审读文本，仿佛在完成写作的最后一道工序，即对作品进行修改一样。

某种程度上说，创意阅读就是"作为作家阅读"，就是"将阅读化为写作的镜像"，也是"以阅读进行写作"的行为。它最终的结果可以是颠覆性的，也可以是完善性的、修补性的，这是一种极度自由的阅读行为，是一种对话式的阅读行为，也是一种商榷、探讨式的阅读行为。正是基于这种自由，阅读与写作的界限变得模糊，两者之间的地位经常发生翻转与互动，从而既是"像作家一样阅读"，也是"作家的修改阅读"。

第四节　阅读的组织与管理

阅读的重要性毋庸置疑，而对于一个写作者来说，如何培养创意阅读的习惯,如何对阅读行为进行管理,已引起许多人的重视,有研究者从不同的角度提到具体的做法。有人认为:"字典,触发灵魂的'天书'",并且建议,"查找每一个你不明白的单词。通读字典。经常浏览字典。开车时听单词释义磁带。听录音的办法尤其有效,通过反复听磁带,你会在潜移默化中最终记住单词。"①字典的每一个词语,不但能够丰富作家的词汇量,且任何一个字、任何一个词背后都可以挖掘出它们的故事,以及它们产生的意趣、境界,乃至于风格。甚至以字词为内核,延伸至生活还能串联起许多意想不到的创意。贝尔在《情节与结构》一书中,专门罗列"学习情节写作的技巧",并归纳如下:"1. 找十几本你想要写的那种类型的小说。2. 以消遣的方式来读第一本,然后仔细思考一下你喜欢这本书的哪些部分。3. 接下来读第二本书,同时花些时间来仔细思考。4. 以同样的方式读接下来的几本书。5. 现在回到第一本书,将其中的每个场景都标在索引卡上,给它们编号,然后指出其中让你想要读下去的每一个元素(如果有的话),比如小说背景、场景等。6. 阅读这些书的时候,重复进行此项工作。7. 随便找一摞卡片出来,开始迅速浏览它们,回忆这本书的情节,然后在脑海中形成一部电影。8. 对其他索引卡也进行同样的演练。"②这是针对情节的阅读技巧训练,同样地,针对人物形象的塑造、环境的表达等也可以单独列出诸如此类的阅读技巧训练。布兰德建议:"要像作家那样阅读,唯一的途径就是任何东西都要读两遍。""对刚读过的书写一个简短的大纲,做一个总结评价。""如果你带着批判的眼光

---

① 敏言:《文学创作手册》,中国国际广播出版社,2000年版,第39—40页。
② 詹姆斯·斯科特·贝尔:《从创意到畅销书:修改与自我编辑》,刘在良译,中国人民大学出版社,2016年版,第4—5页。

认真地阅读,你从中所获得的激励和帮助是无穷的。"①尤其是给阅读的小说做一个故事情节的大纲和人物总结,给阅读的散文做一个情感变化曲线,给观看的电影做一个场景分布图……诸如此类的总结,对于发现优秀作品十分重要,而不同的书籍可以从不同的关键点入手,从而积累更多的阅读经验,以滋养写作。

作为作家来阅读、创意阅读、二度创意……如此提法,是为了能够让创作者从阅读对象出发,模拟创作也好,学习技巧也罢,使阅读成为异于单纯信息接受式的普通阅读,从而成为"像作家一样阅读"的行为。阅读活动的组织与管理,便在于提升阅读能力,通过阅读训练写作、刺激创意、学习技巧等。"阅读能力的结构,从横向广度看,包括阅读认知、阅读理解、阅读记忆、阅读速度和阅读技能等;从纵向发展看,可分为认知性阅读、理解性阅读、鉴赏性阅读、评价性阅读、创造性阅读等。写作者通过广泛深入的阅读,知识更加丰富,眼界更加开阔,形象思维和逻辑思维更加发展,审美修养更加提高,精神世界更加充实,这一切都能为写作能力奠定基础;同时,写作者通过阅读,可以间接获得写作材料,触发写作动机,学习遣词造句和谋篇布局的本领,借鉴写作技巧等。培养阅读能力,首先,要端正阅读态度,明确阅读目的,变被动型阅读为主动性阅读;其次,还要注重阅读规律,掌握阅读方法,提高阅读效率。"②就具体的组织与管理措施、技巧,可以从方法、内容、时间三个方面来实施。

所谓创意阅读在内容的管理上,是针对阅读对象而展开的规

---

① 多萝西娅·布兰德:《成为作家》,刁克利译,中国人民大学出版社,2011年版,第72—75页。
② 庄涛等:《写作大辞典》,汉语大词典出版社,2003年版,第72页。

划、组织与管理,亦即对阅读对象的选择、编排、安置等一系列的工作。整体而言,它包含如下几方面:其一,以广博为原则,以杂读为途径。这主要是强调在无明确写作任务的前提下,对日常阅读的要求。尽可能多地拓展阅读面,以丰富自我阅读的内容,最基础的阅读书目应该是文学类作品,包括文学作品、文学批评、文学史与文学理论著作;其次是人文社科类书籍,诸如历史学、哲学、民俗学、人类学、社会学、政治学、管理学、心理学等作品都应尽量纳入其中;再次是自然科学类书籍,尤其是生物学、天文学、化学、物理学,以及其他与之相关的学科;最后,还应该看一些闲书、杂书,诸如果树栽培、电工手册、养殖、插花、茗茶等,以及生活类的书籍。当然,绘画、雕塑、建筑、园艺等,也可以涉猎。其二,类型化阅读趋势,尤其是有了创作方向之后,应该择取某一类型的作品进行阅读。"类型化"已经是文学发展累积下的精细化划分,针对某一类型的作品进行阅读意味着可以具有明确的目标性、选择性。因此,国外相关创意写作的培训,已经设立了专门的分文体培训,还有分题材培训。其中较有影响的有"开始写吧"系列和"弗雷的小说写作坊",前者包括虚构文学、非虚构文学、科幻小说、奇幻小说、惊悚小说、推理小说、影视剧本等,后者包括《让劲爆小说飞起来》《劲爆小说秘境游走》和《悬疑小说创作指导》。因此,在阅读时,选择性地倾向于某一类型的创作,一来是可以熟悉某一类型的作品创作规律,二来也是一个学习写作的过程。其三,分文体式专题阅读。创意写作教学中分文体进行小项目制教学,已经成为一个大趋势。在这个基础上,创意阅读以分文体式进行,一来可以与创意写作分文体训练结合起来,二来也能让阅读因聚焦文体而获得对某一文体的深入理解,从而培养文体感觉,了解分文体的文体规约与奥秘,从而有利于训练创作技能。一般而言可以由诗歌入手,经散文而进入小说的阅读;小说阅读中,可以由短篇小说进入中篇小说阅读,最终实现对长篇小说的阅读。如果以作品是否吸引人为标准来看,最适合的莫过于从中篇小说入手,伴随短篇小说和长篇小说阅读,逐渐进入散文和诗歌的阅读,最后选择剧本阅读。不管哪种方式,分文体阅读在于培养文体感知,熟悉文体内部的规约。其四,经常阅读诗词作品,培养语感。尽管这一说法目前存在争议,但从综合情况判断,诗词与散文仍然是对锤炼语言要求较高的两种文体。获得语感从诗词入手,丰富语料库的同时,增强对语言的感知力以及运用语言的灵活度。这并不是说其他文体不强调语言,而是不如诗词对语言的要求那么高。

  创意阅读的管理,在方法层面上,强调的是对具体阅读过程的监控与规划。选定了相关内容,如何来按照既定目的,让阅读真正成为滋养创意写作的行动。不管是传统意义上的鉴赏式阅读,亦即"在阅读理解的基础上对文章或作品的各个方面进行鉴别与欣赏。鉴别,也就是比较、辨析;欣赏,也就是感受、体验。阅读鉴赏的内容,包括文章或作品的思想内容和表现形式两个方面"[①],还是创意写作指导中的"第二遍阅读",其实都是为了确定阅读对象可资借鉴的地方,并将此作为创作指导。具体到创意阅读中,一般有如下几个建议:其一,拆分文本的叙事要素以显示其关键点。不管是散文、诗歌还是小说,都存在故事、情感的表达程序问题,对之进行拆分,可以看出其行文逻辑,并找到相应的表达关键点,亦即创作者处理这些问题的独特方式。它不同于技巧的分

[①] 庄涛等:《写作大辞典》,汉语大词典出版社,2003年版,第73页。

析，也不同于写作手法的鉴赏，乃是从文本逆推的过程，将眼前阅读的文本逆推到作者的写作状态，从而考察其在关键点的处理上是如何把控文字以达到表现效果的。这种拆分甚至包括考察作品主人公的行事逻辑，按照其行事逻辑来确定事件发生过程中的关键点与叙事合理性，乃至于散文中的丰富情感如何在文字的叙述中逐一得到表达，又经历了何种曲折与委婉的路径。其二，剖析文本的叙事结构以呈现其蕴藏的写作技巧。这一阅读方式更注重对文本背后的叙述技巧的探寻，尤其要深挖作者匠心独具的叙事结构是如何一步步被文字叙述出来的，进而考察这种结构的合理性、独特性，以及其结构的完整性。结构如同文本的骨骼，它一方面决定着文本的布局与相貌，另一方面也以循序渐进的方式将阅读者带入文本中，剖析文本的叙事结构就要顺着作品结构方式去探寻文本架构。小说是如此，尤其是一个复杂的故事需要精细的结构，在阅读过程中仔细剖析才能掌握其精髓；散文也是如此，哪怕是一个小品文，它内部也存在着独特的结构，不管情感的结构，还是表达的结构，都需要去剖析和把握。甚至诗歌也同样如此，其内在理路、组织架构本就不容易理解，更难以感受写作者的精妙之处何在。剖析其掩盖在语言外表之下的结构，一则能更好理解诗作所传达的情感与思想，二则也可以把握优秀诗作的写作技巧。其三，就文本精妙之处尝试进行重新写作。重新写作文本中的部分，不但是"同题创作"，而且还能以和高手过招的方式来提升写作的技能。重述不是模仿，而是在既有文本的基础之上，另辟蹊径以实现表达的丰富性，并用原作作为参照标准来检验重述的效果。这当然不是要求阅读者全面同题再写，如果短篇的话这种方式还可以，长篇就没有必要了——对精妙之处保持敏感，重述那些关键部分与精彩片段即可。这样的方式还有很多,比如贝尔提出的"两遍阅读法",敏言提出的"字典阅读法",乃至于像布兰德所说的"批评自己的作品"阅读方法,都是可以灵活采用的。

创意阅读的管理,在时间维度上,必须综合考虑每个人的情况。处于紧张创作中的人,往往没有精力再展开创意阅读活动,那么在规划创作之时,应该根据规划的需要选择相关类型、文体的作品,详细研读,并剖析每一个文本的构成部件,寻找可以借鉴的资源;在创作的准备阶段,应该展开广博的阅读,尤其是与创作有关的任何资料,不分内容、文体、类型地广泛阅读,以积累资料与知识,如此才能保证写作过程从容不迫,不至于被冷僻知识牵扯而耽搁创作进程;创作完成之后,应该进行"自我批评式"的阅读,以编辑眼光、品鉴姿态,回头检视作品的构件及其表达的合理性。至于阅读习惯的建立,每一天阅读时间的规划等,均可根据实际情况安排,无论如何要保证阅读成为一种生活方式,构成生活的基底与本色。

第五节　虚拟的人生与现实的人生: 一种组织行为学的探究

按照专业的定义,"组织行为学(organizational behavior,OB)是一个研究领域,它探讨个体、群体以及结构对组织内部行为的影响,目的是应用这些知识改善组织绩效。……组织行为学关注的是人们在组织中做什么以及这种行为如何影响组织的绩效"[①]。因

---

① 斯蒂芬·罗宾斯等:《组织行为学》,孙健敏、王震、李原译,中国人民大学出版社,2016年版,第9页。

此它处理的是动机、领导行为与权力、人际沟通、群体结构与过程、态度形成与知觉、变革过程、冲突与谈判、工作设计等。在这个基础上,把作为"研究关于人际交往过程与实践如何影响个体、群体和组织效能的学科"[1],引入创意行为之中,有无可能性呢?实际上,我们强调在虚拟人生与现实人生之间,开展一项组织行为学的探究,这不是要在实际中组建一个团队,并在团队的管理中来协调个体、群体和结构之效用,而是使用组织行为学的方法,将虚拟人生和现实人生协调在一起,从而促使创意的产生,促发写作的欲望,促进作品的产生。

将虚拟人生与现实人生融合起来,从而构建一个全新的个体,再将个体置于群体之中,推演其所采取的行动并观察其对周围人群的影响,由此而产生出一定的社会效应,再整合阅历与阅读两方面的经验,在这一行为的结果中捕捉创意,寻找写作的可能性,这就是我们所说的"一种组织行为学的探究"的题中之意。在这一目标诉求中,组织行为学所面临的有个体,即作为投射自我于现实和虚拟世界中的创作者自我;有群体,即提取自我阅历中的典型性代表人物以进入推演人生之中,让他们组成一个团体,用作者投射的主体行为来激发此团体的反应,用来观察社会的波动与涟漪;也有组织,即将提取和设计的角色投入到组织架构中,使它拥有组织功能,它看上去并非是现实中严格的组织,但能以组织的方式运行。

所以从整体上来看,融合现实生活与虚拟生活的组织行为学,就是要整合阅历与阅读于一体,重新构建一个社会的部件,以形成

---

[1] 约翰·斯洛科姆、达恩·海瑞格尔:《组织行为学》,杨洋译,北京大学出版社,2018年版,第4页。

完整的人生主体,将主体限定在一件具体的事情、一段具体的人生经历,或一个突发情境之中,从而像是沙盘推演一样,制定、规划个体行为、群体行为与组织行为,观察其所产生的后果。鉴于此,往往需要以下这些步骤:

第一,设定主体。一般而言,主体基本上是写作者本人的投射,并且是把自身阅历作为核心事件,辅之以阅读所获取的经验,从而构成一个具有完整人格的个人,然后将这个个体的背景、所处环境、文化素养、性格倾向、家庭成员构成、既有生活经历等逐一进行设定。

第二,给予主体一个核心事件或任务。这个核心事件和任务能够引发主体的行为,个体开始采取行动,这一行动要具有合理性,但偶尔走向极端也没问题。

第三,构建一个群体。在设定主体的时候,群体已经出现,诸如父母、祖父母,乃至于家族谱系,成长环境中所遇到的各种角色……群体之所以存在,是因为主体存在,因此他们围绕着主体构成了一个团体、一个组织。

第四,主体在指令的安排下,采取起始动作。为达成特定目标,主体开始采取行动,这包括准备行动、起始行动,以及这些行动所引起的群体反应、所达成的效果,以及对于完成指令性任务的作用。安排行动是一个方面,观察这一行动所引起的反应则是另一个方面。

第五,主体后续行为安排,即对起始行动的继承与发展,也能持续推动行为靠向最终的目标。这一过程中,主体行为必然会影响到群体行为,甚至需要群体角色的协助,其间产生的任何微妙反应都应该是观察的核心对象。

第六，主体行为产生的事件高潮的来临。主体把行动推向决定性的地步，必然会引起群体的强烈反应，此时主体、群体、组织都必然受到剧烈震动，那么他们的反应、对事件最终结果的影响，都构成了写作者需要考量、观察、记录的重要部分。

第七，推演出结局或使之尘埃落定的决定性要素及其结局。它的存在是为了持续观察主体、群体和组织的变动，不管这变化是多么的细微。使事件重新恢复平静，不是为了获取结果，而是在结果导向中，探寻每个要素恢复平静的过程、方式和状态。

当然，还可以设计更多的步骤与环节，这依赖于创作者设定的具体需求与目标。无论如何，这一项将个人阅历与阅读融合起来，把现实生活与虚拟生活调和在一起的组织行为学的探究活动，是以人之常情为标准，来推演一个完整的生活片段或圆满人生，以具体人设为核心来演绎其自身的行动与周围世界的关联，从而便于写作者观察个体、群体与组织的反应、变化与状态，观察事件发生、发展、高潮与结局的过程性特征。从实效上来说，这种"组织行为学的探究"，已经是一部作品最初诞生的形态，尽管它仍存在于创意阶段、构思阶段，甚至可以说，如此设计一次组织行为学的探究，零碎化的理解就是截取每一个侧面作为素材，整体化的关照则是作品在创意阶段、构思阶段、酝酿阶段，其存在的形态。善于整合资源、科学设计程序、合理安排过程……写作者必然会从前期准备阶段，跃入写作起始阶段，作品才会被逐步成型。

第四章　想象与创意

黑格尔在《美学》中专门讲到"想象"的能力，他说："如果谈到本领，最杰出的艺术本领就是想象。但是我们同时要注意，不要把想象和纯然被动的幻象混为一事。想象是创造性的。"[①]一部作品能否成为经典，能否吸引人，除了真挚动人的情感、深邃浑厚的思想、栩栩如生的人物之外，天马行空的想象也是考量的重要依据。甚至我们可以说，想象是一个作家捏合诸种创作要素时能否使之处于圆融状态的重要能力，但它绝不仅仅只是体现在这一个侧面，而是一种综合性的处理题材、构筑文本主体、传达内在理路情绪等的控制力与统摄力。然而实际上，想象是一种心理机制，不但需要整合外在资源与内在情绪，还需要在这一过程中将个人感受力、共情能力、推理能力等全部动用起来加以综合运用。

我们通常认为，想象"是一种形象思维活动。指作者在外界事物的影响下，以头脑中原有的感性形象、生活经验为基础进行加工改造，从而组成并创造新形象的心理过程。想象的基本特征是具有形象性，即作者在展开想象的过程中，始终不脱离具体可感的形象，只是这些形象既源于现实，又同现实生活中的客观事物形象已有本质的差别。它无比丰富复杂，是一种超越时空的精神'实体'，

[①]　黑格尔：《美学》（第一卷），朱光潜译，商务印书馆，2018年版，第357页。

还含蕴着美好的闪光之点。除此之外,想象还具有新颖性、独立性、创造性等特点。写作中运用想象,就可冲破各种局限,将不同时间、不同空间、不同类别、不同性质的各种事物连接沟通;还可将抽象概念、抽象事理、难以名状的内心世界、变化莫测的情感心理以可感可见的具体形象表现出来"①。实际上,我们可以说,想象是一种赋形的综合心理活动,将无形的情感寄寓有形的事物,把抽象的事物进行具象化,将素材整体化、秩序化,从而达到一种对世界的全面认知。为调动想象力,创作者动用了各种手段以达到刺激效果,获得更为吸引人又具体可感的画面,诸如冥想、遐思、禅修、独坐等都是常用的方法。

第一节 类型与比类联想

为更好地把握对想象的激发方法,可以首先从联想入手,这也是写作过程中常用的方法。尽管联想与想象之间有着较大的差异,但两者一直被并置在一起:联想是较为初级的心理比类推理能力,想象则是更为高级的综合性的心理构造能力。基于此,联想被界定为"根据两个事物或两个概念之间在形式或意义上的某种联系,由此及彼或由彼及此的想象活动。展开联想需要深刻了解客观事物的外部特征和内在意蕴,准确掌握联想程序"②。在此定义下,联想又被细分为相近联想、相似联想、相反联想、辐射式联想、链环式联想、串联式联想、跨越式联想等,但核心仍然落在"类比"

---

① 林文勉、程克夷、程国安:《基础写作辞典》,湖北辞书出版社,1989年版,第30页。
② 尹均生:《中国写作学大辞典》,中国检察出版社,1998年版,第96页。

之上。也因为此,研究者强调"联想必须有深厚的生活基础和饱满的感情","联想必须有丰富的知识"①。"深厚的生活基础"与"丰富的知识"都是保证联想能够推进的前提,从此也可以看出联想多大程度上能够实现自由地翱翔,取决于前期储备,乃至于对记忆力的考察。不管怎么样,联想的深层机制是类型存在的自然规律。倘若将之用到自然界,连类成型本是一种重要的认识世界的途径,但在传统的写作理论看来,创作强调个性,似乎恰恰与此相反。如果强调类型的共同性,那就意味着创意个性的削弱,但实则不然。

类型化趋势在当下的文学创作中已经成为不可逆的历史方向,暂且不说这一点,即便单从文体类型来看,成规都是写作的出发点与门径。因此,不管是叙事成规,还是文体成规,它们都"不是创新的敌人,恰恰相反,它是创新路标。没有成规,创新不可想象;找不到成规,创新就找不到落脚点和方向,盲目创新,或者自以为是的创新,其实是真正的陈词滥调"②。有这种认识,是基于类型成规不是当下才有的发展趋势,而是文学艺术内部存在的本然规律:"文学作品以族群也就是以类型的方式而生存,乃是文学史的一个客观事实。"③最初在通俗文学领域兴起了武侠小说、言情小说、悬疑小说、黑幕小说等,此后随着网络文学的发达,类型化趋势更加明显,造成了一个假象,仿佛类型化就意味着通俗化、网络化。但其实不然,"古今中外,小说向来多以类型形态存在。即使所谓'纯文学'的小说,一般它们也可以纳入到某种小说类型之中;如果创新到极端一点的,也难以摆脱为某一类型小说'开先河'或'领军'

---

① 陈子典、顾兴义:《写作知识辞典》,江西教育出版社,1990年版,第37页。
② 葛红兵、许道军:《创意写作教程》,高等教育出版社,2017年版,第51页。
③ 石昌渝:《明代公案小说:类型与源流》,《文学遗产》,2006年第3期。

成为代表作的结果"①。因此,韦勒克和沃伦判断说:"优秀的作家在一定程度上遵守已有的类型,而在一定程度上又扩张它。"②类型作为文学的内在规约,并不妨碍任何创新,而我们这里讨论这个问题,意味着联想的机理是建立在类型作为世界存在规律的基础之上的。文学上的类型化,只是整体世界的类型规律上的一环,从特殊到整体、从个性到共性,认识的理路便是如此,那么思维自然会在这个规律上持续发展。

从类型到联想,从联想再到想象,这样的创意思维的梳理,是为了更好地认识想象,并对写作者想象的激发提出建议。作为想象的初级阶段,或者说先行性思维活动,比类联想较容易地能够将积累到的材料、记忆中的留存、个人的体悟与思想,以同类推定的方式实现融合与连接,从而勾勒出较为清晰的理路。从一本书想到书的主人,从书的主人推想其性格、年龄、个人爱好等,再顺着这样的思路推下去,将其成长和生活环境、文化水平、交友等串联起来,一个人的故事就被勾连起来,渐次丰富。

相关性,是比类联想的一个较为重要的原则,但想象却是要打破这种事物与事物之间的相关性,以更为超越的方式将相关联的、不相关联的,乃至于绝无关联的事物,进行融会贯通,以便碰撞出更多的创意火花,从而使创意变得更加丰富、充盈。从比类联想到想象诞生,再到创意从想象中脱颖而出,这是一个逐渐向前推进的过程,也是一个渐次升级的过程。对比类联想的探究,能够让我们

---

① 马相武:《把握类型小说的发生脉络与发展趋势》,《文化艺术报》,2008年7月15日。
② 勒内·韦勒克、奥斯汀·沃伦:《文学理论》,刘象愚等译,江苏教育出版社,2005年版,第279页。

更容易看清楚想象的内在机制,从而有利于我们更好地对想象进行激发,更有利于培养写作者的想象能力。

第二节　想象的心理机制与激发

在心理学研究中,想象就是"表象的改造并在其基础上形成形象,从而建立新的物质上和精神上有重要价值的东西;想象也是建立存在着客体的形象,而该客体不是他个人经验中所遇到过的"①。与联想不同的是,想象更是一种创造性的过程,甚至超越了对客观事物的推理、演绎、概括与比类联想,在联想时还束手束脚的思维,变得越发超脱且自由。但即便是再天马行空的想象,也有一定的触发点、起兴点。因此黑格尔强调:"首先是掌握现实及其形象的资禀和敏感,这种资禀和敏感通过常在注意的听觉和视觉,把现实世界的丰富多彩的图形印入心灵里。……艺术家必须置身于这种材料里,跟它建立亲切的关系;他应该看得多、听得多,而且记得多。……有了这种对外在世界形状的精确的知识,还要加上熟悉人的内心生活,各种心理状况中的情欲以及人心中的各种意图;在这双重的知识之外还要加上一种知识,那就是熟悉心灵内在生活通过什么方式才可以表现于实在界,才可以通过实在界的外在形状而显现出来。"②不管是所看到的形状、所听到的声音,乃至于所熟悉的心灵的内在生活及其展现在外的生活方式,我们都可以将之称为"想象的质料",这也就是想象的触发点、起兴点。在朱光潜

---

① 波果斯洛夫斯基、科瓦列夫:《普通心理学》,魏庆安等译,人民教育出版社,1981年版,第276页。
② 黑格尔:《美学》(第一卷),朱光潜译,商务印书馆,2018年版,第357—358页。

看来,即是"意象",他说:"艺术的创造在未经传达之前,只是一种想象。就字面说,想象(imagination)就是在心眼中见到一种意象(image)。意象是所知觉的事物在心中所印的影子。"① 即便如此,想象也不能与联想类同,因为"意象"作为质料,甚至会在想象中被置于一旁,乃至被遗忘,经由它而创造出的全新形象、情感体验等,才是想象最终所要抵达的地方。正因为如此,想象即便需要感觉在生活中摄取"质料",但它仍然需要进一步摆脱所有质料的束缚,真正实现自由的、超越性的创造行动。

黑格尔就强调:"想象还不能停留在对外在现实与内在现实的单纯的吸收,因为理想的艺术作品不仅要求内在心灵显现于外在形象的现实界,而且还要求达到外在显现的是现实事物的自在自为的真实性和理性。艺术家所选择的某对象的这种理性必须不仅是艺术家自己所意识到的和受到感动的,他对其中本质的真实的东西还必须按照其全部广度与深度加以彻底体会。因为没有深思熟虑,人就不能把在他身心以内的东西搬到意识领域来,所以每一部伟大的艺术作品都使人感到其中材料是经过作者从各方面长久深刻衡量过的、熟思过的。……艺术家不仅要在世界里看得很多,熟悉外在的和内在的现象,而且还要把众多的重大的东西摆在胸中玩味,深刻地被它们掌握和感动;他必须发出过很多的行动,得到过很多的经历,有丰富的生活,然后才有能力用具体形象把生活中真正深刻的东西表现出来。"② 外在客观存在已足够把握,丰富的"想象的质料"不但要以印象式的方式留存于心灵中,还要对之进

---

① 朱光潜:《文艺心理学》,华东师范大学出版社,2015年版,第193页。
② 黑格尔:《美学》(第一卷),朱光潜译,商务印书馆,2018年版,第358—359页。

行深思熟虑、把玩思忖,然后创造出符合客观世界规律的生动的、具体的形象。在这个过程中,"想象的质料"经过一系列的心理运作,从此物变为彼物,从彼物变为此物:"想象意味着对客观现实——存在着的和存在过的——的改造和变异。文艺创作活动是一种创造性的想象活动,不言而喻,想象与变形在文艺家那里更是水乳交融的整体。"①外在世界提供的"想象的质料",必须经过内在世界的"想象的创造",才能够真正让想象发挥作用,这种内在世界的"想象的创造"便是变形,便是改造与重组,便是变异与捏合。所以在对想象机制进行梳理时,朱光潜就强调:"既是'想象',就不能从无中生有,因为它不能离开意象,而意象是由经验得来的。既是'创造的',就不能只是复演旧经验,必须含有新成分。"由此,他所说的创造就成了"根据已有的意象做材料,把它们加以剪裁综合,成一种新形式。材料是固有的,形式是创新的;材料是自然,形式才是艺术"②。剪裁、综合,就是想象发挥作用的机制,再详细一些,这些机制还包括:拟人、托物、变形、通感……③在古代文论中,"气之动物,物之感人,故摇荡性情,行诸舞咏",说的是外在的"想象的质料"之于想象的作用。"遵四时以叹逝,瞻万物而思纷;悲落叶于劲秋,喜柔条于芳春。……精骛八极,心游万仞",说的是"想象的创造",是对"想象的质料"的处理与对世界的重新构造。刘勰所谓"神思":"是以陶钧文思,贵在虚静,疏瀹五藏,澡雪精神;积学以储宝,酌理以富才;研阅以穷照,驯致以怿辞;然后使元解之宰,寻声律而定墨;独照之匠,窥意象而运斤。"其实是将"想象的质料""想

---

① 钱谷融、鲁枢元:《文学心理学》,华东师范大学出版社,2003年版,第116页。
② 朱光潜:《文艺心理学》,华东师范大学出版社,2015年版,第193—194页。
③ 参见朱光潜:《文艺心理学》,华东师范大学出版社,2015年版,第194—197页。

象的创造"熔为一炉,且提出了想象的状态与激发方法:虚静、澡雪。

综合以上论述,可以说,想象力的心理机制是指创作主体以感官摄取外在质料,在心灵的作用下使质料发生巨大改变以实现超越、创新的目标,从而锻造出崭新的人物、形象与故事的思维过程。正如有论者言:"想象的创意首先在于如何超越常规视域展现奇妙景观。想象要有创意,要让人有新奇之感,就必须超越人们常规的视听,突破人们现有的视域,展示人们尚未见识的人世景观,这样才能吸引好奇的世人,从而获得创意想象的效果和价值。"[1]在这个过程中,对想象心理的激发,需要做到以下几点:第一,尽可能多地积累"想象的质料",调动视觉、听觉、嗅觉、味觉、触觉等,以搜集、储备质料。质言之,创作主体要对外在世界有自我的认识与清醒的观察,并且能够记住这些重要的质料。第二,调整状态,放空身心,以达到虚静状态、澡雪精神。唯独如此,才能在想象过程中达到理想的效果。虚静,以保持不被偏见、先见等迷惑或带偏;澡雪精神则是为了打破俗常的限制,超脱现实的认知限制,从而实现创造性的想象。第三,在想象的步骤安排上,以"综合—变形—创造—托词"为顺序。综合,意味着要对所获得的"想象的质料"进行初步加工,这一步加工是为了脱去其本来面貌,为此后的步骤做铺垫。变形,是想象过程中较为重要的步骤,它通过将已获得的"想象的质料"进行各种不同程度的改变,来实现重新认识这些质料的可能性。创造,既是一种对变形后的质料的重组,也是对之进行超

---

[1] 陈邑桦、郑榕玉:《创意写作:叙事与评论》,厦门大学出版社,2019年版,第53页。

越性的加工,从而能够获得全新的人物、形象和故事。托词,则是给经过加工的想象以赋形,使用准确的语言,将想象的结果固定于纸面。甚至可以说,托词就是创作的过程,形成最终的文本。

第三节 遐思:从音乐与协意中寻求

遐思是一个较为宽泛的概念,它常表现为冥想、幻思、默想等,而其中较为常用的是冥想。无论从哪一个方面来看,遐思都能够帮助想象主体实现思想的自由翱翔。它强调了通过对"疏瀹五藏"的追求,实现主体内部"澡雪精神"的目标。古往今来,从简单层次的比类联想,到较高层次的打破重组,甚至能够实现无中生有的超越性效果。孙悟空不但能够腾云驾雾,而且一个筋斗云就是十万八千里,是古代人对其时交通限制的突破性想象,亦是对时代条件的一种超越。之所以要处于遐思之中,就是要打破现实对思想的束缚、达到对现实条件的超越,使不可能成为可能,便可能成为自由。必然王国的一切规律都成为自由王国的基础,而不再是约束。遐思之于想象,其作用格外明显,但它却是有着较为复杂的操作需求与程序的。

在心理学意义上,遐思是用来改变意识状态的一种精神训练。遐思时,注意力通常高度集中,日常的思绪和烦恼被暂时隔绝。通过遐思来缓解压力的人们,较少发生肢体紧张和焦虑。脑部扫描的结果展示遐思时额叶的变化,说明遐思"也许是一种分离的意识状态"[①]。作为一种精神训练,遐思会用作医学手段来缓解人的焦

---

① 库恩等:《心理学导论:思想与行为的认识之路》,郑钢等译,中国轻工业出版社,2014年版,第204页。

虑与紧张,它并非一种神秘莫测的行为,而是有着深刻的生物学依据,属于"分离意识"的一种。对于遐思的界定,看法不一,词典把遐思定义为"思维活动或思维过程。不过,这一概念通常意味着在精神层面对宇宙或个人在世界中的位置进行深度思考。然而,随着心理学家频繁使用这一术语,遐思的含义成了集中个人的意识去改变与世界的关系。然而这个用法却延伸出一个有点矛盾的含义,即遐思还指人们暂停思维、远离尘嚣"。但落实在心理学的意义上,遐思"通常指的是仪式、练习,甚至被动观察,均为一些改变人与环境平常关系的活动"①。整体而言,遐思可以理解为一种帮助想象的方法,它通过心理活动使得主体暂时摆脱了外在环境的束缚与限制,从而达到一种精神上、心灵上的完全自由的状态,重塑了主体与周围环境的关系,在精神活动的层面上让生命与环境处于平衡、和谐与自在的状态。它是一种精神活动,亦是一种心理训练,还是一种意识的暂时分离与重塑自我身心的过程。

作为一种心理训练,1959年,玛哈里希·玛赫西·优济提出"超觉遐思"(transcendental meditation, TM),即"通过把注意力集中在咒语上,就可以获得意识状态的改变"。如此,随着意识的扩张、焦虑和血压的降低、心率和呼吸频率的降低,人体便会放松。同时,遐思者产生了频率更高的α波,分泌更多的褪黑素,有助于改善睡眠。心理学家乔·卡巴-金,提出了"内观遐思"(mindfulness meditation, MM),这种遐思方法强调"不主张设定精神目标","集中意念到当

---

① 斯宾塞·拉瑟斯:《心理学》,宋振韶、周倩译,中国人民大学出版社,2019年版,第86页。

下的时刻",它能帮助人们应对诸如抑郁的问题,以及降低焦虑感①。除了超觉遐思和内观遐思,还有心理学家提出了专注遐思与正念遐思。"专注遐思专注于一个焦点,通常是一个物体,也可以是一个想法,或者你自己的呼吸。与此相反,正念遐思较为'开放'和弥散,通过扩大注意力来获取对这个世界全面而不加评判的觉知"。如何进行专注遐思和正念遐思呢?前者的"基本方法是安静地坐好,将注意力集中在一些外在物品或持续不断的内部刺激上,例如自身的呼吸或嗡鸣声"②。后者则同样需要安静并放松身心,然后选择一件事情,并将注意力聚焦在这件事情上,对这件事情不作任何价值的评判,从而集中精力慢慢进入自我观察中,由此及彼或没有任何理由地从一个事件的核心荡漾开去,体悟个体自我与宇宙万物之间的关联,在大的天地和宇宙网络中关注此事件,并对此事件获得觉知③。

遐思可以借助音乐来实现,甚至我们可以说,存在着一种"音乐遐思",它以听觉刺激为中心,借助音乐使意识聚焦起来并始终内观音乐在心中引起的情绪反应,从而实现精神的自由状态。音乐之所以可以作为遐思的一种重要途径,在于"音乐不同于其他艺术,它和内心生活中形式的自由关系太密切了,所以多少可以越出现成的内容之外"。正因为如此,音乐作为观照心理与灵魂的艺术,在黑格尔的美学体系中就占有重要的位置,他论述道:"适宜于

---

① 斯宾塞·拉瑟斯:《心理学》,宋振韶、周倩译,中国人民大学出版社,2019年版,第86—87页。
② 库恩等:《心理学导论:思想与行为的认识之路》,郑钢等译,中国轻工业出版社,2014年版,第204—205页。
③ 斯宾塞·拉瑟斯:《心理学》,宋振韶、周倩译,中国人民大学出版社,2019年版,第87页。

音乐表现的只有完全无对象的(无形的)内心生活,即单纯的抽象的主体性。……音乐的基本任务不在于反映出客观事物而在于反映出最内在的自我,按照它的最深刻的主体性和观念性的灵魂进行自运动的性质和方式。通过音乐来打动的就是最深刻的主体内心生活;音乐是心情的艺术,它直接针对着心情。"①音乐不但适宜于作为遐思的素材、途径与资料,也可以作为遐思的方法,甚至于沉浸于音乐本身就意味着是一种遐思。在对音乐这种艺术形式不吝啬的赞美中,黑格尔甚至说:"如果我们一般可以把美的领域中的活动看作一种灵魂的解放,而摆脱一切压抑和限制的过程,……那么,把这种自由推向最高峰的就是音乐了。"②

鉴于此,音乐遐思的展开,有一些注意事项:其一,以纯音乐为主,不管是西方古典音乐还是中国民族器乐,都可以作为遐思的素材。即便以歌词音乐作为素材,也应该是选择其中一首,以反复多次聆听的方式,达到一种忘却歌词而沉浸于旋律与和声的状态。其二,放松身心,选择较为舒适的天气和一个相对独立的空间;甚至可以准备零食与茗茶,它们不但可以食用,而且可作为一种放松的暗示。其三,打开音乐,声音调至适宜。以能遮蔽外围嘈杂又能让自身接受为宜。其四,反复播放音乐,调动内在的感情,顺着这种情绪继续下去,乃至于沉浸在回忆中,敞开心扉、拥抱人生经历,并将情感从这种回忆中梳理出来。其五,以一首曲子为宜,重复聆听,保持遐思的完整性,也就是保持音乐本身的完整性。任何一首曲子都有其内在的结构和规律,尊重这种结构和规律,就

---

① 黑格尔:《美学》(第三卷上册),朱光潜译,商务印书馆,2019年版,第332、339页。
② 黑格尔:《美学》(第三卷上册),朱光潜译,商务印书馆,2019年版,第337页。

是保证遐思的完整性。其六,结束遐思前应有一个"收心"的过程,即从遐思中走出来,亦即给自己的遐思一个暗示,也就是遐思行将结束,要从遐思世界进入现实世界了。其七,应第一时间记录下遐思时的状态,哪怕三言两语,也要概括身体的感觉、心灵和精神状态。

从根本上来说,协意(它在形式上可以采取瑜伽的方法)也是一种遐思。不同之处在于,协意还有肢体上的形体训练,通过身体抵达心理与灵魂的路径方式较为明显。但它又不仅仅只是身体的修行,还是对心理、精神与灵魂的重塑。"瑜伽是梵文的译音,意思是和谐、统一、相应、结合,强调肉与灵、意识与行为的统一。"[1]在这个基础之上,身体与心理、精神和灵魂,以各种方式统一在一起。协意强调分离,也强调合一,但两者并不是截然分开的:分离,是让意识、心理、精神和心灵独立出来,以便摆脱世俗的搅扰,进入协意所追求的纯粹真理之中;但这并不意味着是要摆脱身体,摆脱世俗世界,相反却是为了更好地融合身体与心理、实体与精神、肉身与灵魂,从而以最完美的状态达到合一,实现对宇宙真理的体悟。分离是为了更好地合一,合一须从分离开始。

在协意中促进想象的生成,其步骤与遐思大致相同。其不同之处在于,若能从身体上修行协意,从而使得"习练者会经验到身体、感官、心、智性与真我的融合"[2]。简要地说,以协意进行想象,其一,进行具体的身体姿势前,可以感恩之心祈颂天地万物。这也是一种收心的方式,从纷繁复杂的世俗,进入内心止观状态,从而

---

[1] 马丁·柯、布鲁克·布恩:《哈他瑜伽》,春光明影译,黑龙江科学技术出版社,2009年版,第2—4页。

[2] 艾扬格:《艾扬格瑜伽》,莫慧春译,天津社会科学院出版社,2010年版,第46页。

放空身心,亦是一种虚静的状态。其二,调整呼吸,逐渐令自己的身心回归自我。这是为了尽快集中精力,进入到一种独处的、虚静的状态之中。可以简单地称之为"预备呼吸",因为调整呼吸在协意中是极其重要的。其三,选择具体的协意姿势。一般来说,协意体式分为站立体式、坐立体式、前曲体式、扭转体式、倒立体式、后弯体式、躺卧体式等,每一种体式下再细分具体体式。其四,在协意体式选择与进行中,调整呼吸。一般而言,协意配合呼吸,强调的是缓慢而深长且稳定的呼吸方式,让气流充盈肺部,但又不要鼓胀腹部,屏息一至两秒钟,再缓慢、深长而稳定地呼出。其五,回旋入于平常状态。从进入协意,到协意结束,时间的控制每个人不必完全一致。在进入平常状态前,仍然要体会那种放空自我、心灵自由的感觉,并以此感觉宇宙人生、世间万物。其六,可以有缓冲时间,并在缓冲中深化协意过程中的感知与体悟,更深入地体会外物与自我的统一,身体与心灵的契合。其七,一定不要忘记记录。任何一次协意,体验都不同,可以快速记下体悟到的,以资丰富想象。

遐思是想象的重要方式,而音乐与协意则是其中两个重要的途径。无论如何,不管以何种途径进入遐思之中,都有利于促发想象,每个人可选择相应的方式来帮助想象。

第四节 想象激发的组织与管理

按照心理学的方法,想象的激发是可以在有效手段的干预下,实现某种培育、组织与管理的目标的。按照朱光潜的研究,"创造的想象含有三种成分:(一)理智的,(二)情感的,(三)潜意识的"。那么,针对这三种想象的成分,我们最起码可以提出三种相对应的管理方法。这三者之间本就存在着联系,朱光潜陈述道:"创造的想象却须把散漫零乱的意象融成一气。把原来散漫零乱的意象融成整体的就是情感。"①理智的部分尝试用的方法是分离与联想,这是较为初级的依据类型来推导的方法。潜意识的部分则常被归入"灵感",而导向"迷狂说""天才说",对于激发想象为另外一事。针对想象激发的组织与管理,则可归纳为倾诉、静思、迷醉于闲暇三种。

第一种,倾诉是一种较有利于舒缓写作者心理焦虑的方式,在倾诉的过程中,尤其是倾诉内在情感时,通过语言表达而获得一种想象的倒逼。这就是说,倾诉者如果要把无形的情感体验说出来,并能够让别人接受、理解,则需要倒逼其展开想象,以形象化的方式描摹其内在情感。另外,倾诉时一个人的注意力始终集中在一个点上,聚焦于主题本身就有利于生成想象的意象,长期的、较为专注的倾诉就能够形成一种激发想象的习惯,这对于想象力的培育、组织与管理来说,是大有裨益的。但这一过程需要纳入既定的管理范畴中,即如何才能更有效地提升想象能力。对于个人而言,写作者应该如何更好地检测倾诉运作的过程呢?这其中,预测与检查就显得格外重要了。"预测(forecasting)是预计未来事件的艺术和科学。"②它关注的是不确定性,就时间而言存在短期预测、中期预测和长期预测。对于倾诉而言,预测需要关注的是:中间的干扰与打断问题;听众的倾听与接受能力及其与倾诉之间的适配问题;对于长期预测,倾诉是否需要系列性规划?以及非内在的、私

---

① 朱光潜:《文艺心理学》,华东师范大学出版社,2015年版,第194、199页。
② 杰伊·海泽、巴里·伦德尔:《运作管理》,陈荣秋等译,中国人民大学出版社,2011年版,第108页。

人的情感与故事,能否成为倾诉的对象。因此,对倾诉的管理,要确认倾听者的忠诚度与接受力在倾诉框架之内不会有问题,倾听对象不必是具体的人,也可以是一种情境,那么倾诉就转为自言自语;确保倾诉是在一个相对完整的环境中、在一段相对完整的时间中。关于检查,在管理学领域,是指"为了确保系统按照期望的质量水平进行生产,需要对生产过程进行控制。最佳的生产过程与期望标准的偏差很小。运作经理的任务就是建立这样的系统,并且经常通过检查来确认它们是按照标准执行的。这种检查可能涉及对产品的测试、品尝、解除、称重或测试。它的目的是马上发现失控的过程"[①]。鉴于这种对产品的检查方法,我们说倾诉者要监控其倾诉过程,表现为:如果有倾听者,要时刻关注倾听者的反应,同时要关注自我倾诉过程是否偏离了主题;如果倾听者无法提供反应,那么应该建立自我纠错机制,即严格控制主题的聚焦与倾诉过程的合理性,这就需要录音设备,以便形成倾诉后的自我检查;无论倾诉过程中有无反应,都应该在倾诉后及时反思、总结,这是一种可以成为事后检查的方法,它不适合产品的生产阶段,却适合用来形成激发想象的习惯,因为倾诉可以多次进行而不必耗费巨大成本。

第二种,静思不强调想象结果的生成,而注重提供情境,在这种情境中使想象力获得提升。静思可以提供理智性的推导行为,也可以进行情感的凝视,甚至可以让潜意识的东西暂时性地显现在意识之中,哪怕是以前意识的方式存在。所谓理智性的推导行

[①] 杰伊·海泽、巴里·伦德尔:《运作管理》,陈荣秋等译,中国人民大学出版社,2011年版,第219页。

为，是强调在静思中行为主体动用已有储备以各种连接的方式进行合理的行为、故事、人物的推演；所谓对情感的凝视，是指在景观中行为主体能接收到心灵深处所散发出来的情愫，感伤的或喜悦的，乃至于无价值判断的瞬间体验；所谓潜意识暂时性显现，则是强调被压抑的部分以假象的方式出现在静思中，它甚至可以是幻觉，从而通过静思获得捕捉与认识。长此以往，静思就能慢慢地将一个人激发想象的行为训练为习惯，从而对提升想象能力有所帮助。

第三种，迷醉于闲暇。它也可以称为享受闲暇，甚至是不提前安排想象，亦不规定主题、时长、任务等，纯粹地在享受闲暇中无意识地浮想联翩，乃至于率性而至，随时停歇。其一，预判性地进行紧凑的工作，以便最大化地促成闲暇时光的到来。写作者适当地给自己安排写作任务，或者将写作规划为阶段性行为，那么在写作的阶段之间的则为闲暇时光。其二，避免庸常俗世的干扰，这主要是在心灵上让自己保持一种轻松且自由的心态。长久闲暇也许是奢侈，但短暂闲暇是每一个人都可以达到的状态。最好的闲暇时间，在每日的午后与深夜。其三，在一般的闲暇时间段，把紧张的心情放松下来，找一个安静的角落，让自己处于放空的状态，将所有外界可能的干扰都隔绝起来，迷醉于闲暇之中，肆意妄为地想象。其四，闲暇性的想象训练，不需要设定目标，甚至不害怕打扰，所以也不必有时刻的警惕性，担忧想象的跑偏。它甚至提倡想象的跑偏。其五，如果可以，时刻记录下想象的内容，可以是"点状意象式"的，即把最触动自己的地方随手写下关键词；也可以是"提纲挈领型"的，写下想象的大纲。

在管理学领域，"创新能量"主要包含三个方面：态度、行为和结构,而管理则是对这三方面的细分化操控。态度方面,"一个明显的事实是创新需要我们对自己的工作和如何利用自己的时间进行敏捷的思考。创新本身就是具有威胁性的和令人振奋的"。行为方面,"最有用的创新行为强调新颖(试验新的东西)、酝酿(通过合作来形成想法)、真实(快速地将一个想法转换成顾客能够购买的形式)、勇敢(否决的胆量)和发号施令(帮助一个团队在创造性和分析性行为之间抉择)"。结构方面,来自组织对创新的支持与指导,"奖励、资源、沟通、灵活的过程、环境和领导"[①],是比较突出的几个方面。我们有理由相信,想象激发方式的组织与管理,想象能力的提升、习惯化与日常化,可以作为个人的项目与团体的项目来进行。在这样的条件下,倾诉可以是团队成员之间激发想象的训练;静思与迷醉于闲暇,又可以作为团队固定项目而给予合理的组织支持。如此,态度、行为和结构三个方面,便可运用于团队的想象激发方式的组织与管理之中,有利于团队中个人想象能力的提升,也有利于团队整体性想象内容的扩展与深化。

---

① 乔·蒂德、约翰·贝赞特:《创新管理:技术变革、市场变革和组织变革的整合》,陈劲译,中国人民大学出版社,2012年版,第105—107页。

第五章　创意写作思维训练

所谓创意写作思维,简言之,是写作者无论是个人还是团体都应该具有的一种思维方式,这种思维方式以创新为核心,运用新的视角、方法、观点来叙述故事与情节、塑造人物形象、传达深邃思想、书写经典文本,以此来让阅读者获得对生活的重新认识。创意写作思维的训练,强调在传统中继承与发展,在创新中开拓与进取,它既是综合了观察、感觉与知觉的对于身体的组织与管理,也是对联想、想象与潜意识的开掘与融合,更是对生活经验、人世万象与素材阅历的锻造与糅合。创意写作思维的训练是为了回应时代的新议题而给写作者提出的新任务,但它并非是全新领域,它以各种对思维的训练而出现在传统写作之中。在传统的写作理论中,创新思维被分解为几个部分:感受、联想、想象和思维,它们都有独特的训练与培育方法。以《写作艺术技巧辞典》中关于感受的论述为例,感受的培养和训练,"首先要对社会、对人生有饱满的热情,只有多情,才能善感;其次要有灵敏的感受,能迅速而敏锐地捕捉感觉,并通过联想将感觉升华为感受;三要积累丰富的感想,增强感受中的理智成分;四要沟通多种感官反应,促进各种刺激整合为一体的衍化过程;五要追求独特的感触,使写作内容获得鲜明的个性和独特的表现角度"[①]。相应地,感

[①] 林三松、任文贵、佟德真:《写作艺术技巧辞典》,北京出版社,1994年版,第37页。

受的方法被罗列为直接感受、间接感受、微观感受、宏观感受、异常感受、反常感受、衬托感受、综合感受、视觉感受、听觉感受、味觉感受、嗅觉感受、触觉感受等①。

李泽厚在论述形象思维时强调,思维"意味着它具有一般逻辑思维的某些功能、性质、作用,即是说,它具有反映事物本质的能力或作用,……是艺术想象,是包含想象、情感、理解、感知等多种心理因素、心理功能的有机综合体"②。在这一判断基础上,我们说,创意写作思维同样是一种有机综合体,它是个人感受、知觉、意识、记忆、思维等多种心理功能的综合,也是团体内部头脑风暴、想象激发、思维训练等的综合。因此,就个人方面而言,它意味着对身体的组织与管理,即直觉、观察、感官、记忆等方面的训练,也是对心灵的观照与培育;就团体方面而言,它意味着对群体思维训练的组织与管理,即头脑风暴、思维操练、观念碰撞与激发等,它是共享集体智慧的一种。

第一节 身体与心灵

就个人而言,创意写作思维训练一般从身体开始,逐渐过渡到心灵的各个方面,从最容易的方面入手,再渐次深入到精神、思想层面,即围绕身体而来的各种感觉,以及围绕心理而来的各种知觉、意识、记忆以及它们的融合、加工、重组与再创新。作为认识世界的基本途径,身体所具有的感官提供着人们认知、感受、理解世

---

① 参见林三松、任文贵、佟德真:《写作艺术技巧辞典》,北京出版社,1994年版,第47—82页。
② 李泽厚:《形象思维再续谈》,《文学评论》,1980年第3期。

界的基础,因此所谓创意写作思维首先应该提供感官所能创新的高度、深度与宽度、广度,呈现某些日常性甚至被忽略的感受的迥异的一面,哪怕是换一种视角、变一种立场、更改一下观察角度。也就是说,人们已经惯于利用已有的经验来认识世界,再纳入以自我感官所获得的印象来综合判断,那么追求陌生化效果,就必须考虑如何更新这种模式化的、套板化的感觉,从而实现创新的目的。这也就是创意写作思维训练的首要考量方面。在心理学意义上,"感觉虽然简单,但却能使个体获得正常生存的必要信息,在人的生活和工作中有重要的作用。首先,感觉提供了内、外环境的信息。其次,感觉保证了机体与环境的信息平衡。最后,感觉是一种较高级、较复杂的认识活动的基础,也是人的全部心理现象的基础"[1]。正因为如此,写作者若要实现创新,就应该首先更新人们最基础的对于世界的感知和认识。

在创意写作思维训练的视域中,感官维度的创意创新有两个方面:其一,日常事务以异常方式去感受,这强调的是刷新经验性的感受认知。其二,透过现象看本质,把俗常的感受经过写作者的烛照而获得深邃的理解,从而实现对固有认知的重新理解与再认知,这强调的是对表面质料的深刻加工。巴尔扎克就言及:"在真正是思想家的诗人或作家身上出现一种不可解释的、非常的、连科学也难以明辨的精神现象。这是一种穿透力,它帮助他们在任何可能出现的情况中测知真相;或者说得更确切点,是一种难以明言的、将他们送到他们应去或想去的地方的力量。"[2]所谓穿透力,就

---

[1] 彭聃龄:《普通心理学》,北京师范大学出版社,2019年版,第84页。
[2] 巴尔扎克:《〈驴皮记〉出版序言》,方苑译,见《古典文艺理论译丛》(第10册),人民文学出版社,1965年版,第113页。

是透过日常感受而直接抵达感受内部所能揭示出的真理。从这两种路径出发,身体的感官训练应该从以下几个方面入手:

第一,注意感觉的宽度,也就是说在经常看到的事物之外要看得更多,在经常听、闻、尝和触的事物之外要听、闻、尝和触到更多。如果一个人喜欢暖色调,那么就应该去关心冷色调;如果一个人善于接受鲜花,那么就应该扩展到花的凋零、衰败与腐烂……拓展感官所能够统摄的范围,将更多的对象吸纳其中,是一种较有效的训练方式。福楼拜在训练莫泊桑写作的时候,提出的要求就是这种视角的宽度问题:"当你走过一个坐在自己店门前的杂货商面前,走过一个吸着烟斗的守门人面前,走过一个马车站面前时,请你给我描绘一下这个杂货商和这个看门人,他们的姿态,他们的整个身体外貌,要用画家那样的手腕传达出他们全部的精神本质,使我不至于把他们的任何别的杂货商人,任何别的守门人混同起来。还请你用一句话就让我知道马车站有一匹马和他前后五十来匹是不一样的。"[1]

第二,锻炼感觉的敏锐性,事无巨细地把所有事物都添加进感官的统摄范畴,甚至最细微的部分也要纳入其中。这种训练需要排除流行性的、大幅度的印象所造成的偏差,需要写作者以感同身受的方式去体察一切外在事物。契诃夫就呼吁:"作家务必把自己锻炼成一个目光敏锐、永不罢休的观察家!"[2]训练自己的敏感,就需要有共情的能力,尤其是对细微事物与弱小者的关注。日常生

---

[1] 福楼拜:《作家的素养》,见王旭:《创作与描写辞典》,东北财经大学出版社,1995年版,第776页。
[2] 契诃夫:《论文学》,见王旭:《创作与描写辞典》,东北财经大学出版社,1995年版,第774页。

活中,写作者应该首先把自己所感受到的一切置于一幅大的绘画中,再从大到小去补充所有细节。

第三,注意感觉的多样性与丰富性。前庭觉"告诉你,你的身体——特别是头部——是如何根据重力作用确定方位的。……当你转头、点头和倾斜的时候,这些结构会告诉你头部是怎样移动的"。动觉,"你的大脑都需要有精确的关于你当前身体各部分位置和相互关系的信息。动觉为我们提供运动过程中身体状态的反馈信息。没有它,你就不可能协调很多自主的动作"。痛觉,"是身体对有害刺激的反应,所以有害刺激就是那些强度足够导致组织损伤或具有这种威胁性的刺激"①。认知这些感觉,能够给写作者提供更多的关注点,从而带来对日常世界的新认识。

第四,感官聚焦于"注意",并用"注意"来统领所获得的感官印象。在心理学意义上,"所谓注意力,其实是一个过程,即认知系统决定选择哪些信息需要进一步加工的过程"②。从感觉到知觉有一个过程,但极其快速,到达知觉阶段之后,类似法则、连续法则、闭合法则、整体法则③都渐次起作用,这时候将感觉材料置于"注意"范畴中,从而形成明确知觉,那么被凸显的部分往往会成为继续加工的材料,形成全新的关于外在世界的判断。

从感官入手得到的对世界的感受,主要建基于身体的各种器官。继续深入,触及心灵的部分,或者较为复杂的创意思维,则是意识。"意识是一种觉醒的心理或精神状态。在此状态下,个体不仅对自己

---

① 理查德·格里格、菲利普·津巴多:《心理学与生活》,王垒等译,人民邮电出版社,2016年版,第108—109页。
② 格尔德·米策尔:《心理学入门》,张凤凤、金建译,中央编译出版社,2011年版,第223页。
③ 张春兴:《心理学原理》,浙江教育出版社,2012年版,第107—109页。

身体所处环境中的一切刺激,经由感觉与知觉而有所觉知,而且对自己心理上所记忆、理解、思维、想象、忧虑以及计划或进行中的行为活动,也有所了解。换言之,意识就是个体心身合一对内外世界有所了解并随时做出适当行为反应的复杂内在历程。"[1]在对意识进行研究时,心理学首先需要处理的是"清醒的意识状态"下人的行为,但一些低唤醒的意识改变状态,如疲劳、谵妄、催眠、药物作用及异常欣快时所产生的意识改变状态,包括梦或白日梦、臆想、幻想,也同样重要,或者说对于写作者而言,意识改变状态所产生的新奇体验更具有创意性,因为它处于摆脱俗常思维的状态。

鉴于此,创意写作思维训练可从以下方面入手:其一,找一项合适的运动,每天坚持这项运动。最适合的运动为跑步或游泳,在进行运动的过程中,聚焦自己的内部意识,动用整个身体的感官来感受外在世界,展开各种幻想与思忖。在合适的情况下,为排除外在干扰,可选择跑步时佩戴耳机聆听音乐,也可在游泳时不戴泳镜,以闭目的方式直接入水。在运动时,意识可能会出现空白,甚至产生无意识的机械性动作,但这并不妨碍对自我意识的训练。其二,在浅睡眠的状态下,挖掘自己的梦境。找一个适合的时间和空间,对时间进行严格的控制,以达到对睡眠的唤醒,不至于进入深睡眠而影响训练效果。一般而言,以 15 分钟的浅睡眠为主,且不建议采用舒服的床上躺姿,可以选择沙发或躺椅,以半舒服状态进入假寐之中,进而小憩。入睡之前,头脑中反复思考同一件事情,或者是小说中的故事与人物,或者是现实生活中某种欲望,或者是经历的一件事情。一定要保证唤醒机制,15 分钟后强迫自己

---

[1] 张春兴:《心理学原理》,浙江教育出版社,2012 年版,第 127 页。

醒来,努力回想梦中所见。这可以算作是一种简单的"自我催眠"。其三,关切白日梦,设计一个程序,一般建议为听音乐,尤其是反复地、不间断地聆听同一音乐。在听音乐的过程中,让意识集中在一件事情上,尤其是情感诉求、理想愿望,并由此展开各种切实际或不切实际的幻象,进而去感受心情、情绪的变化。重要的不是幻想出一个动人的故事,设计一个美丽的人物,而是感受诸种自身感觉与情绪的变化。浅睡眠中的梦,或者白日梦,可以用"认知神经梦境理论"来解释,"该理论认为梦境反映的是觉醒时的日常思维和情绪"[①]。其四,对着空白(一张白纸、空茫的远方或万里无云的天空等),集中注意力,沉浸于其中,以自我接受的限度设定时间长度,进行有意识地放松与再建构。当面对空白时,人的意识容易进入飘忽状态,在这种状态下很难说意识是自由或者不自由的,但它却因为飘忽而注意到以前所不曾注意到的,感觉到以前所不曾感觉到的,因此能探测出超出日常感觉、知觉和意识之外的东西。

在心理学领域,"静坐"(或称为"坐忘")是一项结合了庄子思想、禅宗理念和协意行为的意识训练方式。"意宁法旨在练意,经由意识的运用使一切纷杂的意念归于宁静。练意也称调心,即调理心境,使活跃的意念趋于平静。""随息法旨在将意念集中在呼吸时气息的流动上,从而留住意念排除杂念的入静方法。呼吸时要平静自然,注意吸气绵绵,呼气微微,只需感觉即可,不须特别用力。""数息法是默数自己呼吸次数从而使意识进入静境的一种方法。""默念法是借口中念念有词的方式达到入静的一种方法。""听

[①] 库恩等:《心理学导论:思想与行为的认识之路》,郑钢等译,中国轻工业出版社,2014年版,第199页。

息法是借由耳朵听自己呼吸声音的专注方式达到入静的一种方法。"①这些方式和想象激发方式的组织与管理的方法类似,但更倾向于对意识的控制。静坐就是对自我心灵的一种放飞,使之处在自由的状态,从而能够更敏锐地感受周身的一切。

第二节 差异性与陌生性:周身世界与周围世界

对周围世界的管理意味着从自我走向他人。尽管感觉、知觉和意识训练可以在私人范围内进行,但创作需要更为广大的社会面,它要求作家不能囿于自身的狭小范围,走向社会、走向大众和周围世界。具体的创意写作思维训练的管理办法也要做出相应的改变。整体来说,对周身世界与周围世界的管理,是寻找差异性与陌生性的过程,尤其是对差异性的获取,进而将多样性纳入思维的范畴。

关注周身世界和周围世界的行为并将之纳入管理范畴,实际上也是对身体与心灵的管理,只是将之扩散到一个相对而言稍微宽阔的世界。这其中就有一个重要原则,即"推己及人"。在此原则之下,共情能力、理解能力、以自我为中心的良性动机……都是考验写作者将自我投入社会生活之后,如何以个体的独特视角获得创意时刻。环顾周身世界,共情能力是将自我地位置于与他人共同的水准,甚至是降低自我存在感,而不是抱着"成就动机"②。参与到群体活动之中,甚至可以促成一些创意时刻的产生,这种行

---

① 张春兴:《心理学原理》,浙江教育出版社,2012年版,第153—154页。
② 成就动机(achievement motivation)是指人们希望从事有重要意义、有一定困难、具有挑战性的活动,在活动中能取得优异成绩,并能超过他人。参见俞国良:《社会心理学》,北京师范大学出版社,2006年版,第121页。

为程序中,写作者可以把自己作为主导力量,也可以把自己作为辅助力量。比如,设计一项团体活动,不预先制定规则,而是将每一个个体置于活动之中,自由发挥其个性,活动只是作为背景而存在,这样观察、记录每一个人的个体化行为,就是一项有效补充个人创意匮乏,又能发现新创意的行为。相反,把自我放在无存在感的层面,是为了彻底进入群体、社会之中,把周围世界的人,尤其是陌生人作为创意对象。最简单的例子是,如果写作者是一位男性,给一位陌生的用餐女性送红酒或饮料,也许那其中激荡起的情绪、氛围等,都会以前所未有的方式集中发生。这是针对人的创意时刻的设计。但更多的是,写作者会以自我作为媒介,投入到景观、环境中,甚至所有的外在人物也只是构成一种情境。《瓦尔登湖》的写作就是一个典型的例子,梭罗把瓦尔登湖作为外在的周围世界,为了寻找这个周围世界,他将自我从城市中移开,并置于自然之中,不是人为地改变周围世界,而是投入其中,作为周围世界的一部分而存在。推己及人,就是在充分理解与尊重周围世界的基础上,构建一个去个人中心主义却又以自我为中心的创意写作思维的训练。

　　承认不同,把周围世界的异质因素积极地引入进来,把握身处的世界,是创意写作思维训练的开始。之所以需要这样的训练,是因为写作者甚至需要更多的人生,他应该去还原外在的世界、别人的世界,而不是只以自我为中心,以自我判断来判断万事万物。在社会心理学的理论中,"焦点效应(spotlight effect)意味着,人类往往会把自己看作一切的中心,并且直觉地高估别人对我们的关注程度"[1]。从自我关注的心理预期中走出来,投入别人的生活中,在

---

[1] 戴维·迈尔斯:《社会心理学》,侯玉波等译,人民邮电出版社,2016年版,第34页。

群体中让自我消失,从而让每一个行动者都呈现出其"可能自我"①的一面,甚至也将自己预设为"可能自我",进而融入周围世界。在对周围世界进行如此观察、训练时,还可以进行"社会比较"②,即他人行为方式、原则,与预想中、模拟中自我行为方式和原则进行对比,但不是一较高下,而是从中找出思维方式的异同。如此训练下去,写作中才能够真正学会让作品中的人物独立成长,而不是按照写作者事先的设定僵硬地演出,这正如福楼拜塑造"包法利夫人"这一角色,从批判她拜金到理解她内心的孤独与悲哀。心理学研究者认为要遵循六条简单而普遍的原则:"(1)根据少量信息迅速形成对他人的印象,并赋予他人一些普遍特征。(2)特别注意他人的显著特征,而不是关注所有方面。留意那些让一个人显得与众不同的品质。(3)对他人的信息进行加工包含知觉他们行为中的一些一致性含义。在某种程度上,我们参考个人行为所在的情境去推测该行为的含义,而不是孤立解释某种行为。(4)通过对刺激进行分类或分组来组织我们的知觉。我们并非将每个人看作孤立的个体,而是倾向于将人看作群体的一员——穿白大褂的人是医生,虽然每个医生都有一些与其他医生有所不同的特征。(5)我们利用自身具有的持久的认知结构来解释人们的行为。在确认某位女性是名医生之后,我们就利用关于医生的信息对她的特征和她行为的含义做出一般性的推论。(6)知觉者自身的需要和个人目

---

① 心理学研究中,"可能自我"是指"我们的可能自我包括我们梦想中自己的样子"。见戴维·迈尔斯:《社会心理学》,侯玉波等译,人民邮电出版社,2016年版,第37页。

② "社会比较",即"我们周围的人会帮我们建立富有或贫穷、聪明或愚蠢、高大或矮小的标准;我们把自己和他人进行比较,并思考自己为何不同"。参见戴维·迈尔斯:《社会心理学》,侯玉波等译,人民邮电出版社,2016年版,第38页。

标将影响他或她如何知觉他人。例如,你对只需见一次的人形成的印象与你对新室友形成的印象非常不同。"①这既是在观察别人,形成一种印象,同时也是对自我思维的激荡,是常识与陌生知识的碰撞。

用以上方法来对周围世界的体验进行管理,需要警惕的是陌生要素的闯入,要么是突发事件的出现,要么是意外情况的产生,杜勃罗留波夫认为作品不应该放纵偶然性、偶然因素。他说:"一切主题——不管它是不是偶然的,对于艺术作品,却都是合适的,而且在这些主题中,为了自然性,甚至必须牺牲抽象的逻辑,我们充分相信,生活,正像自然一样,有它自己的逻辑,这个逻辑说不定比我们通常在叫的那种逻辑更要好。"②反常的正常,或者偶然的必然,甚至于偶然的偶然,都是改变既定思维而触发创意思维的重要来源。正因为纳入了陌生性、异质性要素,突然的、外来的东西改变了正在固化的状态。这一点,也恰好构成了"经验的补充",只是这种经验往往呈现为创意思维的来临。人对这种陌生因素、突发状况,本就会产生应激反应。心理学意义上,"应激是出乎意料的紧张情况下所引起的情绪状态,人体把各种资源都动员起来,应付紧张的局面。在应激状态下,个体会产生一系列情绪体验如焦虑、烦躁、恐惧、情绪波动、好激动、发脾气;也有自卑、自罪、害羞等情绪体验"③。不管是作为观察者、参与者的写作者而言,还是对于局

---

① 谢利·泰勒、利蒂希娅·安妮·佩普卢、戴维·西尔斯:《社会心理学》,上海人民出版社,2010年版,第32页。为引用方便,引用时加了序号,把分行分段合并为一个段落。
② 杜勃罗留波夫:《黑暗的王国》,见《杜勃罗留波夫选集》(第一卷),辛未艾译,新文艺出版社,1957年版,第173页。
③ 傅小兰:《情绪心理学》,华东师范大学出版社,2015年版,第91页。

中人来说,这都提供了可资观察的本能反应,恰是对这种本能反应的知觉,在思维内部就会激起比平时多出数倍的、集中性的应对措施,起到意想不到的作用。所以,不但不应该拒绝、忽视陌生性、突发性、异质性要素的进入,还应该积极地、敏锐地去捕捉这种要素到来后所激起的内在反应,从而训练思维的创新能力,提升个人感受的敏感度。

第三节 头脑风暴:团体创意写作思维训练的组织与管理

随着全球化进程的推进,创新成为任何一个组织、企业生存的法宝,也因此产生了诸多研究创意生成、创意管理的学问。团队内部的创意能力、创意激发的系统、渠道的通畅等,都成为关注的侧面,因此就有人提出:"在企业的创新过程中,构思创意阶段需要每位员工的积极参与,这样的需要比以往更加迫切。……使他们在构思创意中发挥更大的价值和创造力。"[1]为此,许多企业采取各种方式、开通各种渠道,以便搜集、讨论、完善各种创意,从而推出更具时代特色、更符合时下人们审美需求的商品设计。创意写作在个人与团队两方面都有着强劲的发展势头,针对个人的创意写作思维训练可以结合旧有的写作理论来进行,而创写团队的创意写作思维训练也应该纳入创意写作的理论中加以探讨。形成专业的创意管理系统是必要的,它鼓励每一个人都大胆创新;团队内部定

---

[1] 罗伯特·库珀、斯科特·埃迪特:《创意管理架构:突破性创意的生成》,陈劲、于飞译,企业管理出版社,2017年版,第152页。

期开展创意思维的训练,从而激发团队成员创意的产生;将创意生产作为团队业绩考核之一,来容纳更为丰富的创意结果形式。

团队组织的内部是基于何种原则、原理来进行创意思维训练的呢?弗里德里克·高斯解决连续自然数相加的问题,被经常作为范例来讨论,从而得出结论:"根据格式塔心理学家的观点,像这样的顿悟反映了问题的自发性重构。与突然的顿悟不同,在渐进式的问题解决中,一个人会逐渐距离解决方案越来越近。"[1]不管是顿悟式地解决问题,还是渐进式地解决问题,针对问题本身的"自发性重构"其实都是一种思维训练的结果。顿悟式的创意思维和渐进式的创意思维,在团队的思维训练中都占有重要地位:顿悟式的创意思维,可以看作是头脑风暴的基本原则;渐进式的创意思维,则可以纳入思想操练、观念碰撞的基本原则之中。因此,团队创意写作思维训练,本质上说,是思想操练、观念碰撞与头脑风暴在组织中起作用的重要途径。当然,不管是思想操练、观念碰撞还是头脑风暴,本质上都是一种以团队成员互相激发,从而带动各自思维活跃起来的组织方法。在组织行为学中,"工作团队(work team)通过成员的共同努力能够产生积极的协同作用。团队成员的努力会导致团队绩效远远大于个体绩效之和。……团队的广泛使用为组织创造了一种潜在的可能性:使组织在不增加投入的前提下,提高产出水平"[2]。这是团队工作的优势,因为在这个过程中,团队成员之间信息共享、提出想法、整合资源等,从而达到效益

---

[1] 丹尼尔·夏克特、丹尼尔·吉尔伯特、丹尼尔·韦格纳、马修·诺克:《心理学》,傅小兰等译,华东师范大学出版社,2015年版,第510页。
[2] 斯蒂芬·罗宾斯等:《组织行为学》,孙健敏、王震、李原译,中国人民大学出版社,2016年版,第247页。

的最大化。而思想操练、观念碰撞和头脑风暴，就是这种团队积极协同的方式。所谓思想操练，是团队内部经常围绕一个问题提出个人建议，由此而激荡出更具创新的想法。在这个过程中，个人提出的想法会互相碰撞，产生对抗、辩驳，也互相补充、完善、延伸，不同观念的碰撞、交流与融合，最终提升思想的效能。这被称为头脑风暴，它更强调个体思想的自由发挥，甚至不设定主题，在自由的氛围中每个人畅所欲言，互相激荡。"脑力激荡法（brainstorming），又称头脑风暴法，是美国奥斯朋在1938年所创，利用创造性想法为手段，通过集体思考，产生创造性思想，并从中选择解决问题的最佳途径。"[1]

同题竞赛，或者同一主题下的自由抒发，是一种较为常用的团队创意写作思维训练的组织形式。创意写作团队会做一些创意项目，因此任何一个项目的展开，都需要首先进行同主题下的观念碰撞与头脑风暴，形成项目的创意核心，再从核心出发来创作作品。不同于企业或其他组织，创意写作团队的组织更强调自由度，尽管有分工与职责，但在进行同题竞赛时，任何一个参与者都有个人创意加入其中，创意与创意之间没有高低之分，也没有价值大小之分。同题竞赛的重要性就在于，它应该成为组织内部定期性、经常性、规范化的行为，以此来激励成员创意火花的迸出，而不仅仅只是依托项目的临时性行为。作为头脑风暴的组织形式，常规性的同题竞赛应该保持自主的运转基调、项目制的主题讨论，丰富、补充常规化的同题竞赛内容。围绕同一个主题，创意容易聚焦，从而让组织内部的个人化创意，形成在不增加成本的条件下的最大化

---

[1] 葛红兵、许道军：《创意写作教程》，高等教育出版社，2017年版，第37页。

产出成果。因此,常规化的同题竞赛有如下启示:其一,常规化是同题竞赛的基本要求。要定期举办此类活动,以形成创意写作思维训练的效果。其二,组织者与参与者均以平等身份加入其中,提供个人的创意火花,并允许辩驳、质疑与否定。其三,注意记录过程与聚焦创意。不需要形成一个最终的创意成果,但需要真正实现团队成员之间创意写作思维训练的效用。记录实则是给每个人建立了创意写作思维训练的成长地图。其四,导向性与发散性相互结合。导向性一是指主题的规约,二是指参与者之间的提醒与组织者的规范作用;发散性则是要求参与者主动亮出自我创意,并充分发挥、完善这个创意。创意是一个系统的工程,并非只是一个短暂的念头。举一个简单的例子①:龟兔赛跑,第一次乌龟赢了,那么为什么第二次、第三次,乃至于第无数次,乌龟还可以继续赢?在同题竞赛下,参与者可能会提出,第二次乌龟赢了,是因为赛道一段设置在池塘中;第三次赢了,是因为裁判是一匹狼……这就是创意写作思维激荡的方法。

与常规化的同题竞赛不同,辩论赛也是一种能够激发创意写作思维的形式。辩论赛同样以聚焦某一个主题的方式展开,它更强调思维之间的交锋、观念的碰撞,更强调思维逻辑的表达、论证的严密、主题呈现是否连贯等。辩论赛会在进行中瞬间激发出创意时刻,作为对创意写作思维的训练,它更为直接、更为激烈,也更为全面。辩论赛的刺激性更强,所调动起来的情绪也更大,正因如此,思维的激发反而更能呈现出创意的特点,也更能够让参与者感受到头脑风暴的激荡。在组织辩论赛的过程中,注意以下几点:其

---

① 该范例来自华东政法大学高尔雅博士的创意写作课堂。

一，辩论赛主题的设定，应该有一个逐渐升级的过程，亦即最开始的辩论主题适宜模棱两可的问题，使参与者都能找到理论依据；如果是有针对性的训练，则可以设置本身带有偏向性的话题，从而让立论不太容易获得支持的一方，需要付出更多的努力。其二，这种创意写作思维训练重在过程中所体现出的效用，结果并不重要。其三，辩论中每一个参与者严格执行角色定位，这样更能够体现团队组织的整体性，以及每一个人的责任。比起同题竞赛，辩论赛可以让参与者明确自己的岗位意识、责任意识、职责要求等。其四，允许一定程度的灵活性，在辩论主题的框架下适当给予跑偏的接受度，有利于参与者拓展思维，达到创意写作思维训练的目的。

除同题竞赛、辩论赛之外，团队创意写作思维训练的方式还有很多，诸如优秀作品研讨、团队内部的改稿会等，乃至于其他个人思维训练的方式也能加入团队之中①。团队创意写作思维训练，更强调互相之间的激荡，个人创意写作思维训练则偏向创新性的达成，两者也能互相调配、补充。

第四节　创意写作思维训练的几个建议

针对"培养你的创造技能"这一问题，斯蒂芬·罗宾斯和玛丽·库尔特提出了十条建议，其中有五条涉及创意写作思维训练，

---

① 在创意写作思维训练中，研讨会、心智图法、曼陀罗法、属性列举法等，都是较为常见的。相关介绍可参见葛红兵、许道军：《创意写作教程》，高等教育出版社，2017年版，第38—44页。也可参见雷勇：《创意写作学的创意理论与方法研究》，上海大学，2016年，博士学位论文；雷勇：《创意写作的创意理论研究》，上海大学出版社，2021年版。

分别为：其一，"离开你的舒适区。每个人都有一个舒适区，在这个区域内他们对事物有确切的把握。但是创造力和常识往往并不兼容。为了拥有创造力，你需要摆脱这种状态并关注新事物"。其二，"参加让你处于舒适区之外的活动。你不仅要在思维上做出改变，还要做些不同的事情挑战自我。比如学习演奏新乐器或一门外语，开放心态迎接挑战"。其三，"寻找不一样的风景。人往往是习惯性动物。有创造力的人以改变眼前所见的方式逼迫自己脱离习惯，他们会选择进入可以和自己思想独处的宁静区域"。其四，"对自己唱反调。以挑战自己的方式来捍卫你的策略可以帮助培养你对创造力的自信。对自己进行事后评论也可以帮你发现更有创造力的策略"。其五，"与他人进行头脑风暴。变得有创造力不是独立的活动。与其他人的思想碰撞可以发挥协同效应"[1]。就创意写作思维而言，它意味着参加训练的写作者，一来是要更为本质地理解生活现象，二来是要反俗套认知模式，三来也要注重对自我认知的警惕与修改。创意、创新，既需要从现有的认知出发来实现超越，也需要完全的独创，以前所未有的方式重新打开认知新路，基于此，对于创意写作思维训练我们给出的建议是挑战性、绝对化与反常化。

挑战性，意味着训练者、写作者需要走出舒适区，进入陌生的环境中，甚至带着恐惧心理去探索未知世界。人们总是习惯于在已有的舒适环境中去处理日常，这就很容易形成套板反应，从而导致写作的惯性思维。以全新的方法与陌生的眼光来看待一切，它

---

[1] 斯蒂芬·罗宾斯、玛丽·库尔特：《管理学》，刘刚、程熙镕、梁晗等译，中国人民大学出版社，2017年版，第56页。

既意味着换一种眼光看待熟悉的事物,又意味着对陌生领域的探索、求解,在这一探索和求解过程中,摆脱了舒适区的写作者所见到的一切都会是陌生的、新鲜的。走向远方,走向陌生人群,走向不熟悉的领域……这也意味着挑战自我、超越自我。如果从基础的步骤做起,可以选择阅读作为闯入陌生领域的方式——每个人都有独特的阅读习惯和所喜欢的阅读内容,尝试着去阅读那些自己不感兴趣甚至讨厌的书籍,尤其是那些语言表达习惯与自我喜好、欣赏风格完全相反的书籍。创意写作者往往会对文学作品感兴趣,但可以尝试去阅读艰深的哲学书籍或者完全读不懂的科学书籍,甚至需要耗费大量时间才能理解的专业书籍。再扩展一些,则是对生活习惯的更改,使用相反或者差异化的方式,去探索陌生领域。当然,这一过程中,要做好安全措施,以应对各种突发事件。

绝对化,强调思维和行为的极致与绝境状态,打破文明世界与凡俗生活的叙事成规。这一叙事成规,既包括人们日常习惯化的行为方式,也包括对事物的认知与惯性把握,这种认知与把握甚至不是主体通过探索而获得的,而是来自文化的累积、知识的沉淀。绝对化并不是要挑战既定的叙事成规,而是在这个基础上"向前走一步",尝试在把具体状况推向极致的过程中,观察会出现什么样的状态。比如,当饥饿来临的时候,不是立即去解决温饱的问题,而是持续地忍受饥饿,以此来观察身体的反应、饥饿的程度等;或者在最困倦的时候,强迫自己不立马进入睡眠状态,而是将之推向极致,这可能就会产生新的认知体验。因为这种绝对化会充满一种对身体的威胁,所以要控制这个过程中可能出现的危险因素。

常说的"真理向前迈一步就是谬误",所谓的反常化就是要"迈出那一步",去瞥见谬误的状况,或者以反常思维改变日常习惯。

如果按照柏拉图的"迷狂说",文学创作来源于灵感,那么就意味着这灵感不仅仅是生理性要素,也同时是文化层积的结果。但不管灵感也好,天才也罢,它们都在摆脱惯性思维的过程中实现对事物的全新认知。反常化是一种形式,不做世俗眼光中的"正常人",而去做一个他们眼中的"疯子",有这种勇气,就会有尼采所宣称的"上帝死了"的反常化思维,才能把最高神明拉下神龛。反常化,与其说是一种途径、方法,不如说是一种立场、态度和视角,它促使写作者戒除人云亦云、亦步亦趋的思维,去感受、去生活、去写作,从世俗的思想中摆脱出来,以反常的方式观照周身事物。

　　不管是挑战性、绝对化还是反常化,都强调创意写作思维的与众不同,也就是"要注意培养思维的流畅性、变通性和独特性,促进创造性思维的发展"[①]。就传统的写作理论而言,是注重发散思维、变形思维[②]的培养。不管是由点及面,还是拉长变短、抬高贬低,创意写作思维的根本特质是更新对日常生活的认知,是改变对惯常表达的依从,更是对人物、故事、思想的更高境界的追求。在训练中,尝试使用各种方法来达成这种更新、改变和追求,即便不能够完全达到,也可以逐渐形成有效机制,从而带来意想不到的收获。

---

① 尹均生:《中国写作学大辞典》,中国检察出版社,1998年版,第86页。
② 关于发散思维、变形思维的更多论述,可参见林文勉、程克夷、程国安:《基础写作辞典》,湖北辞书出版社,1989年版,第26—27页。

第六章 分要素训练

在创意写作的教学中,"文体训练"与"要素训练"是两个较为重要的组成部分,所谓文体训练,就是分文体让写作者进行专项练习,比如小说聚焦人物、故事、情节、结构、主题等,非虚构写作强调真实、叙事、采访、立场与视角等。所谓要素训练,是具体写作过程中大到构思、谋篇布局等,小到遣词造句、段落衔接、描写技巧等的训练。在传统的写作理论中,要素训练较少受到重视,尤其缺乏针对性的训练,传统的写作理论中要素训练更多地被交付给叫作"天才"的东西,尤其是对语言的感知、对写作技巧的运用。但实际上,要素训练在创作过程中的作用,尽管是隐而不显的,但对作品的底色却是有决定性的作用。诺亚·卢克曼说:"很多作者都舍得花时间设计别出心裁的故事情节。但他们似乎并不明白,假如他们的作品连开头都没有写好,假如他们的文字功夫都没有达到普通水准,那么压根儿就没有人会把他们写的故事情节看在眼里。"[①]他强调,写作者需要训练的首先是词法和写作技法。不唯此,写作要素的训练应该作为日常的工作,进入写作者的生活,也就是要让要素训练成为习惯,形成一种生活惯性。要素训练恰恰不是在写作中进行的,而是在写作与写作的

[①] 诺亚·卢克曼:《写好前五页:出版人眼中的好作品》,王著定译,中国人民大学出版社,2012年版,第1页。

间隙,或者在写作者还未从事写作之前,大量的要素训练能够保证写作者的创作过程更为顺畅,完成作品的成功率显著提升。基于此,詹姆斯·斯科特·贝尔强调:"不写作的时候,你要不断学习各种写作技巧,增加知识储备,运用你头脑中的各种技巧分析你写出来的东西。"①

那么,要素训练、技巧训练该如何进行呢?我们可以从"退稿人"那里得到反向的建议:"绵软无力的首句;以梦境开头的稿件;没有吸引眼球的包袱;叙述而非展示;视角人物错误;人物肤浅干瘪;推进和描写没有节奏感……小说写作技巧拙劣;人物描写及场景描写不够丰满(或者细节向读者披露得太晚);主要剧情启动得过早;故事中的倒叙内容插入过早;跳转到一个新的视角人物过早;冲突太少;缺乏赌注或者'定时炸弹'。"②自然,列举的这些内容,只是要素训练的一部分,或者是属于作品中有缺陷的地方,似乎离具体的、完整的、成系统的要素训练还有差距。应该知道的是,这些内容基本上包含了大部分的写作技巧。无论如何,要素训练应该是整合了诸种文体写作的过程性要素,综合设计出一套训练的方式用来提升写作者的技能。

第一节 一些原理:分要素训练的组织与管理

在美国的创意写作教材之中,雪莉·艾利斯编著的系列图书

---

① 詹姆斯·斯科特·贝尔:《从创意到畅销书:修改与自我编辑》,刘在良译,中国人民大学出版社,2016年版,第4页。
② 杰克·格尔克:《写好前五十页》,王著定译,中国人民大学出版社,2014年版,第9—10页。原文为原因罗列,每一个问题都是另起一行,后无标点符号。这里为引用方便,将之合为一段内容,且加上了相应的标点符号。

《开始写吧!》,有非虚构写作、虚构写作、影视剧本写作、科幻小说、幻想小说、推理小说、悬疑小说等的创作指导。这些书中几乎没有较为专业的写作学的理论指导,而是清一色地提供了各种要素的训练,每一个小的片段就是一个完整的练习,组合起来则构成了作品创作的整体。以《开始写吧:虚构文学创作》为例,开篇是把"结婚照"当作一个回忆性作业,写成一篇一页长的虚构类作品。这个练习要求学生绘声绘色地描绘他们自己的结婚照、他们父母的结婚照或者是某个陌生人的结婚照。作为练习写作的第一步,回忆性的文字是最好写的,因为素材足够熟悉。接下来的训练就显然更进一步,要求描写感觉,"不要抽象思维,不要做概括,不要写摘要,不要进行分析,也不要做阐释。强迫自己只凭感觉不断地写作"[①]。这仍然是写自己熟悉的事物,较为容易上手,置于"开始写吧"的主题下,能够迅速地调动写作者的兴趣,并且逐渐理解"人人都可成为作家"的含义,还能建立写作自信。随着练习的深入,更多的写作要素加入进来,对技巧的训练也更集中、更具专业性。类似"开始写吧"这样的练习设计之所以是合理的,原因在于它依据的是写作规则,因此,在要素训练方面,技巧训练的组织与管理依据的是创意写作本身的原理及心理学理论。

第一,创意写作过程的可步骤化、可要素化,是分要素训练能够进行的基础。就写作过程而言,它从观察开始,中间经过主题提炼、故事构思、人物形象确立、情节分布安排、整体结构搭建,最后付诸写作表达。到了付诸文字阶段,又有开头如何处理?悬念如

[①] 雪莉·艾利斯:《开始写吧:虚构文学创作》,刁克利译,中国人民大学出版社,2011年版,第3—5页。

何设置？冲突何时到来？人物如何行动？性格如何影响人物？叙述视角如何选择？场景怎么设置？环境要素如何凸显作用以及如何改变故事进程？辅助人物在何种程度上扮演其角色？……以至于作品中空间要素如何安排？时间要素如何排列？转折部分的时机如何把握？结尾怎样收束？发生构思意图偏转时如何应对？作品修改的时间如何把握？具体修改应该注意哪些方面？……写作过程的这种可步骤化、可要素化，构成了技巧训练的基础，也保证了训练能达到预期效果。以《开始写吧：非虚构文学创作》为例，它包括开始动笔、非虚构文学创作中的真实、回忆与灵感、人物刻画、地点、声音与对话和声响、技巧、修改等八个部分，除去"技巧"部分，其余七个部分从构思、采访、提炼，到动笔、设计人物、注重人物心声传达，最终落脚在修改上，覆盖了非虚构作品创作的方方面面。

第二，分文体训练中，每个分文体都能拆分成各种构成要素，保证了分要素训练的可行性。创意写作过程中，每一种文体的可要素化，是分要素训练的重要保证。正是因为分文体的可要素化，具体的要素训练才能更具针对性，起到的效果也更加明显。不同的文体有不同的文体规约，这些文体规约最小化为要素，从这些要素入手进行专项练习，实际上是分要素训练的要义。仅以小说为例，其文体规约中可以拆分成要素的部分十分鲜明：如何展开故事的叙事，展开和讲述怎么调配？人物塑造如何进行，其性格、行为如何描写？小说的地点如何安排，场景与环境如何布置，地点如何影响小说故事的讲述？小说如何虚构时间，正叙、倒叙、插叙、慢动作、快进等怎样利用与安排？故事的结构如何搭建，在故事的弧度上如何布局冲突，怎样设置悬念，怎样安排情节链才会让故事紧凑起来？短篇小说的结构如何安排，长篇小说的结构特点与常用方式是什么，小说类型对小说结构有何种规约？叙述的视角如何确定，谁在说，对谁说，以什么形式说？以及小说的修改如何进行？……这些小说文体的构成要素①，每一项都可单独作为技巧训练的对象，所有这些被拆分的要素都是小说写作的基础，因此对这些要素进行训练就是在训练整体性小说写作。基于此，《情节与人物：找到伟大小说的平衡点》《冲突与悬念：小说创作的要素》《人物与视角：小说创作的要素》《情节！情节！：通过人物、悬念与冲突赋予故事生命力》《超级结构：解锁故事能量的钥匙》《故事力学：掌握故事创作的内在动力》《故事技巧：叙事性非虚构文学写作指南》《故事工程：掌握成功写作的六大核心技能》《故事工坊》等训练教材，要么从某一个要素入手来组织训练，要么以全局着眼、部分强化的路径入手来训练写作者。

第三，心理学研究中的"效果律"是技巧训练产生效用的保证。效果律，是美国心理学家爱德华·桑代克提出的关于训练、尝试与学习之间的关系的理论，在桑代克的实验中，"一种能够指向预期结果（暂时的自由）的适当反应"，随着其行为带来积极结果，便会促发更多类似行为的聚集出现，最终指向技能的获得、学习效果的达成。某种程度上，这也可以看作是一种"习得"，一种刺激反应。良性效果中，刺激反应能有效地促进被刺激的主体采取积极有效的措施，从而带来一种适应、习得的结果。更进一步来说，效果律毋宁是结果导向性的主体自发判断、自愿重复、自律服从的个体化

---

① 珍妮特·伯罗薇、伊丽莎白·斯塔基-弗伦奇、内德·斯塔基-弗伦奇：《小说写作：叙事技巧指南》，赵俊海、李成文译，中国人民大学出版社，2017年版。

训练。在此基础上，我们可以说，分要素训练正是以习得性、获得性结果为导向的。

第四，强化与操作性条件反射原理。"强化是指增强某种反应重复发生的可能性的任何事件。反应是指任何可以被确认的行为，包括诸如眨眼、吃寿司、通过门把手开门等可观察到的行为，也包括诸如心率变化等身体内在的反应。"① 分要素训练就是一种强化事件，它依托的正是能够增强写作感受力、提升写作表达力、培养写作整体能力的一种可重复性发生的事件。也是在这一层次上，我们与其说技巧训练是重复性、机械性的训练，不如说是一种学习行为，它强调写作者的习得效果。另外，"在操作性条件反射中，学习是建立在反应结果基础上的。一种反应可能伴随着一个强化物（例如食物），或者惩罚，或者什么都没有。不同的结果决定了这种反应再次出现的可能性"。简言之，操作性条件反射，就是指"学习是建立在反应结果的基础上的"②。尽管操作性条件反射也属于一般的条件反射，但关键在它的"操作性"上，使得受训者能够产生一种类似于条件反射的习得。就创意写作而言，这种"操作性"恰恰就是分要素训练，它通过强化物来形成对训练行为的认同，并提供积极反馈。

创意写作的过程拆分与分文体要素，保证了技巧训练的可能性、可行性；心理学理论中的效果律、强化、操作性条件反射原理，保证了技巧训练的效果性、习得性。因此，分要素训练作为一种经

---

[1] 库恩等：《心理学导论：思想与行为的认识之路》，郑钢等译，中国轻工业出版社，2014年版，第232页。
[2] 库恩等：《心理学导论：思想与行为的认识之路》，郑钢等译，中国轻工业出版社，2014年版，第233页。

常性的写作训练活动,是写作者应该关注的。

第二节　从描写开始:语言或风格练习

技巧训练中,不管是从简易程度,还是从对写作者所追求的效用来讲,观察并描摹生活中的人、事、物,都应该是首先被安排的部分。为了达到训练的理想效果,一个写作者需要动用自身的各种感官,去单独地或整体地去感知生活中的各种细节、世界中的每一个构成部分。描写,培养写作者如何观察生活中的林林总总,还能锤炼写作者语言的丰富性、准确性,乃至于其观察世界的方法等。

一般而言,所谓描写,就是"用形象的语言,把人物或景物的状态具体地描绘出来。是常用的表达方式之一,多用于叙事、抒情类文章中。按内容划分,描写可分为人物描写、景物描写、场面描写、细节描写等项;按方式划分,描写可分为正面描写与侧面描写、工笔描写与写意描写、白描与浓墨重彩等。描写的要求及特点是形象、具体,写人栩栩如生,仿佛跃然纸上;写景绘声绘色,使人如临其境"[①]。对于写作者而言,尤其要突出的是人物描写与景物描写,较为常见的方式则是工笔、白描等方法,这在历来古今中外的文学作品中均有较为经典的段落,读之使人难忘。精准的观察、绝妙的言辞,其间不断闪烁着的人性的光辉,往往能令人眼前一亮。鲁迅《祝福》中祥林嫂的眼睛,列夫·托尔斯泰《安娜·卡列尼娜》中从沃伦斯基看过去的安娜的容貌,曹雪芹《红楼梦》中宝黛初相遇时

---

① 尹均生:《中国写作学大辞典》,中国检察出版社,1998年版,第183页。

彼此眼中对方的形象……精妙的描写虽不是文章的核心,却能显示出作品的灵魂。

  但如何开展描写的训练呢？其一,走到人群中,走到自然里,从观察开始。无论从传统写作的理论来看,还是从创意写作的视角来说,走出自己的生活范围,投入周围世界中,用心地看、听、闻,保持用陌生性的眼光来看待一切,都是作家首先应该花费精力去做的。"为了达到这种希望的状态,每天给你自己设定一段时间。在这段时间内,再次体验用孩子一样'纯真的眼睛'观察世界。每天抽出半个小时,让你自己返回到五岁孩子时的状态,睁大眼睛,充满兴趣地打量这个世界。即使你对这种有意识的做法有点害羞,你会发现,就像你不曾注意过自己的呼吸一样,这样做能够在很短的时间内搜集到大量新的素材。……记住：在你经过的大街上,让自己像一个陌生人一样睁大眼睛。"①鉴于这种情况,写作者完全可以去旅游景点,一次性实现对人物与景物的观察。在日常生活中,成为一个"游荡者",在街道上、田野里、小河边、花圃前……用游荡者的目光看世界。

  其二,从自己周身世界开始,逐渐扩展到周围世界,再推广到陌生世界。描写训练,就从手边的各种事物开始,工笔画一样地描摹生活中的静物：一颗土豆躺在地上的样子、一支笔没有盖上笔帽的样子、留下茶垢的洁白陶瓷杯子……观察这些周身世界中的东西,是描写训练最便捷的方法。再到周围世界中,如隔壁夫妻半夜吵架的状态,遛狗人的神态,超市里犹豫不决的购买者……所有这

---

① 多萝西娅·布兰德：《成为作家》,刁克利译,中国人民大学出版社,2011年版,第86页。

些,任何一个场景①,乃至于一句话,都可以作为描写训练的对象。这已经超出了对素材积累的需求,而是成为写作训练的对象。

其三,建立并坚持记录作家日志。"要理解如何将真实变为虚构,你必须具有敏锐的观察力。作为一个小说家,你要试图说服读者,让他们相信你所创造的世界具有真实性,这就是为什么日志会派上用场。……日志就像艺术家的素描本,能够帮他们打磨技艺、训练观察力。"②写作者需要准备一个小本子,每到一处都能及时地、迅速地把听到的震撼人心的一句话、印象很深刻的一个人,或者自己很喜爱的一件物品记录下来。长此以往,"一旦养成做笔记的习惯,你就能关注到那些值得注意的事,你将会对事物产生不同寻常的敏感性,能看到平时忽略的形形色色的事与人。这种观察慢慢会成为近乎条件反射的习惯"③。即便是在管理学领域,随手

---

① 我仍深切地记得,若干年前的一个元宵节之前,陪着母亲按习俗去寺庙上香的情形:一个60来岁的老妪,头发灰白,眼神哀怨,脸上长满皱纹,身体略微佝偻,走路似乎有些吃力了。她很努力地蹲下去,点燃了火纸,然后费劲地起身,点燃了香烛,再返回身来,在蒲团上再次费力地跪下,恭恭敬敬地作揖磕头三次,接着右手撑地,左手摁着膝盖,先是把右边身子微微地抬起,后把左边的身体再慢慢地挪动起来,双手撑着膝盖,终于站起来。她的祈祷就算完成了。但她并没有走,而是站到旁边,眼睛虔诚地望着泥塑的神像,颇为感伤地说道:"药王爷呀,逢年过节我也没有少过你的香火,三大节都给你供奉,你咋还不让我的病好哇?我也没有作恶,也没有害过人,只想着行善积德,可我的病咋还不走哇?"她的质问震颤人心,是和神仙极其亲近却又被身体的痛苦带向了内心的怀疑。从她的声音中听不到抱怨,而是这质疑带来的不安。她问之后,眼神带着眷恋之情,从药王庙的塑像前离开,去往旁边的天王寺。当母亲跪在蒲团上作揖跪拜的时候,我蓦然听到,母亲像刚才那个老妪一样,站在神龛和供台的旁边,用十分亲切的语调和眼神正与神仙塑像交流:"药王爷发善心,保佑家里老小平安,下回我还来给你上香,一年四季不断你的烟火。"这一场景,深深地印刻在头脑中,多年以后想起来仍然清晰如初。它关涉乡村人朴素的信仰、知识匮乏的女性那最简单的期许与生活热望,以及因贫穷导致的病痛带给她们的折磨与恐惧。

② 罗宾·赫姆利:《从生活到小说》,郑岩芳等译,中国人民大学出版社,2018年版,第3页。

③ 安德鲁·考恩:《写小说的艺术》,董韵、李菱译,中国人民大学出版社,2015年版,第23页。

用小册子记下创意时刻与思考所得,也是常有的事情:"事实上,最有创造力的人往往会在枕边准备一个笔记本,用以记录灵感。"①

其四,事后要整理描写训练的文字,并经常翻阅、重温,甚至将之归类、汇编,做成一个小册子。有时候整理素描类文字,是进一步深加工,甚至是重写,如此才能起到训练的效果。在加工过程中,要动用自己的词语库,进一步准确、完整地表达内容。翻阅与重温,是为了能够唤醒这些训练,甚至将之援引入自己的写作之中,如此技巧训练才能真正地起作用。而分类编排,是为了能够发表,因为任何一次的描写练习,其实都是一次文学性表达的形成。

其五,寻求同一个对象的多种描写方式。在管理学领域中,关于技能训练,研究者也常建议:"寻求多个正确答案。在有限理性的讨论中,我们说过人们寻找的是已经足够好的策略。富有创造力意味着继续寻找其他答案,即使你觉得也已经解决了问题。很有可能你会找到更好更有创造力的答案。"②在创意写作的描写训练中,多种呈现方式有利于形成观察的多侧面、表达的多形式、语言的丰富性与层次性等,换一种想法,换一种表达方式,能更清晰地感受到自己描写时语言储备的张力。

其六,词汇的积累与沉淀,其中最好的方式是学会翻阅辞典、百科全书等。关于这一点,许多研究者都认为应该以字典、辞典为核心,积累词汇,丰富表达方式。"请相信,字典是最有意思的书之一,尽管它缺乏情节且主题散漫。……有了词汇的积累,写起来可

---

① 斯蒂芬·罗宾斯、玛丽·库尔特:《管理学》,刘刚、程熙镕、梁晗等译,中国人民大学出版社,2017年版,第56页。
② 斯蒂芬·罗宾斯、玛丽·库尔特:《管理学》,刘刚、程熙镕、梁晗等译,中国人民大学出版社,2017年版,第56页。

谓得心应手。"①即便是许多创意写作的教材，也有类似的建议："对作家来说，原始材料就是语言，也就是词语。作家的首要问题是要找到足够的词语——换句话说，就是要在众多词语中进行选择。选择过多或没有选择，都会令人无从下笔。找到准确的词语是件令人头疼的事。在这方面，字典是作家极简工具箱的有益补充，……字典给出了词语定义及限定范围，保证了用词的精确性。作者不仅要研究词语出自何方、表达何意、用于何处，还要力求使用得精确和明晰。"②

其七，形成自我评价机制，即经常检点、评价已经完成的描写训练成果，以便促进、提高。低水平的重复训练，不但不会实现既定目标，反而会形成个人化的套板反应，从而使写作陷入自我重复与贫瘠匮乏之中。因此，形成自我评价机制，对自己苛责与严厉，才能实现写作能力的提升。

第三节 人物及其命运

人物作为描写对象，可以纳入具体的训练之中。关于人物描写，传统写作学认为它是指"对人物的性格以及形成人物性格的环境的描写。人物描写是文学创作的中心任务"③。一般而言，人物描写包括肖像描写、语言描写、行动描写和心理描写等。"肖像描写应该抓住人物肖像上的特点，以形传神，……又揭示出人物职

---

① 敏言：《文学创作手册》，中国国际广播出版社，2000年版，第39页。
② 安德鲁·考恩：《写小说的艺术》，董韵、李菱译，中国人民大学出版社，2015年版，第19页。
③ 陈子典、顾兴义：《写作知识辞典》，江西教育出版社，1990年版，第844页。

业、身份、遭遇、性格"。语言描写是指对其对话、交谈的描写,"要求是口语化与个性化"。行为描写包括动作、行事风格、为人做派等,尤其是动作描写,最能传神人物。心理描写在西方小说写作中较为常用,"通常可以采用作者直接揭示与人物自身的独白、梦境、幻觉等来表现"①。此后兴起的意识流小说,则可以看作纯粹是人物心理的意识流动的描写,尽管意识流小说更带有一种哲学意味或者现代主义文学特征。人物描写,常用在人物出场之时,或有特殊情况需要交代时,而围绕着人物形象的塑造,还有更多要素体现在技巧训练中,它们有的与传统写作理论中的人物描写部分重叠,有的则更为复杂。

就写作而言,人物可谓是创作的中心。"它是作品内容构成的重要因素,也是组成作品形象的主题。小说总是通过对人物和人物活动及其相互关系的描绘来反映现实生活的,人物描写是小说创作的中心环节,环境描写、场面描写、细节描写等,都应为人物描写服务。"②可以说,人物作为创作的中心,人物的行动推动情节向前发展、人物性格构成其行为逻辑、人物利用环境进行活动、人物带动故事也带出故事、主题表达需要借助人物来实现、人物语言构成写作的风格……尽管并非其他要素都在围绕着人物转,但人物绝对是勾连起这些要素的重要枢纽:"只有当你小说的人物成功了,你的小说才会成功。不管这些人物在现实生活中有原型,还是纯属虚构(所有的小说人物都介于这两者之间),我们都必须让他

---

① 尹均生:《中国写作学大辞典》,中国检察出版社,1998年版,第184—185页。
② 王庆生:《文艺创作知识辞典》,长江文艺出版社,1987年版,第138页。

们吸引读者,让他们生动可信,仔细斟酌他们所经历的事情。"①因此围绕人物,分要素训练的组织与管理呈现出多样化、多侧面、丰富性等特点。

第一,寻找人物。即便纯粹虚构的人物,也有着现实生活中的依据或原型,因此塑造人物的第一步应该是去生活中寻找人物,并把他们作为原型。"通常,在完全凭空假想一个角色和完全据实描写你知晓的某个人物之间,会有一个中间立场。"②这个"中间立场"意味着人物塑造既不是人物传记以求其真,也不是完全凭空虚构跳出的另类存在,它意指以现实人物作为出发点与依据,通过"改写"或"重组"来实现文学作品对人物的塑造。因此,作为分要素训练的一部分,寻找人物意味着训练者需要投身于人群之中,如地铁站拥挤着的来往人群、餐馆里正在食用饭菜的顾客、商场中穿着时髦或悠闲行走的购买者、身边不同性格的同事或朋友……这些人都可以成为人物原型,都可以成为写作的"模特"。更有甚者,写作者还可以把自己作为写作的"模特",从观察自己入手来塑造形象。贾平凹的成名作《满月儿》就是以其当时的妻子韩俊芳为人物原型的,他曾坦陈这篇小说"我是写给我的爱人的。我常常把她作为我的作品的模特儿和唯一的读者"③。有研究者概括,人物原型可列出 45 种之多——如女主角及反面人物:蛇蝎美人、蛇发女妖、背后中伤者(流言蜚语的制造者与传播者)、养育者或母亲、女族长或被

---

① 珍妮特·伯罗薇、伊丽莎白·斯塔基-弗伦奇、内德·斯塔基-弗伦奇:《小说写作:叙事技巧指南》,赵俊海、李成文译,中国人民大学出版社,2017 年版,第 83 页。
② 罗宾·赫姆利:《从生活到小说》,郑岩芳、冯芃芃等译,中国人民大学出版社,2018 年版,第 77 页。
③ 贾平凹:《爱和情——〈满月儿〉创作之外》,《关于小说》,生活·读书·新知三联书店,2015 年版,第 2 页。

嘲笑的女人、神秘主义者或背叛者、女救世主或毁灭者、少女与问题少女;男主角及反面人物:伤人与背叛者、保护者与角斗士、隐士、无业游民、妇女之友与引诱者、男救世主、施虐者、国王或独裁者;配角:朋友、对手、象征性人物[①]。

第二,草描人物。给遇到的人物,草描出一幅画像,并将大致情况展示出来,即便这些特征都是根据一面之缘推测得来的,或者纯粹只是虚构。在生活中找到一个人物,并且将之归入到某一个人物类型中,那么草描人物已经不是仓促地给他们拍一张照片,从而记住他们,而是朝着塑造一个人物前进,从而去触摸这个人物的灵魂。"人物刻画技巧的七个方面:背景故事、内心的矛盾、外部冲突、人物弧线、人物刻画的三维空间(加入很多微妙和细微差别)……将读者吸引到故事中、立刻理解并支持人物(或者憎恨她,这由你决定),最吸引人的方式,也是使故事有机会获得成功的最佳方式,就是展示出人物对你为其设定的旅程的感受与反应。"[②]草描一个人物,侧面很多,但要真正将这个人物记录下来,至少应该包括:外貌(诸如发型、面部特征、身体构造等)、穿着(从上到下的各种服饰,乃至于耳环、手镯等)、面部表情;行动表现,如此人走路的步态、举手投足间的特征(比如总是摆弄头发的女性、不停扶眼镜的男性、左顾右盼的某人)、待人接物的方式(比如见谁都显得亲热或自来熟的女人、冷冰冰地礼貌性问答的女人、眼光中带着叵测居心的男性、厚脸皮的男士等)、说话的方式(高声还是低语、夸大

---

① 维多利亚·林恩·施密特:《经典人物原型45种:创造独特角色的神话模型》,吴振寅译,中国人民大学出版社,2014年版。
② 拉里·布鲁克斯:《故事力学:掌握故事创作的内在动力》,陶娟译,中国人民大学出版社,2016年版,第129页。

其词还是温文尔雅、用词准确且富有文采还是满嘴脏话且特别粗糙等);周围的环境,如身处的场所、社会的环境、自然的环境……抓住几乎所有的细节,并将之草描下来,这样的训练本身即可构成一篇人物素描的风景画。草描一个人物,可以运用各种方式和手法,描写可以,叙述也可以。不拘一格,只要能够完成对此人的记录即可。

第三,人物性格。一般而言,"主人公的个性是故事的主题,性格要塑造;那些跟他性格变化有着密切关系的人物,也要细致地塑造"①。在心理学研究中,理解性格可以从两个部分来进行:"第一部分讲稳定的行为方式。……第二部分关注的是内部过程。内部过程和发生在人与人之间的人际过程不同,它是在人的内心发生的、影响着人怎样行动、怎样感觉的所有情绪、动机和认知过程。"②那么,人物性格写作技巧训练就可以从两个方面来展开:其一,人物的主要性格是如何形成的?"想清楚塑造某个小说人物类型的影响因素:年龄、性别、种族、国籍、婚姻状况、地域、教育背景、宗教信仰、职业。"③实际上,这也涉及"人物的成长",是许多成长小说的主要处理对象,但作为要素训练,刻画人物性格,宜简要且抓住重点。其二,人物的主要性格如何影响其行动。这种情况在各种写作中都会遇到且有成为主要方面的趋势,因为人物性格导致的行动会推动故事的发展,并伴随着例外情况的发生。按照惯常道理能够推测出来的性格导致的行动,往往会导致小说不那么吸引人,

---

① 奥森·斯科特·卡德:《人物与视角:小说创作的要素》,李菱、郑炜译,中国人民大学出版社,2019年版,第73页。
② 伯格:《人格心理学》,陈会昌译,中国轻工业出版社,2014年版,第4页。
③ 珍妮特·伯罗薇、伊丽莎白·斯塔基-弗伦奇、内德·斯塔基-弗伦奇:《小说写作:叙事技巧指南》,赵俊海、李成文译,中国人民大学出版社,2017年版,第168页。

但性格深处潜藏着的东西,尤其是性格的缺陷部分导致的意外状况,往往会成为悬念、冲突设置的爆破点。"同时考虑一下你的主人公性格中的负面特征。较多地表现这些弱点,能够让它们显得更真实? 你的主人公是否为之挣扎,并且发现是它们阻拦了自己得到想要的或者需要的东西?"①性格如何产生巨大影响,改变故事的走势,这也可以作为分要素训练的重要内容。具体训练建议:一是确定主人公的性格类型。根据四种判断标准,即"外向或内向、理性或直觉、思考或感受、判断或意识"②来确定此人是哪一种性格的人。二是叙述这种性格产生的过程,列举一两个核心事件,不必面面俱到。这个过程中,要让带来影响的次要人物出场,并简要描述次要人物形象。三是此种性格产生的影响,分为正面影响与负面影响,即性格的正向影响,与由性格缺陷导致的负向影响。中间也可以设计阻拦者、自我纠正等。四是综合以上两种影响的来源与产生影响的原因,使笔下人物更完整。

第四,人物行为。人物行为是在特定的任务目标指引下,在具体的环境影响中,源自人物性格而来的动作指向,因此人物行为与人物性格常形成互为指涉的两个关系密切的要素,它们互为阐释、补充、完善。因此,在进行人物性格的技巧训练的同时,可以一并进行刻画人物行为的练习。按照四种性格判断标准,它们组合起来会形成"十六种性格类型",几乎都可以用人物行为来进行描述,比如INFP(调停者)类型的性格:"赞叹世界总是充满了奇迹,戴着

---

① 于尔根·沃尔夫:《创意写作大师课》,史凤晓、刁克利译,中国人民大学出版社,2013年版,第57页。
② 杰夫·格尔克:《情节与人物:找到伟大小说的平衡点》,曾轶峰、韩学敏译,中国人民大学出版社,2014年版,第17页。

玫瑰色的眼镜看世界;工作一定要有意义;理想主义者。"①这样的人富有同情心、积极向上……确定这种性格类型之后,人物行为就有了依循。但具体写作过程中,应该让性格进行翻转,即正常条件下的人物性格,成为主人公前行路上的绊脚石,然后将其行动表现出来,包括翻转后的破坏行动、认识到性格缺陷后的行为……如此,行动就会更加丰富。与此同时,因为存在翻转,性格养成的多重因素也能体现出来。

第五,人物对话。可以设定一个独特的场景,让人物上演片段性的对话,以此来增强训练的针对性:对话发生时的环境如何、讨论的话题是什么、对话具体的推进又是如何分步骤进行的……本质而言,人物对话是性格的体现,也是人物的出身与教养的体现。"如果你把说话视作一种行动,就可以避免写出那种乏味而沉闷的对话。作为行动的言说会提醒你,小说中的人物之所以讲话,是因为他们想要推进自己的目标。"②对话即行动,树立这样的观念就在于提醒写作者,针对对话首先应该戒除的是"无意义对话"——让人物说出的每一句话都有作用,要么这句话一出口就能够表明人物的性格,要么这句话有所指且预示着此后人物将采取的行动,要么人物借助这句话传递信息……无意义对话,并不是不可以出现在创作中,但"有效的对话"对于推动情节发展、促成故事发生有着重要的意义。对话必须要符合人物的身份,这身份包括出身、教育背景、场合、具体事件等。"千人一口"是人物对话书写的大忌,而

---

① 关于十六种类型的性格,详细介绍可参见杰夫·格尔克:《情节与人物:找到伟大小说的平衡点》,曾轶峰、韩学敏译,中国人民大学出版社,2014年版,第18—19页。
② 詹姆斯·斯科特·贝尔:《如何创作炫人耳目的对话》,修佳明译,中国人民大学出版社,2016年版,第13页。

"千人千口",甚至"一人千口"则是写作者要追求的更高境界。每个人都有独属于自己的话语系统,写作者应该为各行各业的人们量身定制他们的对话,为每一种性格的人找到适合他们的语言风格。鉴于此,应"以练习为目的,书写大量的对话。设定一个围绕两个随机人物的场景。让他们尽可能地彼此不同。或者观察公共场合中的两个人,然后用一个场景写下你认为他们或许会对彼此说的话。给他们不同的声口。让他们的议程发生冲突"[1]。多种情境中的多种对话模式,或者同一情境中的不同人物的对话模式,都是可以选择的人物对话写作训练。

第六,人物心理。人物心理是复杂且丰富的,它捉摸不定又有迹可循,充满变数又恒常如斯,因此如果要写活一个人物,使之栩栩如生地展现在读者面前,最好的方式莫过于去聚焦内心,从内到外地展示人物心理如何促使人物去行动,也可以从外到内地观察人物内心,诸如服饰的颜色及搭配如何凸显人物的内心。人物的内心生活极其丰富,"天赋、宗教、灵性、身份、信仰、定式、道德、性、动机、友谊、谈话焦点、自我认知、价值观、时间分配、艺术创作冲动、英雄、政治和意识形态、与权威的关系、恶习、时间线、与食物的关系、习惯、怪癖、爱好、慈善和人格"[2],这些都可以成为人物内心写作训练的侧面。就人物心理的写作训练而言,可以采用第一人称的方式,也可以采用第三人称的客观叙述——第一人称的自述方式,更容易让人物内心真诚地袒露出来,因为人物不会对自己撒

---

[1] 詹姆斯·斯科特·贝尔:《如何创作炫人耳目的对话》,修佳明译,中国人民大学出版社,2016年版,第61页。原文有分段,这里为引用方便,将两段内容合二为一。在这本书中,贝尔提出了关于人物对话的许多训练设计,可以深入了解。

[2] 诺亚·卢克曼:《情节!情节!:通过人物、悬念与冲突赋予故事生命力》,唐奇、李永强译,中国人民大学出版社,2012年版,第35页。

谎,其必须面对真实的自我与真实的内心活动;第三人称的客观叙述,尽管没有第一人称那么便利,但因为超级视角的存在,人物一切活动展露无遗,因此这种方式也较多地运用来表达人物心理。司汤达的《红与黑》中,于连与德·雷纳尔夫人约会时丰富的内心活动,其实就是第三人称视角下对人物的精细刻画。无论采取哪种形式,人物心理的描绘就是为了塑造人物形象,从而引起阅读者的内在体验,要么顺应这种心理产生怜悯、同情或共鸣,要么逆反这种心理产生思过、悔改或戒除。"窥见人物内在本质能让读者更好地理解人物,这是引发共鸣的关键。共鸣是故事的主要成功点——读者的共鸣越多,在阅读时就越投入,故事就越成功。"[①]因此,人物心理的呈现,实际上就是要从灵魂深度塑造人物,为了能够更好地进行人物心理书写的训练,可以遵循以下几点:其一,设置一个具体的情境,并将人物置于其中。悲伤的事件也好,被冤枉的情境也罢,只要是一个具体的情境都可以。其二,简要叙述这种情境中人物的行动,然后给人物一个完整的时间段,不必太长,作为展现其心理的场域。其三,写下在这种情境中,人物可能会产生的所有心理。因为没有前情的交代,在这种情境中,人物的心理是可以多角度、多侧面地进行发散性描述的。其四,将自我代入进去,连同自己的成长、经历全部置于其中,用亲身体验的方式再写一次人物的心理活动。其五,形成一个较为客观的评估,不仅要考察心理活动的合理性,还要考察语言风格,以及哪一种心理活动的叙述更能吸引人、打动人。

---

① 拉里·布鲁克斯:《故事工程:掌握成功写作的六大核心技能》,刘在良译,中国人民大学出版社,2014年版,第64页。

人物塑造是一项大工程，从要素训练的角度切入，将人物塑造分割成不同侧面来进行写作练习。要知道，人物的性格就是其命运，人物的行动就是在促成这种命运的发生，人物的心理则是对走向命运归途的表达。如果说人物塑造的要素训练太过分散，那么可以以命运作为主体，将所有要素集中在一起，形成一个完整的人物传记的小说文本。

第四节　如何讲述故事

故事是一个有明确所指的概念，但它同时又可以被分解为许多要素，因为它是综合着人物、行动、结构、主题、场景、情节等的系统性工程。人物是聚焦点，成为阅读的核心。甚至可以说，任何写作都是以人物作为核心的，人物是驱动力，推动着整个写作行动向前发展。故事则是整个作品的网络，撑起了整个作品的框架。因此我们可以说，人物是作品的灵魂，故事则是作品的骨架，环境、情节、语言等是作品的血肉、经脉。针对故事的分要素训练，就必须要体现层次性与针对性。"我们怎样创作故事呢？我们要把故事装配起来，让故事打动读者，并帮助读者形象生动地感受到人物的种种经验，从而产生身份认同感。怎样才能做到这一点呢？……故事并不等于构思立意，它们也不是灰色的概念或者定义，而是活生生的经验。"[①]因此，故事训练并不是要炫技耍酷，也不是故作深沉，而是从生活经验中汲取那些可以打动人的要素，从而进行针对

---

① 杰里·克利弗：《小说写作教程：虚构文学速成全攻略》，王著定译，中国人民大学出版社，2011年版，第20页。

性的训练。在《故事工程》一书中,拉里·布鲁克斯提出故事的六大核心技能:人物、主题、故事结构、写作风格、立意和场景设置,其中"立意——指想法或萌芽,慢慢会演化成为故事发展的平台。最好、最令人信服的开头可以表述为'如果……将会怎样?'系列问题。该问题的回答能引出更多的'如果……将会怎样?'的问题,层层推进,把答案整合起来就能形成故事雏形";"场景设置——尽管你对比赛有所了解,但是如果技艺不精,你还是赢不了比赛。一个故事就是由一系列相联系的场景组合起来的,需要遵守一些原则和指导方针让这场场景发挥作用"①。关于故事的分要素训练及其相关原则,一般如下:人物、结构与主题,单独拎出来作为一个整体性要素进行训练,那么剩下的故事要素则是:叙述视角、叙述场景、叙述节奏、故事时空。当然,还有更多的要素可以纳入进来,甚至故事中的声音、故事张力等。

第一,叙述视角,也可称为叙事观点、观察点、叙述角,"作者表述作品中人物、行动、事件等的角度和方向,这一任务常常通过选定特殊的叙述者来完成"②。简单来说,"视角就是人物在讲述或者体验故事时的思维活动。……视角既可以是第一人称也可以是第三人称,需要依据故事叙述者对任务思想的了解程度来变换"③。因此,叙述视角带有立场的含义,也带有传达写作者内在意图的指向。贾平凹的《秦腔》,选择一个傻子引生作为叙述视角,清风街的故事都带有傻子的气息。无独有偶,阿来的《尘埃落定》,同样选择

---

① 拉里·布鲁克斯:《故事工程:掌握成功写作的六大核心技能》,刘在良译,中国人民大学出版社,2014年版,第16页。
② 尹均生:《中国写作学大辞典》,中国检察出版社,1998年版,第901页。
③ 克·哈特:《故事技巧:叙事性非虚构文学写作指南》,叶青、曾轶峰译,中国人民大学出版社,2012年版,第40页。

一个傻子作为叙述视角,展现西南土司的生活。我们必须清楚,尽管小说写作存在着第一人称叙事、第三人称叙事,乃至于第二人称叙事,或多声部叙事,即让众多人物出场来承担叙述者功能,比如李锐的《无风之树》,这些关于叙述视角的技巧似乎已经成了常识。但重要的并不在选择第一人称叙事还是第三人称叙事,第二人称叙事还是多声部叙事,而是叙述视角要带有独特的立场、观点与价值判断。帕慕克《我的名字叫红》中,出现了死者的叙述视角,但它并非是超越了的灵魂角度,而是死尸角度,这样就显得格外新奇。大致来说,忏悔者的视角、谋杀者的视角、故事主要经历者的视角、配角甚至可有可无的人物视角、一棵树或一个物件的视角……任何故事的构成,都能够成为叙述视角,这取决于写作者选择从哪个角度来观看故事,预备从哪个角度来讲述这个故事。视角选择的标准是,一来方便讲述故事,二来能够彰显故事的独特价值和思想,三来便于读者把握整个故事的来龙去脉。针对性训练可选如下方式:其一,选定一个故事,如设为"爱而不得"的哀伤故事。其二,用第一人称叙述角度来讲述这个故事,分别选取男主人公、女主人公、爱情故事的阻挠者、爱情故事的竞争者、邻居或其他亲历者等作为叙述视角。如果有余力,还可以选择爱情过程中的见证爱情故事的一棵树、一朵花,或者风的视角等。其三,用第三人称的视角来重新讲述此故事,但也可选择限定性的视角——如擦肩而过的骑行者的视角。其四,尝试用第二人称视角来重述此故事,视角的立足点是一个完全不了解这个故事的外人。其五,按照故事的阶段性发展,使用多声部复合叙述视角,继续重述此故事。只需要写下每一个叙述视角所看到的、知道的一切即可。其六,将所有这些叙述视角训练下形成的文本作对比,寻找适合自己叙述的视角,并择定效果较好的叙述视角。

第二,叙述场景。任何故事的发生都有一定的场景,聪明的写作者会借助故事场景来让故事更为精彩,还能达到呈现故事的目的。在戏剧写作、电影剧本写作中,场景被凸显出来,但在小说中场景时常处于被淹没的状态。场景能够让我们身临其境,亲历叙事弧线的起伏。作者的使命并不是描写出所有的复杂细节,而是仔细挑选出那些最能勾起读者回忆的细节,来激活读者大脑中已有的感知。同理,简明的场景设计也适用于非虚构作品。当然,细节必须要准确,但也没必要做到详尽无遗[1]。场景用于辅助故事的叙述,在于能让读者更快地融入故事中。除此之外,场景还具有功能性作用:"开篇场景与说明性场景读起来是不同的,说明性场景又不同于转折性场景。转折性场景又不同于在故事中有着独特、重要角色的场景(比如闪回,幕后的剪切,第一人称反思,等等)。在很大程度上,这些差异取决于对故事四个不同语境的理解以及给定的场景前后所发生的事情。"[2]开篇性场景,是故事发生的基础,也是介绍性的开场;说明性场景,则是对故事的交代,也是对故事与人物的烘托;转折性场景,本身构成了推动故事前进的动力,是功能性的场景。不同的场景设计具有不同的功能,因此场景在故事叙述中占有的地位相当重要:"一个长篇故事(小说或剧本,甚至回忆录或某种形式的非虚构作品)是由一系列独立周密、巧妙相连的场景所构成的。……场景必须呈现出吸引眼球的情节,有充

---

[1] 克·哈特:《故事技巧:叙事性非虚构文学写作指南》,叶青、曾轶峰译,中国人民大学出版社,2012年版,第92—93页。

[2] 拉里·布鲁克斯:《故事力学:掌握故事创作的内在动力》,陶娟译,中国人民大学出版社,2016年版,第152页。

满危急关头的看点。如此说来,一幕场景实际上是其所在的更大规模的故事的缩影。"①不管是介绍性场景,还是说明性场景,抑或转折性场景,甚至换种说法,任务驱动型场景描述、叙事景观型场景……它们都是故事的重要构成,是故事某种程度上的"缩影"。鉴于此,针对性的练习可以如下设置:其一,为叙述视角练习中"爱而不得"的哀伤故事,设计一个雨天的场景,并将之置于公园之中。其二,分别描述这一场景中相爱与被逼无奈分手的故事,利用场景中的细节来叙述这一故事情节。其三,再给这个故事的"初相遇"设计一个场景,要求它既要促成一见钟情的产生,又要符合两个灵魂碰撞的原因。其四,给故事设计一个转折性场景并叙述这一场景。其五,检验场景设置是否对故事造成了冲突,是否属于故事的冗余物,还是能促成故事叙述的最佳效果,或者增加了故事的吸引力。

第三,故事时空。某种程度上,故事时空与故事场景相互重叠,但两者是截然不同的概念。故事的空间,可能是众多故事场景的统一性世界,它包含了各种故事场景,或者故事场景的丰富多样构成了一个统一的故事空间。有些论述者直接把故事空间称为"文学世界":"作家的人物是创造一个读者为之入迷的世界,并展现那里发生的利害攸关的事情。"②马尔克斯《百年孤独》中的马贡多、福克纳的约克纳帕塔法、莫言的高密东北乡、贾平凹的商州世界……几乎每个著名作家都在经营着属于他们的文学世界。一个故事空间,搁置于一个小说的地点,这个空间构成了人物活动的范

---

① 拉里·布鲁克斯:《故事工程:掌握成功写作的六大核心技能》,刘在良译,中国人民大学出版社,2014年版,第232页。
② 此为小说家南希·赫德尔斯顿·帕克的话,转引自珍妮特·伯罗薇、伊丽莎白·斯塔基-弗伦奇、内德·斯塔基-弗伦奇:《小说写作:叙事技巧指南》,赵俊海、李成文译,中国人民大学出版社,2017年版,第191页。

围、故事发生的背景,乃至于它本身即可推动故事的发展,比如《巴黎圣母院》中的教堂,本身是故事的主角。故事时间,则是另外一个重要侧面:"文学,就其本质和题材而言,是一种以其他艺术形式所不具有的方式与时间联系在一起的艺术。……小说关注的是内容时间,即故事所涵盖的那段时间。有时这段时间是被压缩的,有时是被拉长的。时间可以变得富有弹性,并且可以用新的方式对其进行重构。"[1]在故事时间中,故事性时间是指故事发生在文本中所占用的叙述时间,它可能被严重压缩,常用"十年过去了"等方式来表述,这样的故事时间是为了推动故事向前发展;心理性时间,是指有限时间内无限的心理活动所需要的时间、所延展的时间,它会把时间拉长至没有边界的限制。典型者如意识流小说,《尤利西斯》这一整部小说被压缩在 18 个小时的物理时间之中,却用心理性时间将之扩展、膨胀;《追忆似水年华》开头睡前的一小段时间,被拉伸至数页的故事讲述之中。在文学研究中,叙述时间与故事时间之间的差异、变形,已有较多的探讨[2],巴赫金甚至提出了"时空体小说"的概念[3],都旨在探讨小说叙述中时间和空间的问题。在这方面的训练中,有如下建议:其一,把一个故事空间进行拆分,并对每一个部分进行描述,诸如公园、田野、道路、花坛、饭馆等,注意描绘其空间特征,然后综合成一个故事空间。其二,尝试关注自己的内心,并记下此时此刻的想法,这是被称为自动写作的一种训

---

[1] 珍妮特・伯罗薇、伊丽莎白・斯塔基-弗伦奇、内德・斯塔基-弗伦奇:《小说写作:叙事技巧指南》,赵俊海、李成文译,中国人民大学出版社,2017 年版,第 235 页。

[2] 这些探讨多集中在叙述学领域,相关内容可参见张寅德:《叙述学研究》,中国社会科学出版社,1989 年版。

[3] 巴赫金:《长篇小说的时间形式和时空体形式——历史诗学概述》,见《巴赫金全集》(第 3 卷),白春仁、晓河译,河北教育出版社,2009 年版。

练方式。其三,设置一个故事空间,记录这个空间一日内不同时间、不同天气情况下环境的变化、事物的变化等。

第四,叙述节奏。叙述节奏的变化,可以增强故事的吸引力,能够让故事的曲折性、丰富性展现出来。常用的叙事节奏有:暂停,即传统写作中所谓的扯开话头,但不能暂停过久。卖关子,或抖包袱,即故意将故事进行神秘化处理,然后以一种破解的方式再讲述后面的故事。草蛇灰线型的叙事,可以伏脉千里,然后再行接上故事前奏。解扣子型的故事,属于结构的一种,尤其是传统章回体小说,"欲知后事如何,且听下回分解",而下回分解开始之前仍让故事暂停,以增强吸引力。细节与环境插入,调节叙述的节奏快慢,尤其是在紧张刺激的故事情节叙述过程中,插入细节描写、环境描写,以舒缓情绪,或者铺一条情绪的延伸线路,这样故事更能为阅读者所接受。加快故事叙述节奏,往往是在时间上进行压缩,只强调故事的核心内容,因此采取叙述者叙述的方式,而不是让故事本身自然伸展。通过人物的感受来丰富、控制叙述的节奏,即人物的心理感受、外在的刺激性反应等,都可以适当用来调节叙述的节奏。当然,调控叙述节奏的方式还有很多,包括话本小说中一开头各种讲道理、引用诗词等,都可以算作是延缓叙述节奏的方式。

故事讲述所涉及的侧面还有很多,比如悬念的设置、冲突的处理、情节线与情节链条的布局等。但这些已经属于结构的问题了,针对性的训练宜与结构训练一起进行。

第五节　结构设计的训练

对于长篇作品来说,结构对于整个作品的写作是至关重要的。

即便是对于短篇作品,结构精妙也是考验写作者的一个重要标准,甚至在短篇作品尤为看重结构的作用。"结构亦称'格局''骨架''布局''布格''谋篇''基构',文章的形式要素之一。指文章的内部组织与构造,即作者依据表意和审美的需要,将选定的材料妥善安排,组成有机整体(文章)的一系列手段、方式和方法。包括线索、脉络、开头、结尾、段落、层次、过渡、照应、承接等具体内容。"①从本质上来说,结构属于故事叙述的一个侧面,承担着撑起故事、使之饱满的责任。"结构是故事最好的朋友。结构牵着故事的手,消除了故事在读者心中产生混乱感、挫折感、惊慌感的危险。没有结构的故事就像是没有骨架的皮囊……结构可以把故事的力量释放出来。"②结构的重要性不言而喻,它的存在是故事井然有序的保证,它允诺故事各要素展开的秩序。在传统的写作技法中,结构主要有"总—分—总"及其衍生的结构方法、起承转合的结构方法、草蛇灰线的结构方法、单线结构方法(不单独另列倒叙、插叙、顺序等诸法)、双线结构方法、网状结构法、链式结构法、时空型结构法、放射型结构法、层进式结构法、包孕式结构法等。如果将开头、结尾等方式都列出来,那么结构的方法更为丰富:起兴法、弄引法、避难法、扬抑法、倍转法、重叠法(三重化、重章叠唱等均为此法的衍生)、倒卷帘法、起讫不平法、系铃解铃法、浪后波纹法、横云断岭法、隔年下种法、鸾胶续弦法、特犯不犯法③等。尽管这些结构方法已经被研究者总结出来,已不算新颖或创意十足,但它们仍是基础

---

① 尹均生:《中国写作学大辞典》,中国检察出版社,1998年版,第99页。
② 詹姆斯·斯科特·贝尔:《超级结构:解锁故事能量的钥匙》,李安译,中国人民大学出版社,2019年版,第7页。
③ 林三松、任文贵、佟德真:《写作艺术技巧辞典》,北京出版社,1994年版,第549—612页。

的结构方式,在此基础之上进行改造创新,仍能设计出令人较为惊诧的新型结构方法。在具体的技巧训练中,这些结构的演练、运用可以不必经常拿出来进行熟悉,但悬念设置、冲突处理以及情节安排,则可以进行有针对性的强化训练。

悬念设置是一门学问,如果一部作品中悬念过多则变成了悬疑小说、推理小说,但一部小说如果没有悬念或悬念过少,则缺乏吸引力。如何在关键点设置悬念,并在合适的时机将之解开,就考验写作者安排结构的功夫了。"悬念给小说制造了一种吸引人的、捉摸不定的感觉。读者不知道后事如何,而这能促使读者读下去,直到找到答案位置。……悬念拖延了问题最终得到解决的时间。'悬念'(suspense)一词源于法语,原意是'悬着的原因'。你要让答案悬着,读者不停地想要找到答案,而这个悬着的东西最后得到了解决。"[①]按照贝尔的分析,悬念包括:宏观悬念,即故事一开始就设定一个悬念,将之维持到故事的结尾再行解开,或者故事的发展就是解开悬念的过程。场景悬念,即将悬念建立在故事中人物的担心与恐惧上,那么只要转换场景,悬念就会丛生出来。超级悬念,即人物和读者都不知道与故事中人物产生对抗的势力是什么,这样设置出了未知性悬念。段落悬念,即"把任何一个段落都当成有可能藏匿信息或者可以提升紧张程度的段落",从而利用这种紧张程度制造出悬念[②]。在这些悬念类型中,还有一个独特的现象,贝尔称之为"悬崖挂壁",即任何可能到来的、尚未解决的危险,都

[①] 詹姆斯·斯科特·贝尔:《冲突与悬念:小说创作的要素》,王著定译,中国人民大学出版社,2014年版,第234页。

[②] 关于这些悬念的进一步解释与论争,可参见詹姆斯·斯科特·贝尔:《冲突与悬念:小说创作的要素》,王著定译,中国人民大学出版社,2014年版,第234—240页。

可以称为"悬崖挂壁",它既处于外部环境中,也处于故事中人物的内心世界里,它的三种基本类型是:"一件坏事发生了。一件坏事即将发生。一件坏事可能马上就要发生了。"①它可以用在对话中,也可以用在情感的描述上。较为成功的悬念,可以吸引阅读者跟随叙述的节奏来感受人物所遭遇的即将到来的危险,最典型的莫过于阅读者已经知晓巨大的灾难将要来临,而故事中的人物则被蒙在鼓里,由此而产生出来的阅读者的知晓谜底与故事人物的懵懂无知之间的巨大张力,会让悬念的效果最大化。至于如何化解这样的悬念,则可以让故事中的灾难如期降临,随后再制造新的悬念:主人公该如何克服困难,才能生存下去?或者悬念自行消失,在巨大危险降临的过程中,危险从内部解体或在主人公不知情的情况下被其他力量排除——但它仍然可以丛生新的悬念,即对危险无知的主人公可以继续选择相信没有危险存在,从而导致更大危险的降临。如此,悬念本身就变成了一个一环套一环的层次递进的"叙述结构"。鉴于此,我们可以进行如下的训练:① 问题解决式写作。即整个作品都是在解决一个问题,故事讲述的过程就是问题解决的过程。当然,在问题的解决过程中,还会丛生其他问题。② 设置障碍型训练。在故事讲述中,故意给本来波澜不惊的故事设置不同的障碍,然后让故事中的人物去解决。③ 众人皆知而故事人物独不知型的训练。制造带有冲击力的悬念是这类叙述常用的方式,甚至可以在故事一开头就让故事人物蒙在鼓里。

  冲突处理,故事的全部动力就来自冲突与冲突的解决过程。

---

① 詹姆斯·斯科特·贝尔:《冲突与悬念:小说创作的要素》,王著定译,中国人民大学出版社,2014年版,第241—248页。

换一种眼光来看,悬念也是冲突的一种类型。一般而言,冲突是生命存在的一种状态,是"人物试图去解决难题时所遇到的至少一个来自于社会、个人或环境的阻力"①时尝试克服阻力并取得成功的过程。冲突是"现实生活里的人们由于不同的立场观点、思想情感、理想愿望以及工作方法等而产生的矛盾斗争在文学作品中的反映。它既包括人物与周围环境的冲突(人与人、个人与集体、个人或集体与社会或自然力量等),又包括特定环境下人物自身的冲突(内在的对立因素的冲突)。这两方面的辩证统一,构成戏剧作品中复杂的社会关系和尖锐激烈的矛盾,以展现人物性格的发展,揭示作品的主题思想。冲突是构成情节的基础,是刻画人物性格的手段。而成功和典型化的冲突,都是作家在一定世界观指导下,以深刻的洞察力和熟练的艺术技巧对社会生活进行加工、提炼、集中、概括,并按生活和人物性格本身发展的逻辑加以精心编织和巧妙安排的结果"②。冲突主要来自内外两个方面:内在冲突主要是故事人物心理、性格、道德观念、宗教信仰等所带来的对于事情处理方式的不同所造成的冲突;外在冲突则是各种外力带来的阻力,自然力量、他人、社会,乃至于历史大势等。"冲突不是故事最小元素、动力源,它只是关系、状态、结构,它拥有两个故事要素:一个是渴望,一个是障碍。渴望和障碍的同时存在与互相作用,构成了冲突",简而言之,"渴望+障碍=冲突"③。冲突要建立在合理的基础上,这里介绍"LOCK"四要素说:"1. 值得追随的主角(Lead);

---

① 马修·莫里森:《创意写作的核心概念》,上海外语教育出版社,2016年版,第27页。
② 尹均生:《中国写作学大辞典》,中国检察出版社,1998年版,第488页。
③ 许道军:《故事工坊》,中国人民大学出版社,2015年版,第80页。

2.（生死攸关的）目标（Objective）；3. 正面对抗（Confronation）；4. 精彩的结尾（Knock-out）。"①主角是冲突中的重要力量，为完成既定的目标，他需要克服重重障碍，由此带来具有张力的冲突，逐一解决这些障碍就是逐一克服冲突。对于这样的结尾，贝尔的建议是，不管它是圆满的还是悲剧的，重要的是不被阅读者预料到，产生一种在其意料之中又出乎意料的感觉。冲突的技巧训练，我们仍然将之设定在"爱而不得"的哀伤故事框架之中：其一，冲突来自女主人公，即她无法接受男主人公身上的某一个缺点，比如抽烟或喝酒的行为习惯，然后让男主人公去解决这一冲突。其二，冲突来自男主人公，他的家庭缘故、工作缘故，或身体缘故，比如某种无法克服的疾病，导致了冲突的产生，他努力去解决这一冲突。来自个体缺陷而产生的冲突，其解决的过程还能产生"个人奋斗的故事"，起到振奋人心的效果。其三，冲突来自他人，或女主人公的父母、亲戚朋友，或男主人公的父母，他们束缚于传统观念，阻止两人在一起（可参考路遥《人生》中高家林在城市中的恋爱故事）。解决这个冲突的过程，可以是男女双方共同行动，劝说、证明，乃至于私奔，或悲伤地分手。其四，冲突来自自然力量，男女双方任何一个因疾病、车祸、地震、泥石流、洪水等而去世（可对比路遥的《平凡的世界》中田晓霞的去世），从而导致两个相爱的人彻底分离。这样，冲突即结局，解决冲突的方式则是另一个人继续活着，或者选择自杀从而追随对方。

情节安排。情节可以是叙事的最小单位，也可以是故事构成

---

① 詹姆斯·斯科特·贝尔：《冲突与悬念：小说创作的要素》，王著定译，中国人民大学出版社，2014年版，第34页。

中的最小单位,它的促发原因是人物的行动,而人物行动的促发原因则是性格、欲望,由此我们也可以看到,行动、性格、欲望等都可以构成情节的片段,它们本身也可以作为情节而存在。一个行动,比如亲吻的动作,就可以构成一个情节,不同的情节构成情节链条,情节链条汇聚为整个故事。情节自然也可以是一个较大的叙述单位,甚至可以说"情节就是结构。没有结构你将一无所有"①。在对情节进行设计的过程中,人物显然是一个重要的构成要素,甚至"情节的用途就是完美展现人物。情节是围绕人物而设计的,人物在情节中辗转,情节为人物创造情境,情节中设置了与心理历程遥相呼应的外部情节。情节的作用在于放大故事人物的追寻和探索,架构人物所遇到的困境,充当人物所做决定的潜台词"②。人物的性格促发行动,人物的欲望带来冲突,人物的行为推进情节发展……基于此,罗纳德·托比亚斯就曾总结出了20种经典的情节类型:探寻、探险、追逐、解救、逃跑、复仇、推理故事、对手戏、落魄之人、诱惑、变形记、转变、成长、爱情故事、不伦之恋、牺牲、自我发现之旅、可悲的无节制行为、盛衰、沉浮③。这些经典情节也构成了经典故事的类型,作为情节类型,它们基本上都与人物相关,不管是性格、行为、欲望,还是人物的关系、经历、习惯。情节类型可以如此划分,还可以以结构的顺序来呈现情节:第一情节点,"一些影响和改变主人公地位、计划及信仰的事情发生,迫使主人公采取措

---

① 罗纳德·托比亚斯:《经典情节20种》,王更臣译,中国人民大学出版社,2015年版,第4页。
② 杰夫·格尔克:《情节与人物:找到伟大小说的平衡点》,曾轶峰、韩学敏译,中国人民大学出版社,2014年版,第126页。
③ 罗纳德·托比亚斯:《经典情节20种》,王更臣译,中国人民大学出版社,2015年版,第62—254页。

施作出反应,从这一刻开始主人公经历的场景得以明确,可视的重大危机和敌对势力也得到了呈现,这一时刻就是第一情节点。……第一情节点要求主人公去做一些从未做过的事——奋起反抗、化解危险、拯救众生、畅所欲言、调停争端、随机应变、成长叛逆、仁爱宽恕、担负责任或是拼命逃跑"①。可以看出情节从不是静态的,而是动态发展的,它能够引发人物的一连串反应:"把情节看作一种力量、一个过程,而不是一个物体。一旦你认识到情节一直深入到你写作的原子层面,你的每一次选择都会最终影响到情节,你就会发现情节所具备的动态品质。"②在主人公处理了第一情节点之后,紧接着,"第二情节点是故事中第二重要的转折点。……最后一次给故事注入新信息,在此之后,除了主人公自己的行为,故事中再也没有新的说明性信息出现,它添加了最后一部分叙述性信息,赋予主人公所需要的一切,让他在故事的结尾成为主要催化剂。故事进入到解决模式。最后一个追逐场景开始了"③。第一情节点和第二情节点并置在一起,一个完整的故事便形成了,它诞生于危机或危险到来之时,结束于危机或危险化解的时刻。情节安排并无定型,但必须符合两个原则:一是人物塑造的原则,二是故事叙述的原则。情节的设置与安排,要有利于塑造鲜明的人物形象,有利于叙述一个完整故事,最终形成一个综合了人物与故事的圆满的文本。

---

① 拉里·布鲁克斯:《故事工程:掌握成功写作的六大核心技能》,刘在良译,中国人民大学出版社,2014年版,第176页。
② 罗纳德·托比亚斯:《经典情节20种》,王更臣译,中国人民大学出版社,2015年版,第5页。
③ 拉里·布鲁克斯:《故事工程:掌握成功写作的六大核心技能》,刘在良译,中国人民大学出版社,2014年版,第206页。引文对原文分段等做了略微处理。

从整体上来说，结构设计的训练应该以一个完整的故事段作为训练对象，将悬念、冲突、情节等容纳进去。仅以"爱而不得"的哀伤故事为例，在情节的安排上：其一，初遇，冲突设置为追求与结果恐惧；其二，追求的过程中所采取的行动，可以进行如下设计，即失败、失败、再失败，直至成功；其三，成功以及成功的契机；其四，成功之后双方的反应与动作；其五，连锁反应触及周围的人群，并引发新的反应；其六，质疑产生，不管它来自哪里，总之危机产生，悬念被设定下，冲突产生；其七，解决障碍的过程，也是冲突持续并最终消除的过程，悬念最终化解的过程，直至结局出现。这种情节排列的方式较为常见，在具体的训练中还可以进行拆分，组成新的排列形式。

第六节　主题，或思想，或深度

如果按照构思的前后顺序，主题应该占据首位，先立意，但这并不意味着主题确立后构思便宣告完成，它是写作中贯穿始终的核心。"发现、选择和揭示主题这一过程从你自由写作那一刻就开始，然后一直持续，可能到你的小说出版之后都还没有停止。小说主题就是小说的故事以及你对这个故事的思考，它是小说的核心，你的写作围绕它展开。……作者的每一个选择都会使故事的主题逐渐明了，选择的内容包括故事情节、人物、场景、对话、物品、节奏、隐喻和象征的修辞手法、视角、氛围、风格，甚至是句子的结构和标点，有时还包括排版。"[①] 由此也不难看出，主题的确立，从最初

---

① 珍妮特·伯罗薇、伊丽莎白·斯塔基-弗伦奇、内德·斯塔基-弗伦奇：《小说写作：叙事技巧指南》，赵俊海、李成文译，中国人民大学出版社，2017年版，第19页。

的立意到过程中的任何一道工序,有关描写的、人物塑造的、故事讲述的、情节的、结构的、环境的、空间与时间的……所有这些的选择、确立,乃至于训练,都会逐渐地聚焦到主题上,并最终形成一个明确的、深刻的思想主题。这个过程,与其说是选择其他写作要素,确立表现它们的方法,倒不如说它们都是从聚而形成主题的环节,唯独它们确立了,主题才能最终确立,否则将可能产生本末倒置的结果,在确定的主题下设计人物形象、故事讲述、情节排布、整体结构等,那么作品就会显得矫揉造作与生拼硬凑。

  需要再次强调的是,主题或思想在创作过程中,始终处于统领地位,但它并非生硬地施行它的统帅权力,而是因势利导、自然而然地将各个侧面导入到它的主轨道上来,这也就意味着,其他各要素完成的时候,主题也就宣布创作完成。因此,在构思阶段也好,在技能训练的过程中也好,主题并不凸显自身,而是始终萦绕着故事情节而发展,所以人物塑造、情节结构等,都在无形之中朝着一个共同的目标前进。"在完整充实的故事中,动作线的延伸——在小说中我们称作'情节'——是为主题服务的。"[1]这种关系是微妙的,也是直接的,甚至一定程度上,"不管一部小说的主题包含了什么样的思想或态度,小说都必然要用其具体和独特的模式,通过人物的经历将其表现出来。主题涉及情感、逻辑和判断——三者皆有。但表现小说主题的具体人物经历的形成模式是由每一个小说要素组成的:小说布局、角色的外貌和行为等细节、环境氛围、独特

---

[1] 克·哈特:《故事技巧:叙事性非虚构文学写作指南》,叶青、曾轶峰译,中国人民大学出版社,2012年版,第140—141页。

视角、意象、语言的节奏等"①。因此,凝练主题的过程,实际上是确立这些要素的过程。

首先,主题的凝练需要伟大灵魂的观照,也需要温润的内心,敏感且丰厚的精神。"主题是文章的灵魂,它是衡量文章质量高低、价值大小、作用强弱的主要尺度。主题又是文章的统帅,材料的取舍要依表现主题的需要而定,否则就会无所依从;结构安排也要服从主题表现的要求,遣词造句也要听从主题的指挥。"②因为主题是定基调的,一部作品的价值大小、意义几何,与写作者的道德、修养、境界紧密相连,一言以蔽之,与写作者是否修炼了伟大的灵魂是密切相关的。心思细腻、敏感等,都是伟大灵魂的侧面,即悲天悯人的情怀、推己及人的共情能力等。哈特也强调:"文学主题必然来自于作者的价值观,来自于作者对人生因果关系的理解。"③生活之所触及、之所观感,都能成为立意,伟大的灵魂就是在这立意的基础之上,围绕它而聚集起德性之深厚、品质之完美、精神之绚烂。在生活中,碰到所有的事情,悲苦的、欢欣的,可怜的、庆幸的,平常的、激烈的……所有这一切,都应用伟大灵魂进行统揽观照,从而在根本上将主题置于崇高的地位。

其次,可以通过阅读、观察,总结出主题的类型。毕竟,就思想境界而言,就主题可选择与可塑造的范围而言,从类型来归结主题,它其实是有限的。拉罗克在《写作教程》一书中,罗列了22个

---

① 珍妮特·伯罗薇、伊丽莎白·斯塔基-弗伦奇、内德·斯塔基-弗伦奇:《小说写作:叙事技巧指南》,赵俊海、李成文译,中国人民大学出版社,2017年版,第389页。
② 尹均生:《中国写作学大辞典》,中国检察出版社,1998年版,第74页。
③ 克·哈特:《故事技巧:叙事性非虚构文学写作指南》,叶青、曾轶峰译,中国人民大学出版社,2012年版,第143页。

主题:"显著的主题或典型的情节,包括探索、寻找、旅行、追求、捕获、逃脱、爱情、被禁锢的爱情、单相思、冒险、谜题、神秘、牺牲、发现、诱惑、失去或者得到身份、蜕变、转变、屠龙、下到阴间、重生和救赎。"①这里将主题总结与情节类型混为一谈,但基本的要求是要具有普遍性、深刻性、典型性等,这样它才能引起阅读者的共鸣,进而起到一部作品应该起到的教化或感染作用。

再次,生活中遇到的人、事、物,只要引起了写作者的注意,他就应该更深入地观察它,并从中凝练出主题。写作者凝练出了主题之后,对主题的展开和铺排才是更为重要的:"作者探索其小说主题的过程——一直为其操心,直至主题变得清晰,各种关系变得明确,意象和模式得以确定的过程——比读者想象的要刻意得多,不仅新手作家认同这一点,成熟作家也承认这一点。"②这种"刻意"是精心营造、丛聚、烘托、强化、凸显……而不是强行对作品的各个构成要素进行强拉硬拽。一个作家能否完成创作,主要看他能否在创作之前、创作之中与创作之后,形成对自己作品主题的关注、聚焦与反思,唯有如此才能在漫长的创作生涯中,逐渐提升主题的高度,凝聚主题的深度。

最后,主题就是写作者对生命、社会、世界,乃至于宇宙人生的独特理解,在这种理解中不存在观念的对或错、意义的大或小、价值的高与低,只存在主题能否净化人的心灵,能否维护生命存在的价值与尊严,体现人间的公平与正义。因此,创意写作与其说是一

---

① 葆拉·拉罗克:《写作教程》,转引自克·哈特:《故事技巧:叙事性非虚构文学写作指南》,叶青、曾铁峰译,中国人民大学出版社,2012年版,第144页。
② 珍妮特·伯罗薇、伊丽莎白·斯塔基-弗伦奇、内德·斯塔基-弗伦奇:《小说写作:叙事技巧指南》,赵俊海、李成文译,中国人民大学出版社,2017年版,第389页。

项技巧纯熟后的生产行为,不如说是一项灵魂修炼工程,这不仅对写作者是如此,对阅读者也是如此。作品的主题如果不能提高我们的修养,滋养我们的灵魂,抚慰我们的心理,守护我们的精神,那么它即便存在,也会很快被弃之如敝屣。也许并非每一个写作者都是奔着创作经典作品去的,但他们的努力能够保证创作是朝着历史的高度前行的。

在具体的训练中,可以按照以下步骤:其一,选择一件事情,尝试从不同的角度去凝练它所能体现出的主题意向。仍以"爱而不得"的哀伤故事为例,可以确立自由的绝对价值的主题,那么男女主人公可以选择私奔;也可以确立牺牲的主题,即在不破坏、不反对别人观点的情况下,牺牲自我以维护和谐与稳定,以尊重别人的价值观与生活方式;更可以确立宽容与慈悲的主题,男女主人公经过不懈的努力,既证明了这爱情的伟大与幸福的必然,也能促使反对者诚心地转变自己的观念。这不是大团圆解决,而是朝着宽容、慈悲而去的主体之间的互相谅解。其二,确定主题之后,设计人物形象、故事结构、环境氛围、情节布局等,以促成对主题的丛聚、集束,进而探索烘托主题的方式和途径。假如确立的主题为"自由",私奔必定要在无可奈何的情况下进行,所以情节的结构上就可以出现"三重化"方式,即不断的努力最终仍未能化解危机。也可以出现反转,证明"不正当的自由"所带来的危害,这样主题就走向了它预设的反面,故事就会变成一个浪荡子诱拐良家妇女后始乱终弃的故事了。其三,确立行文的语言风格。如果确立了"宽容与慈悲"的主题,那么风格就应该充满了温馨、体谅、宽宥、忠恕、推己及人等因素,语言的选择不应该是凌厉张扬的,也不应该是低沉哀怨的,而应该是温文尔雅、含情脉脉的。乃至于以爱人的温柔眼光,触及世界的角角落落、细尘微末，一切皆闪现着神性的光辉与绵柔的悠远。其四，可以尝试插入冲突、翻转，在最终的谅解到来之前，男女主人公历经的磨难，甚至于自我蜕变的过程，都是冲突的必然表现形式，也是深化、提升主题境界的方式。

关于主题凝练与表现的管理活动，还应该加强阅读，以及对人生真谛的反思和自我沉淀。唯独如此，才能真正让作品闪耀着光辉，引领阅读者一同抵达更高的精神世界。

第七节　一些原则：分要素训练的组织与管理

分要素写作技巧训练，不管是个人化的还是团体性的，对其进行管理，都应该遵循一定的原则。个人化的写作技巧训练，其保障机制与监督机制都依托个人的自觉性，它需要个人以超强的自觉从事每一个要素的写作训练。团体性的写作技巧训练，不但应该强调纪律性、组织性，亦即每一个成员都应定时、定量地完成训练任务，还应该建立长效的监督机制、奖励机制。在管理学领域，员工的态度与工作满意度提醒管理者，"定期客观地衡量员工的工作态度，以判断员工是如何对他部门的工作做出反应的。为了提高员工满意度，将员工的工作兴趣与其工作内容相匹配，使他们的工作既有挑战性又有趣"[1]。监督机制也好，奖励机制也罢，都是为了能够激发团队成员在写作技巧训练中有优秀的表现。当然，在具体的分要素训练组织与管理上，还应该强调团队配合、互相激发与

---

[1]　斯蒂芬·罗宾斯、蒂莫西·贾奇：《组织行为学》，孙健敏、王震、李原译，中国人民大学出版社，2016年版，第75页。

学习,任务的布置与分发得当、合理。除却这些,关于分要素训练的原则还有以下四点:

其一,循序渐进的原则。在具体的分要素训练中,宜由简入难、由表层而深层,针对写作的要素而言,宜从描写景观与人和物开始,再过渡到对人物性格的展示,渐次深入到故事结构的设计、叙述视角的锤炼、情节安排的摸索,最终达于主题凝练及提升上。首先,描写训练之所以可以作为表层要素来组织与管理,是因为它足够方便,凡是触目所及、触耳所听、触鼻所闻等皆为调动身体感官而得,且可以随时记录下瞬间的感受。其次,描写一般都不要求长度,短小精悍使得其字数可控,在有限的时间内能够及时地完成训练任务。再次,就种类、个体、独立方面来说,描写不会因为能穷尽对象而面临枯竭的问题。最后,描写不仅需要考验观察的仔细程度、语言资料库的储备、表达风格的形成等,还能够促成写作者习惯的养成,乃至于达成本能的条件反射。要经过人物塑造的训练,是因为人物塑造较之于单纯的描写更为复杂、多样,涉及外貌描写、对话书写、心理传达、性格塑造等,每一个侧面都能单独作为训练的对象。

其二,练以致用的原则。分要素训练,应该有针对性。这个针对性,一来是针对薄弱环节强化练习,以形成对缺陷的弥补;二来则是针对即将开始创作的作品作专题性的训练,以备进入具体作品创作之时随取随用。整体来说,散文的写作,需要加强描写的训练,不管是对景物的细致描摹,还是对人物,乃至于对时间的细节化呈现,描写都会在散文写作中经常运用到。小说的写作、戏剧与影视剧本的创作,则需要进行人物性格、人物心理、人物行动的针对性技巧训练,同时还要展开关于叙述视角、环境氛围、故事的时间与空间、结构的协调与架构、情节的安排与设计、冲突与悬念的布置等的技巧训练。

其三,以练为创的原则。所有的分要素训练,都是一次不折不扣的作品的创作,其结果都能够形成完整的文本,要始终树立这样的观念。因此,分要素训练就不应该是随意的、偶发的行为,而应该成为作家创作的绝对必要的行动。基于此,态度上就要认真对待任何一次训练,从预备训练到正式训练,都应该一丝不苟、严肃庄重;心态上要调整到作品写作的状态,不但要记录下任何一次训练的文字,还应该对之进行修改、完善;作品搜集上,应该进行分门别类的归档,甚至构成一个系列。实际上,蒲松龄创作《聊斋志异》,与其说是一次正规的作品写作,不如说是一次次分要素训练所积累下来的丰硕成果:它要么是对人物形象的塑造,比如《婴宁》是对人物爱笑性格的塑造,《聂小倩》是对人物命运的观照;要么是对故事的叙述,比如《考城隍》中的悬念与翻转,《促织》中对主题的凝练……由此也不难看出,分要素训练是可以结出文学创作的硕果的,不应该看轻它,也不能敷衍了事地对待它。

其四,持之以恒的原则。常练不辍,是分要素训练能够产生效果的保证。任何技能性的训练,都遵循"熟能生巧"的原则,只有在反复的、恒久的训练中,技能才会更加纯熟、入于化境。也唯有不断凸显技巧训练的成效,才能成为写作者灵魂的一部分,待到进入作品创作的过程,所有这些训练才会自然而然地体现出来,而看不出匠人痕迹与生硬嫌疑。在这一个原则下,潜藏着量变与质变的辩证关系:唯有量的积累达到一定程度,才会发生质的飞跃。哪怕是描写这一技能,都需要大量的、不间断的训练,才能做到一眼望去,瞬间就能把握住对象的典型特点。即便是主题凝练这样要求较高且更为严苛的分要素训练,也需要长期地、持之以恒地坚持下去,哪怕穷尽了所有的主题类型,只剩下同题重复的训练,也应该坚持下去。

分要素训练还有其他原则,诸如:团队协作的原则——团队成员之间可以就同一个任务进行完整的训练,也可以将同一任务进行分拆,最后合并成一个完整的作品。自我批评的原则——任何一次训练之后,都应该回过头来对训练结果进行分类、分级的评价,以确保训练能有成效,促进训练水平的提升。同题重复的原则——为达到技巧训练的理想效果,对统一技巧、统一要素进行重复性的训练,直到获得满意的训练效果。它可以是对同一个物体不同侧面的反复描写训练,亦可以是对同一个人物的性格缺点产生的不同表现的训练写作……不管什么样的原则,最终的目的都只有一个,即写作能力的提升与创意思维的达成。

尽管分要素训练不能整体提升写作能力,但把分要素的技巧训练坚持下去,就一定能够达到理想的写作能力水平。"鉴于写作具有实践性的特征,提高写作能力应该成为我们学习写作的主要目的。提高写作能力,应该认真学习典范文章的写作经验及系统的写作知识,然后通过反复的写作实践,逐步把理论转化为能力。"[1]末了,以艾拉·格拉斯的一句话作为结尾:"叙事是通向我们心灵深处的隐蔽之门。"[2]唯有经过不懈的努力,加强分要素写作技巧的训练,创意写作这扇隐蔽之门才会向我们打开。

---

[1] 尹均生:《中国写作学大辞典》,中国检察出版社,1998年版,第8页。
[2] 克·哈特:《故事技巧:叙事性非虚构文学写作指南》,叶青、曾轶峰译,中国人民大学出版社,2012年版,第139页。

第二部分

自我管理：过程与途径

第七章　写作的准备与计划

写作是难的。难就难在，许多人还未动笔，即宣布搁浅。因此，许多"成为作家"的教材喊出的第一句口号便是"开始写吧"①。被放置在这一句口号下面的，常常是被称作"障碍"的东西。"成为作家之路，不会平坦，会遇到很多苦难和障碍。或许，'成为作家'本身就是最大的一个障碍，具体表现为'作家障碍'和'写作障碍'。……作家障碍既是一个技术问题，也是一个心理问题。一是关于'作家'和'写作'的不当认知，以及由此产生的负面心理因素。"②二是写作者"将想法表述为文字时遇到的阻碍，也指不能顺畅地表达自己的现象。……作家想不出要写什么，或者知道写什么但是不知道怎么开始写，或者写到一半突然写不下去"③。由此而导致作家出现焦虑症、忧郁症等心理障碍，导致写作停滞下来。不管是作家障碍，还是写作障碍，其根源都是写作障碍，是写作过程的某一个环节出现了差错，从而导致障碍的产生：要么素材准备不充足或有缺陷，要么是人物构思上关于性格的设计还不够清楚，

---

① 现在许多创意写作教材，其第一章基本上都是由"开始写吧"构成。典型的如葛红兵、许道军主编的《创意写作教程》。在美国，同类的教材则更为繁盛。雪莉·艾利斯主编的系列创意写作教材"开始写吧"，采用分文体训练的方式，涉及非虚构文学、虚构文学、影视剧本、科幻小说、奇幻小说、惊悚小说、推理小说等。
② 葛红兵、许道军：《创意写作教程》，高等教育出版社，2017年版，第16页。
③ 于尔根·沃尔夫：《创意写作大师课》，史凤晓、刁克利译，中国人民大学出版社，2013年版，第233页。

要么是主题的凝练还比较模糊而没有确定的指向……不管是哪一个环节,只要出现差错就会导致写作过程的链条出现断裂,从而让创作者措手不及。"开始写吧"的题中之意,其一就是像安德烈·纪德所说的:"不要过分担忧这种才思枯竭的阶段,这是日常生活中常会碰到的事儿。"①其二则是不管是工坊制教学,还是团队协作,抑或是本书讨论的关于创意写作的管理,都是为了应对这一"日常生活中常会碰到的事儿"。在进行了"创意管理"相关问题的探讨之后,具体的写作过程就可以展开了。只不过,"开始写吧"并不是从动笔写下第一个字开始,而是在之前,就已经发生了。

所以我们说,开始写吧,其难处之一在于准备不足——那些奇思妙想瞬间产生,但因为没有很好地搜集、积累、管理,它只作为一个意象、一个念想存在于写作者的脑海中,距离真正的"开始写吧"相去甚远,更不要说进入真正的写作过程。在日常的那些创意管理条目下进行的训练,旨在保证一种状态去克服才思枯竭的危险,但具体到一部作品的写作,仍然需要一个精心的、详备的、完善的准备和计划。

第一节 锚定主题,构思大纲

在《你的写作教练》一书的开头,于尔根·沃尔夫就宣称:"如果你总是觉得迟迟难以动笔,那有可能是因为某种担心。而正是

---

① 于尔根·沃尔夫:《创意写作大师课》,史凤晓、刁克利译,中国人民大学出版社,2013年版,第236页。

这些担心,让很多原本天赋出众的人无法自如表达,成为作家。"①在创意管理中,分要素训练直到最后一步才涉及主题,但在个人的创意写作活动中,它却实现了翻转,成为首先需要触及的话题。因为很明显,许多预备从事创作的写作者往往会有"迟迟难以动笔"的"某种担心",绝大多数原因在于其对所要投入的创作对象没有完全的把握,甚至于只是隐约地觉察到了生活中的某一段经历,认为写出来也许会有意义,于是便有了提笔写作的冲动。实际上,从有趣到写出成品并使之有动人心魂的思想,距离相差实在太远。"某种担心"不仅仅是能否完成作品的担心,还在于写作的中途,甚至于一开始写作就产生自我怀疑,对自己所写内容的价值、意义无法笃定地给予判断。许多好的创意之所以未能顺利地转化为成熟的作品,或者中途夭折,盖因在动手创作之前,未能进行主题的锚定。尽管在写作的过程中,因为故事的发展、情节的推进、人物的塑造,主题可能会发生某种偏转,会进行一定程度的修订,乃至于彻底更换,但在正式动笔以前,锚定主题一来能促进写作者把控其笔下的人物、结构、叙述等,二来也能够奠定写作的基础,使整个创作过程以深沉的方式稳定前进,不致中途暂停或放弃。

简单来说,锚定主题有以下意义:首先,主题是写作的方向,毫不夸张地说,主题是作品的灵魂,只有拥有灵魂,作品才能真正地有生命。它从一个小小的立意开始,到最终确定为主题,其间的凝练过程集中了写作者的心血,体现着写作者对生命、社会、世界乃至宇宙天地的理解,并试图将这种理解传达给阅读者。确立主题,

---

① 于尔根·沃尔夫:《你的写作教练》,孟庆玲、伊小丽译,中国人民大学出版社,2013年版,第2页。

此后的种种才能够顺利地展开,那些写作的过程性构成、要素性构成都能汇聚在主题的旗帜之下,共同促成一个作品的诞生。主题就如一条河流的主干道,它为其他支流提供了前进的方向,并最终以合聚的方式成为大江大河,奔流不息。主题的价值和意义不言而喻:"主题是作者从自己对生活的感受和对题材的加工、提炼中产生的,是生活暗示给他的一种思想。由于文章或作品是对客观现实的反映,作者总是力图通过文章或作品来说明某个问题或表明自己的态度和看法,因此,任何文章或作品都不可能没有主题。……文章或作品的布局谋篇、遣词造句都要受它的'调遣',行文必须紧密围绕主题。"[1]因此,"主题"一词最初在音乐领域中出现时,是指乐曲中那些处于优越地位的一段旋律,即主旋律,它所表现的乃是完整的音乐思想,构成了乐曲的核心。锚定主题,作品的各要素便有了依归,安排起来也就有了指向。其次,主题能给写作者带来一定程度的"心理暗示",即作品的写作是具有重大意义的,写作行为也变成一桩崇高且庄严的事业。以至于这种心理暗示会给写作者带来正向压力,无形中以"使命担当"的方式来履行责任与义务。在心理学中,相对于"生理自我",还有"心理自我"的概念,它又被称为"精神自我",是"个体对自己心理属性的意识。包括对自己的感知、记忆、思维、智力、性格、气质、动机、需要、价值观和行为等的意识。其认知与情感体验表现为自豪、自尊或自卑、自贱,在意向上表现为追求能力、智慧的发展和理想、信仰的实现,行为注意遵从社会规范、道德标准等"[2]。在创意写作中,锚定主题能

---

[1] 庄涛:《写作大辞典》,汉语大词典出版社,2003年版,第24页。
[2] 林崇德、杨治良、黄希庭:《心理学大辞典》,上海教育出版社,2004年版,第1418页。

给创作者带来这种积极的、有效的"心理自我"的认同,从而以自豪、自尊的积极心态从事创作,进而追求作品的最优品质。

但如何来锚定主题呢？或者说在锚定主题上,有哪些有效的方法呢？在回答此类问题之前,我们需要明白,主题"不是作者头脑里固有的一种纯主观的观念,而是来源于社会生活,来源于写作者对所反映的对象的反复认知"[①]。在技巧训练部分,我们设计了相关的训练方法,但作为一个准备性的、过程性的开启写作的活动,主题的锚定仍然需要写作者针对立意,来提炼、凝聚、深化、拓展,并最终锚定主题。主题本身的确立,最初的缘由是十分复杂的,从它最初的状态来说,有两个来源方向：

其一,在对生活的观察、感知中,一些独特的现象触动了写作者的神经,敏感且有共情心的写作者便会形成一个最初的立意,即这样的素材是值得表现的。偶然性的立意的出现,是锚定主题最初的步骤,我们可以称之为"立意起始阶段"。接下来写作者要做的是对这个偶然性的立意进行全方位的考察,去质疑、批判,这是对立意的锤炼。当经受住了这样的质疑、批判,尤其是对其新颖性的考察,立意便得到确立,主题在这个时候便形成了,我们可以称之为"主题确立阶段"。从"立意起始阶段"到"主题确立阶段",在步骤上我们可以将之合并归纳为"主题的提炼"或"主题提炼阶段",如此就初步确定了写作的主题。但它还需要继续挖掘、考察、丰富,于是紧接着就是"主题深化阶段"。在这个阶段,写作者对确立的主题进行各个方面的考察,并持续推进对这个主题的理解,最初触动其确立主题的素材也许就已经显示出局限性,需要继续纳

---

① 庄涛:《写作大辞典》,汉语大词典出版社,2003年版,第241页。

入更多的素材,从而将确立的主题提升到新的高度。此一阶段的主题,经过深思之后,或更为充盈,也更为合理。"主题提炼过程中,作者认识的深入和思想的升华。又称'主题的开拓'。它必须在把握事物的典型性和真实性的基础上,通过事物的外部联系探寻事物的内部规律,透过事物的表面现象认识事物的本质意义,从而达到由物质到精神、由感性到理性的飞跃,使作品的主题经过升华而变得更加鲜明深刻。"[①]如果说"主题深化阶段"还是纯粹的写作者意念性的、理念性的思考,那么"主题发散阶段"则是考察此一主题应该如何表现,实际上是对主题从提炼到深化的逆转方向的反推。从素材的触发,到立意起兴,再到主题确定并深化,是一个从现象到思想的过程,是一个抽象概括的过程,那么从被深化了的主题出发,到这一主题被发散于各个方面,再到每一个方面得到合适的表达,则是一个从思想到现象、从抽象到具象的过程。但在锚定主题的过程中,"主题发散阶段"还不是具体的安排写作的阶段,而是让一个较为集中的主题,以化整为零的方式得到展现。只有让一个主题被分散为几个小的主题,有一个渐进的过程或进阶的模式,那么在具体的写作中就能更好地安排情节、人物、场景、结构等了。

其二,理念先行,然后倒推,再走向生活,进而修正、补充、完善主题,最终锚定这一主题。某种程度上说,这种方法类似于"主题先行",但它并非硬性地将人物、情节、结构、场景等纳入主题之中,让它们为主题而牺牲,而是要先在头脑中有一个朦胧的立意、念头,然后"通过必要的调查、采访、搜集,从所获材料中分析归纳而

[①] 阎景翰:《写作艺术大辞典》,陕西人民出版社,2002年版,第93页。

形成主题"①。这个调查、采访和搜集的过程,不是为了证明最初立意的可行性,而是用立意去经受生活现实的检验,最终获得确立而成为主题。在这个过程中,立意要经历修正、补充和完善的环节,并在这一过程中获得所需素材,从而起到事半功倍的效果。待到立意不但经受了生活现实的检验,且在生活现实中获得完善之后,这一主题即可获得确立,并进而锚定它。确立主题的过程,其实被转化为搜集素材、调整主题具体指向、安排主题的层次表达……所以于尔根·沃尔夫指出:"成功的作者都认识到,有必要让想法慢慢成熟。灵感并不仅仅意味着思想在突然之间灵光一现;它还可以指某一想法逐渐酝酿的过程:让它在我们的潜意识里生根发芽,待时机成熟时,自然浮现。"②

锚定主题之后,就是构思大纲。"一个成功的故事草稿,应该从一开始就紧紧围绕一个想法,围绕由此衍生出的一个能带来足够强大的故事力学的立意,而不是开始时围绕一件事,结果写着写着却变成另一件事。"③但并不是说,锚定了主题之后,"把一件事情写成另外一件事情"的误差就不会产生,因为如果不经过构思大纲的过程,行文就会有散乱的危险,当散乱达到一定程度,恐怕写作者本人无法控制,以至于连锚定的主题也未能得到完全贯彻。当然,这并不是说,行文过程就是一丝不变地对锚定了的主题的亦步亦趋,它允许修正、再提升或再完善,甚至直接颠覆主题,但那已经

---

① 庄涛:《写作大辞典》,汉语大词典出版社,2003年版,第241页。
② 于尔根·沃尔夫:《创意写作大师课》,史凤晓、刁克利译,中国人民大学出版社,2013年版,第24页。
③ 拉里·布鲁克斯:《故事力学:掌握故事创作的内在动力》,陶娟译,中国人民大学出版社,2016年版,第24页。

是另外一个写作过程的问题了。所谓构思大纲，就是安排锚定了的主题如何在行文中渐次被表达出来，让各种素材一步步指向并归依到主题上。在这种规划中，初步确定人物的数量、情节的安排、作品的规模、主体的架构等，构成了主要的内容。要做的事情主要有以下几方面：

其一，根据已经锚定的主题，确定适合表达主题的文体。在文学史上，有一个令人深思的现象，即众体兼备的作家都是从某一个文体开始的，或者有些作家就专攻一至两个文体。这也是为什么许多作家在文学史上被称为文学家，而有些作家则被称为诗人、剧作家或小说家。沃尔夫曾告诫写作者："或许你有写作的冲动，却不知道自己究竟想写什么。有创造性的人往往什么事都想试试，最好还是同时进行。如果写作对你来说只是个爱好，那就想方设法多尝试，随心所欲地写自己想写的各种体裁。但如果你的目标是做职业作家，那就最好集中精力、专攻一种体裁，并为此不懈努力、不断精进、成名成家。"①不仅如此，尽管从理论上来说，所有文体都可以用来表现同一个主题，但我们仍然要相信，一种主题有相应的、较为适宜的文体。换句话说，决定作品形式的不是创作者，而是内容，是主题——尤其是在锚定了的主题的指导之下，适宜的文体就相对有限了。确定文体的基本原则，是尽可能贴着主题，并且有利于表现主题。路遥在谈到《平凡的世界》创作时说："作品的框架已经确定：三部，六卷，一百万字。作品的时间跨度从一九七五年初到一九八五年初，为求全景式反映中国近十年间城乡社会

---

① 于尔根·沃尔夫：《你的写作教练》，孟庆玲、伊小丽译，中国人民大学出版社，2013年版，第15页。

生活的巨大历史性变迁。人物可能要近百人左右。"①这里首先指出文体,然后才是一个大致的框架与提纲,同时也是主题的陈述。

其二,构思作品主体架构,以及如何有层次性地实现主题的表达。即便是在这样的步骤中,也没有必要完全把具体的情况给纳入进去,而是有一个初步的、蓝图性质的规划。所以一般而言,把作品的主体框架大致确定——这就意味着,框架的每一个支架是如何的?它们是如何连接起来的?靠什么连接起来?大概有多少个人物?主要人物的素描画像是如何的?时间背景与空间背景是如何的?乃至于主要的故事线条要如何设计?"提前构思小说的时候,你可以尽情地做笔记,设计人物表、故事大纲、城市地图、人物服装设计图、能引起回忆的照片和能够得到鼓励的箴言。"②

其三,构思大纲需要注意的几个问题。首先,不必把框架限制得太过于死板,要留有充分的余地,以便在写作中能随时发挥瞬间的智慧,保证主题在展现过程中行文的弹性、张力。"并不是你准备越充分,写出的小说就越好,过多的准备工作有时反而会让写作停滞不前。"③这就是因为规划过于死板、僵硬,而限制了写作过程中才华的发挥。其次,可以先行对故事情节做一个梗概④。这个故事梗概写出来之后,最起码要让自己信服,且愿意读下去。要知道,行文过程往往会转化为对故事梗概进行丰富、增添、扩展的过

---

① 路遥:《早晨从中午开始》,北京十月文艺出版社,2012年版,第11页。
② 克里斯·巴蒂:《30天写小说》,胡婷、刁克利译,中国人民大学出版社,2013年版,第60—61页。
③ 克里斯·巴蒂:《30天写小说》,胡婷、刁克利译,中国人民大学出版社,2013年版,第60页。
④ 这里的讨论主要以小说写作为主。散文、戏剧、诗歌的写作道理是一样的,只不过其主线略有差异。

程,故事梗概的吸引力、主题表达到位,也就意味着整个作品在写作上行走于正确的道路上了。按照不同文体的要求,故事梗概还可以是散文写作中的"情感线"或"情感发展路线图",戏剧写作中的"分幕式导览",非虚构写作中的"人物或故事的模块化说明"……一目了然,简洁有力,是对这一步骤的要求。最后,尤为重要的是注意部分和部分之间的转折与衔接。转折与衔接,其实是为了增强作品的曲折性、吸引力与层次性。在转折中,读者会被作品带着去体验那些突如其来的感受;衔接则让读者的哀伤失落或欣喜欢呼得以持续,或者得到缓解。有人也建议写"分析型情节概要",然后列出"开头、中间、结尾,再加上故事中其他重要事件,都应该展现出来"[①]。这也算是一种整体的大纲了。

锚定主题,构思大纲,只是写作起步阶段的重要准备。一俟这一项工作完成,更加细节性的东西就要紧跟着加入计划中。在这些准备之中,网罗人物与编织情节的重要性,就凸显了出来。

第二节　网罗人物,编织情节

为何在"锚定主题,构思大纲"之后,紧接着要展开"网罗人物,编织情节"的讨论呢？这是因为,一来这里的讨论以小说这一文体为主,二来也是意在彰显在写作过程中,哪怕是散文写作乃至于剧本创作,人物与情节都是相对而言较为重要的一方面。弗雷就强调:"如果你不能塑造出在读者心目中活灵活现的人物形象,那你

[①] 罗伯·托宾:《好剧本如何讲故事》,李子译,中国人民大学出版社,2015年版,第118页。

就不可能创作出令人拍案叫绝的劲爆小说。人物形象对于小说家的重要性,就像木料之于木匠、砖石之于泥瓦匠一般。人物形象是小说的基石,小说的构思就来自于此。"①历来的小说作品,给人留下深刻印象的人物,都会是首先被提及的。且不说猛张飞、莽李逵,即便是贾宝玉和林黛玉也足以令人念念不忘,更何况还有安娜·卡列尼娜、于连、包法利夫人、艾思梅拉达等人物形象。成功塑造了鲜明人物形象的作品,总能在文学史上留下其名,而且由他们的动作而引发的情节、故事,则随着人物而被重点阅读:于连的爱情与奋斗,安娜·卡列尼娜的追求自由与富有生命力的生活,李逵坐堂,张飞断桥,宝黛爱情悲剧,包法利夫人为追求上层生活欠下巨额债务被逼自杀,外表丑陋却内心善良的卡西莫多……因此有研究者直接总结出了两种小说作家:"人物驱动型小说家是通过从主要人物身上找到故事来学习设计情节的。情节至上型小说家是通过发现主要人物发生变化的情节学会创造有现实感的人物的。"②当然,人物与情节是密不可分的,它们互相牵动、互相成就。

就构思来说,网罗人物意味着写作者需要为自己的主题找到合适的演员,这样的演员可以完全是虚构的,也可以是来自生活。在寻找到合适的演员之后,写作者应该围绕人物来设计、打造合理的情节,层层推进对主题的展现。一般来说,塑造鲜明的人物形象,就准备阶段而言,需要对以下几个方面提前安排:

---

① 詹姆斯·弗雷:《弗雷的小说写作坊:劲爆小说秘境游走》,许峰译,中国人民大学出版社,2015年版,第3页。
② 杰夫·格尔克:《情节与人物:找到伟大小说的平衡点》,曾轶峰、韩学敏译,中国人民大学出版社,2014年版,第8页。

其一，寻找人物原型。在中国传统的写作理论中，所谓原型，"又称'模特儿'。在文学创作中，指作者塑造形象时所依据的真实人物。运用原型塑造人物，是创作活动中常用的典型化方法"①。实际上这种解释提供了对原型含义的一种理解方式，所谓网罗人物，一方面指的正是这一类能够从生活中直接找寻到的小说人物的形象原型。这样的人物自身也许并不需要携带"充足的戏剧性"，其作为一个人物原型乃是因为符合了主题的要求。但随着精神分析学的诞生，尤其是在群体精神分析学的理论中，原型的改变发生了一定程度的偏转："原型（archetype，prototype），事物的最初模型……在创造思维活动中，指具有启发意义的事物，通过它，可找到解决新问题的方法和途径。在认知心理学中，指某类客体的基本成分，或共同特性的一种抽象形式。"②由此而出现了原型思维、原型意象等概念。不过，就单纯在创意写作领域，这一概念继承了心理学的含义，但又有所拓展与修正："对心理学家来说，原型就像一种心理指纹，能够揭示病人的人格细节。对创作者来说，原型就是构造栩栩如生人物的蓝图，不管是主角还是配角、正面形象还是反派角色。"③基于此，我们也不难看出，网罗人物，一方面要从现实生活中寻找到合适的"模特儿"，这当然并不意味着这个原型是完全符合主题要求的，而是指在精气神上与之有一定的契合度。毕竟，人物的塑造需要各种综合性要素，不但是现实因素的综合，也有虚构作用的烘托。在这个意义上，原型就是一个最初的形象

---

① 尹均生：《中国写作学大辞典》，中国检察出版社，1998年版，第26页。
② 林崇德、杨治良、黄希庭：《心理学大辞典》，上海教育出版社，2004年版，第1613—1614页。
③ 维多利亚·林恩·施密特：《经典人物原型45种：创造独特角色的神话模型》，吴振寅译，中国人民大学出版社，2014年版，第5页。

蓝图，它需要后续的补充和完善。另一方面，在找到这样的原型之后，还应该迅速根据锚定了的主题，给予这样的人物形象以"原型的意义"，即这一人物形象在原型的、类型的范畴中是属于哪一类的？这样的追问是为了彰显出人物的核心定位，也是为了此后对人物性格、行为等的设计做铺垫。从生活中来，在原型中定性，到作品中再丰富，这是确定人物原型的原理与规则，也是其意义所在。

其二，给予人物以性格，或从原型出发构建人物性格。当人物原型确立之后，在构造此一人物形象的过程中，首先要关注、丰富的就是性格。"性格（character），与社会道德评价相联系的人格特质。即后天形成的品格。如诚实、坚贞、奸诈、乖戾等可作善恶、好坏、是非等价值评价的心理品质。"[1]在作品写作过程中，可以确定为性格的侧面非常多，但要凸显性格中最重要的一面，即与主题相吻合的那一面。唯独人物性格确立了，整个写作过程的其他侧面才能顺着这条主线进行下去——什么样的性格会产生什么样的欲望；什么样的欲望会促成什么样的行动；什么样的行动会带来什么样的情节。性格是人物行动的内在推动力，是情节发展的核心要素。因此，"小说的完美人物就像洋葱，他们是有层次的"，主要人物的层次依次表现为：核心性格，外在属性，人生重大事件与文化，人物的心理历程、人物的可爱之处，他人眼中的人物，言行举止和话题等。如此一来，"首先我们要找到人物的核心性格，接着我们要为他的核心性格做些点缀装饰，追寻人物性格发展弧线的每一部分"[2]。核心性格依据主

---

[1] 林崇德、杨治良、黄希庭：《心理学大辞典》，上海教育出版社，2004年版，第1461页。
[2] 杰夫·格尔克：《情节与人物：找到伟大小说的平衡点》，曾轶峰、韩学敏译，中国人民大学出版社，2014年版，第12—13页。

题定下来,其次要的方面、行动的展开,也就可以接着进行规划了。

其三,再现人物的心路历程。叙事类作品的写作其实就是人物心路历程的展现。尤其在意识流小说中,人物内心的经历才是最真实的部分,所以心路历程也就成为作品唯一要表现的对象。但无论传统的人物塑造方法,还是现代小说的写作方法,对人物心路历程的展现已经不仅仅只是某一个侧面,其行为、言语、情态……这所有的一切都是心路历程的表现方面。纯粹地对心理进行描写,只是这种心路历程塑造的一个方面罢了。为了达到这样的效果,可以采取如下方式:一是使之遭遇痛苦——"痛苦是一把双刃剑。遭受苦难的人物与施加痛苦的人物都更让人难忘、更重要"[①]。承受痛苦是展示性格的重要方法,因为在遭遇痛苦以及处理痛苦的过程中,人物的性格会以各种方式展示出来。这个痛苦可以是生活中的小事情导致的,也可以是直接威胁生命的痛苦,比如牺牲、抗争、忍耐等。二是给人物设置困境,尤其是艰难选择的困境。有冲突,故事才会彰显出应有的力度,人物对困境的处理,越是挑战其性格底线,越是能够使人物形象饱满。三是给予人物性格以倾向性,即其所坚守的底线,甚至这种坚守是一种公然的可笑行为。"你需要弄清楚这个角色最看重的东西是什么,不仅是为了告诉我们他是怎样的一个人,更是为了在他争取目标的时候,通过把他最关心的东西,放置在危险中来设置障碍。一个角色可能很想达成自己的目标,但更愿在意朋友的生死,他可能会为了拯救

---

① 奥森·斯科特·卡德:《人物与视角:小说创作的要素》,李菱、郑炜译,中国人民大学出版社,2019年版,第93页。

朋友的性命,而让目标从手里溜走。"①放弃优越性,或者牺牲自我而成全别人,这本身是对人性的一种考验,更能激起阅读者的感受。四是适当铺排、交代人物性格养成的过程。这一点已经在前文有所涉及,但在具体行文之前对人物心路历程做设计,更强调对情节曲折性的安排,以及对主题的回应。

某种程度上可以说,人物确定之后,情节基本上也就能够沿着人物所设定的线索来推进了。在人物塑造上,有一个不成文的原则是:"最优秀的小说往往是讲述某个人物在某一方面的深刻变化。"②恰恰是这种"深刻变化",构成了一篇作品的核心情节,这个变化的过程就是由许多个具体变化的情节链条组成的。再进一步说,行文的过程其实就是情节逐步展开的过程,如此也就可以看出情节设计的重要性了。"一旦确定了情节模式,你就获得了引领行动的动力;一旦确定了人物(在情节模式中行动的人)模式,你就获得了了解你所塑造人物内心和动机的动力。"③整体上来说,我们可以将关于情节的准备分为如下几个步骤:

第一个步骤,确定情节类型。确定情节类型有两个重要前提:其一,锚定的主题决定了对情节类型的选择。不管是人物塑造,还是情节构思,都是为了更好地表达主题。一俟主题确定下来,人物的选择也就有了依据,情节规划同样有了依据。沿着主题所给定的方向来构筑情节的整体框架,是写作之前应该着手的重要准备。

---

① 维多利亚·林恩·施密特:《经典人物原型45种:创造独特角色的神话模型》,吴振寅译,中国人民大学出版社,2014年版,第9—10页。
② 杰夫·格尔克:《情节与人物:找到伟大小说的平衡点》,曾轶峰、韩学敏译,中国人民大学出版社,2014年版,第57页。
③ 罗纳德·托比亚斯:《经典情节20种》,王更臣译,中国人民大学出版社,2015年版,第9页。

其二，确定的人物影响着情节类型的选择，因为不同的人物性格会产生不同的行为方式，这些行为方式产生的后果对情节构成了一定程度的作用。尽管情节可以独立发展，但违背常理、常情的人物行为会显得刻意、呆板而又幼稚，如果为了情节而修改人物性格，那势必引起更大规模的对人物性格的重塑。许多人认为，将情节类型化，有创作简单化的嫌疑，且不利于写作者创新。但对于这一步骤，写作者应该知道：情节类型给予写作者的是一个选择的方向，或情节发展的大概思路，而不是为了框定情节，甚至将之僵硬化处理。

第二个步骤，细化情节或分解故事的情节段。这一步骤是为了更为周密地、完整地将行文过程进行设计、安排。细化情节，是在主题指向下、在人物的性格配合下，按照情节类型来对之进行详细安排。这一安排并非是硬性的规定，因为在具体的情节发展过程中，也许会出现对情节类型的修正、补充乃至于颠覆。这里的细化，可以遵循"由大到小"原则，即首先安排基本情节，也即主要情节，然后主要情节之中安排次要情节，如果有必要再于次要情节中安排次次要情节，甚至可以将具体的情节分解为一个场景、一个动作、一句话。当然，这样已经可以算作一幅十分详尽的情节细化的蓝图了。另外，细化情节还要注意"合情合理"原则："编织情节，既要发挥奇特的想象，使情节丰富、生动、巧妙，引人入胜，又必须符合人物性格逻辑和生活的逻辑。情节具有完整性和连贯性，一般由开端、发展、高潮、结局四个部分组成。有的作品前有序幕，后有尾声。"[①]这其实要求情节的发展要符合逻辑，既有事实逻辑、物理

---

① 尹均生：《中国写作学大辞典》，中国检察出版社，1998年版，第491页。

逻辑，也有情节本身固有的逻辑，以及写作者表达的逻辑，甚至故事人物的情感逻辑。"纵使最为荒诞不经的幻想故事，其推进也应建立在给定的前提基础上，步步为营。多数情况下，要是你所写的一连串事件不合逻辑，由此造成的纰漏，没有几个读者会视而不见的，而编辑就更不用说了。"①

第三个步骤，将众多情节排布形成一个完整的故事。情节排布考验写作者的叙述技巧，仅仅在叙述顺序上，就有诸多选择。到底该如何安排情节的结构，也就成了情节构思中重要的步骤。中规中矩地来安排情节，"简单来说，初始状态是小说主人公出场。在故事开端，我们同人物一起遭遇他的心结。诱发事件是把人物推上心路历程的诱因。激化阶段是新旧两种选择的冲突不断升级，最后是关键时刻。关键时刻的选择决定了人物的最终状态，人物在小说结尾处的样子。"②情节布局应遵循的原则，就是：一是有利于展开主题，有利于塑造人物；二是尽可能地吸引读者，平稳的情节布局往往会造成庸常的感觉，因此在情节布局上多一些别出心裁，或不按常理出牌，是较容易出彩的。

整体上来说，写作的准备阶段，就内容的构思、安排而言，其大致的思路为："主题→人物→性格→行为→情节→结构"。如此来进行写作前的准备，是较为成熟的构思与计划大纲了。但是到这里，准备其实并未完成，还有许多基础性的工作需要做。比如风格的确立，在即将开始之前对自己的诘问、反驳乃至于质疑。这一步完成之后，基本上"开始写吧"的步骤可正式宣告登场。

---

① 许道军：《故事工坊》，中国人民大学出版社，2015年版，第158页。
② 杰夫·格尔克：《情节与人物：找到伟大小说的平衡点》，曾轶峰、韩学敏译，中国人民大学出版社，2014年版，第80页。

第三节　确立风格，并追问几个问题

成为作家意味着什么？或者，如何才能算作是成为一名作家？它的标准与尺度是什么？按照平常的理解，一个出版了个人作品、以写作为生的人，可以算作一名作家。但情况远非如此，许多人出版了自己的个人作品却仍然名不见经传、没有人将之称为作家；有些人只写了很少的作品，但仅仅一部作品就使之成为"著名作家"，典型者如曹雪芹及其《红楼梦》，更典型者如张若虚与他的《春江花月夜》。这时候我们就不得不重新思考，"成为作家意味着什么"？这里凸显的即风格。如果按照布封的界定，"风格即人"，就是对自我的德性与品质的修炼，由此让作品自然而然地带着自我的属性，风格便于焉可见。"风格即人"，这是一个根本性的问题。

按照一般写作学的解释，风格是"作家在文章中所表现出来的特色和个性。不是所有的作家、所有的作品都有自己的风格，只有成熟的作家、独具特色的作品才有。风格不仅受制于内容诸因素，也受制于形式诸因素。一些作家，由于生活经历、艺术修养、性格爱好的不同，在处理材料、表现主题、运用语言等方面也不相同，这就形成了各自的风格。风格是从内容到形式的完整统一的表现"[①]。排除个人德性与品质的本质性因素影响，促成风格形成的乃是作品的"内容与形式"的完美融合与统一，它首先是一种语言风格，然后是一种题材风格，接着还是一种叙事风格，甚至它也是

[①] 尹均生：《中国写作学大辞典》，中国检察出版社，1998年版，第529页。

一种行文风格——有些作家偏爱用对话推动故事向前发展,有些作家则恰恰相反,通过叙述者来推动故事前进,而把对话简略到最少的程度。无论如何,"重要的是发现你自己的风格、自己的节奏,这样你天性中的每一个元素都能对你成为一名作家有所贡献。研究你所写的东西,要从中发现一些想法能够给你提供一个好的明显的思想萌芽,可以让你写出一个短篇小说、一个拉长的逸闻趣事,或者一篇小散文"①。发现自己的风格、节奏,并将之确定下来,要根据每一个具体要写作的作品主题与内容来厘定风格表现,要在具体的形式上、内容上,给即将要写作的作品进行"定调"。因此,"确定风格"就是给行文"定调",尽管它偏向于形式方面的规定,即语言风格、叙述风格、行文风格,但也包含内容方面的规定,即题材风格、故事风格,乃至于情节风格、人物风格。

  按照行文之前的准备与计划原则,确定风格主要从以下几个方面进行:其一,语言风格。语言风格因人而异,尤其与写作者的词汇量积累、阅读的丰富程度等有关。具体到一部作品的写作,语言风格所指其实是写作者对语言的把控,若内容的基调是悲伤的,可以考虑以喜写悲;也可以以悲写悲,语言的风格则随着这种定调的方式而得以确定。悬疑、科幻、言情、武侠等类型的不同,也决定着语言风格的不同。形式上来说,所谓语言的风格,是"文句的长短、散整,语势的急徐、直曲,字音的响沉、抑扬在文句中交替使用,使文章声势出现的有规律的变化。……形成语言节奏的方法有:(一)使句式骈散交错,长短相间。文句有长、有短、有整、有散。

---

① 多萝西娅·布兰德:《成为作家》,刁克利译,中国人民大学出版社,2011年版,第111页。

（二）注意字词、平仄的搭配。平仄搭配得当，错落有致，便能形成一种自然流畅、节奏鲜明的音韵美。（三）利用押韵形成节奏。押韵，可以形成声音的回环，从而造成铿锵悦耳的美感"①。鉴于汉语的独特魅力，长短使之错落有致，骈散使之节奏俨然，平仄与韵律使之悦耳动听，乃至于联绵词使之音调和谐，典故使之幽深弥远，成语使之富含典雅，歇后语则俗中有美，谚语又能使之充满智慧……这些都是在"定调"时可以预先考虑的。"语言锤炼技巧的不同，也会形成诸如刚健、柔婉、典雅、冲淡、绮丽、狂放等不同的风格。语言风格是形成写作风格的一个基本要素。优秀的、技艺成熟的作者，都是在广泛学习的基础上，刻苦锤炼，提高素养，以求达到思想情感与表达方法的和谐，并显示自己独特的语言表现个性。"②就语言风格来说，"定调"最主要的乃是确定语言使用的具体格调。

其二，叙述风格。如果说语言风格主要指具体语言呈现出来的风格，绮丽的还是典雅的、淡泊的还是浓烈的、修辞的还是平实的……那么叙述风格则意味着写作者必须要考虑，叙述者如何选择？叙述语调如何调用？叙述视角如何确立？叙述节奏如何把控？确立了叙述者之后，就可以确定叙述语调了，此外还有"多重第一人称叙述视角""对谈型第一人称叙述视角""交替多种叙述视角"……叙述视角的不同，会带来对故事展示的曲折性、意蕴性等多重影响。

其三，人物风格。故事风格与题材风格，受制于其所属的类

---

① 阎景翰：《写作艺术大辞典》，陕西人民出版社，2002年版，第120页。
② 庄涛：《写作大辞典》，汉语大词典出版社，2003年版，第810页。

型,行文风格甚至情节风格则与形式上的风格关联较大。人物风格却独立于此两者之外,拥有较大的自由度。人物风格会导致故事风格的变化,或者会影响情节风格的基调,因为人物风格会推动人物行事风格的确立,再奠定此人的整体风格。

至此,行文的技术性准备基本上可以宣告完成了。但是否就可以由此动笔进行写作了呢?即便抛开具体的写作计划不说,在完成了"锚定主题、构思大纲""网罗人物、编织情节""确立风格、定调"之后,仍然存在一个"本质性追问",这个根本性的追问可以化为几个问题,以便自我质疑、自我反驳、自我否定。经历了本质性追问的环节之后,写作者仍然可以继续推进,这就意味着一篇作品的写作排除了最大的危险,成为"烂尾楼"的可能性也大幅降低了。

自我追问的第一个问题是:"为什么一定要写?"这个对自我的质疑、反驳、否定,实际上不仅仅是对主题的批判性思考,也有对人物形象、情节构思、行文风格等各方面的自我省察式的反思。首先,作品值不值得写,这事关其存在的价值问题,也即主题的确定是否合理,是属于从未有人触及的思想命题,还是即便已经被书写了千万次,但仍有开发的可能性。其次,拷问人物形象的构造是否为文学史的谱系中增添了新鲜的血液?是否为阅读者提供了一个个性鲜明、经历独特、令人眼前一亮的人物形象?能否依据这样一篇作品,通过此一人物形象而获得对生活的新的理解?再次,情节哪怕降到最低层次,它是否提供了一个耐人寻味的故事?如果是一个老套的故事,既没有新颖的立意,又没有新形象,那么它的存在价值会受到严重的质疑。最后,哪怕以上各种都乏善可陈,但写作者却从审美的意义上提供了一份完美的文本,即在语言风格上、行文风貌上,带给阅读者以审美性的阅读体验,那么它仍然可以继续推进。

自我追问的第二个问题:作品写了之后会怎么样?这是一个写作目的的问题,也是一个关于作品价值和意义的问题。阅读者读过了作品之后,会有什么样的收获?这是为读者、写作者常追问的问题。于是有人回答,"说到底,作品最重要的不是作者的哲学观点(不管怎样,这些观点都将呈现出来),而是人物的命运及这些人物的做人准则,或慷慨,或固守诚实,或吝啬,或怯懦,在特定情况下对他们的益处和害处"①。作品不是教科书,也不是人生道理的宣谕手册,而是用生动形象的人物与曲折动人的故事,对读者产生影响。写了之后怎么样?即能与阅读者沟通,经由沟通达成一种借助文本而来的理解、交流。当然,也会有另外一种意义,即写作者本人通过写作获得了自我疗愈。在心理学领域,写作疗法(writing therapy)作为一种心理治疗方法,是在实际运用中较为常用的方法,范里普尔于1958年首先将之应用于临床:"口吃患者在书写方面的经验可使口吃的频度和严重程度明显减轻,以使其能清楚地用语言表达思想。后又用于失语症患者的康复治疗,对他们按字母、词、句子的顺序进行训练。"②如此,写作的意义就更在于写作过程中的"疗愈意义"。创意写作本身的兴起,与二战之后美国社会"应对战后军人战争创伤"③有关,这其中回忆录写作、非虚构写作尤为突出。"讲出你的真相——那些痛苦的,那些欢乐的,

---

① 约翰·加德纳:《成为小说家》,孟庆玲、伊小丽译,中国人民大学出版社,2016年版,第44页。
② 林崇德、杨治良、黄希庭:《心理学大辞典》,上海教育出版社,2004年版,第1383页。
③ 葛红兵、许道军:《创意写作教程》,高等教育出版社,2015年版,第2页。

还有介于两者之间的——是让作品成功的重要因素。在写作的过程中给你带来欢乐的也是这种对真相的讲述。"①通过写作，内心的创伤得到疗愈，悲观的情绪得到宣泄，甚至于那些令人抑郁的记忆也得到排除。

不管是对于自我还是他人，只要写作确立了其存在的价值，那么所有对自我的质疑、反驳、否定等，都会变成一种坚定：坚信这种写作是必须的！准备至此，写作就可以宣告开始了。

第四节　写作日程表：计划的制定与实施

写作中之所以会产生"烂尾楼"的现象，一个表面的理由是写作者太过于忙碌。生活之中，因"忙碌"而缺乏时间，导致写作不能坚持下去的情况比比皆是。但协调写作和忙碌的工作以及社交生活之间的关系，实则是写作者应该具有的一项技能。在这种状况中，"时间管理"的重要性就凸显了出来，这其中写作者应该提前准备"写作日程表""写作计划表"。克莉·梅杰斯就曾交代自己受困于日常教学活动与社交生活等而耽误写作，后来听取了别人的建议后，发现"真的需要做一个好的计划书，并且把我一周内计划写作的时间段都清楚地记录下来。只有写作的时间越规律，我写作时才越不容易被别的事情分心。……计划的好处就是：我能够更快速、高效地完成更多任务，因为我不得不这样做。假如说没有每周写作6小时的计划刺激，我很可能就不会把批改试卷的时间从1

---

① 朱迪思·巴林顿：《回忆录写作》，杨书泳译，中国人民大学出版社，2014年版，第61页。

小时减到20分钟"①。关于计划的优点,无须多进行罗列,它其实属于管理学的一个较为核心的问题,就写作者个人的写作任务计划来说,虽然不同于团体、组织、公司等,但计划仍能发挥作用,且在规约、督促写作者的写作进度上,有着更为突出的效果。

在管理学领域,"在为群体中一起工作的人们设计环境,使每个人有效地完成任务时,管理人员最主要的任务,就是努力使每个人理解群体的使命和目标以及实现目标的方法。如果要使群体的努力有成效,其成员一定要明白期望他们完成的是什么。这就是计划工作的职能……计划包括确定使命和目标以及完成使命和目标的行动;这需要制定决策,即从各种可供选择的方案中确定行动步骤"②。很明显,计划包含两部分,一部分为"使命和目标",另一部分则是达成此一使命和目标的方式方法、行动步骤、阶段任务等。所以罗宾斯如此界定计划:"计划(planning)设定目标,确定实现这些目标的战略,并且制定方案以整合和协调各种活动。计划既关注结果(是什么),也关注手段(怎么做)。"③也是在这样的意义上,我们说写作日程表的制定,计划的确定与实施,是相当重要的环节。甚至有研究者认为:"计划既是决策所确定的组织在未来一定时期内的行动目标和方式在时间和空间的进一步展开,又是组织、领导、控制和创新等管理活动的基础。"④基于此,"计划分为:

---

① 克莉·梅杰斯:《写作是什么:给爱写作的你》,代智敏译,中国人民大学出版社,2015年版,第10页。
② 海因茨·韦里克、哈罗德·孔茨:《管理学:全球化视角》,马春光译,经济科学出版社,2004年版,第75页。
③ 斯蒂芬·罗宾斯、玛丽·库尔特:《管理学》,刘刚、程熙镕、梁晗等译,中国人民大学出版社,2017年版,第198页。
④ 周三多等:《管理学:原理与方法》,复旦大学出版社,2018年版,第164—165页。

(1) 使命或宗旨;(2) 目标或目的;(3) 战略;(4) 政策;(5) 程序;(6) 规则;(7) 方案;(8) 预算"①。落实在个人写作计划之上,这些类型中的一部分是不适合的,于是在内容上,"5W1H"的模式就凸显出来:"What——做什么？目标与内容。Why——为什么做？原因。Who——谁去做？人员。Where——何地做？地点。When——何时做？时间。How——怎样做？方式、手段"②。就个人的写作而言,主要是空间、时间与方式三个方面。

第一,空间,即在什么地方写作的问题。它不是一个简单的寻找处所的问题,如果处置不当,甚至会直接打断写作,让处于喷涌状态的文思瞬间被阻拦,再要续上如泉涌一样的文思,则需要耗费远比寻找一个合适的空间更多的时间与精力。因此,在写作之前,需要固定一个空间,不一定非要是僻静的、安闲的,但一定是符合写作者的心境与要求的。写作是内在的事情,但完美的写作环境、仪式及支持写作心境的条件,这些看似外部的要素,同样会非常明显地影响写作的过程。因此,沃尔夫建议:列出你对写作环境最低的要求,还有你想要的写作条件,包括写作地点的特征(有无噪声？有无风景？诸如此类)。再列出能激发你创作灵感的物体。确保你至少能满足自己最低的要求,同时慢慢达到自己最佳的写作状态③。这并不是写作者矫情,而是写作的状态要求写作者必须要挑选一个合适自己的空间,至于写作时是伴随着莫扎特的音乐,还是禅意袅袅的茶烟,那则是根据每一个人的不同习惯来定的。独特

---

① 海因茨·韦里克、哈罗德·孔茨:《管理学：全球化视角》,马春光译,经济科学出版社,2004年版,第76页。
② 周三多等:《管理学：原理与方法》,复旦大学出版社,2018年版,第165页。
③ 于尔根·沃尔夫:《创意写作大师课》,史凤晓、刁克利译,中国人民大学出版社,2013年版,第208—211页。

的空间保证了写作的连贯性,能让写作按照固定的计划准时地完成作品创作,否则陷入日常琐碎的环境中,时刻被牵引、打扰,不但会让写作者心烦意乱,且会打乱固有的写作节奏。

第二,时间,即何时开始写作?多长时间内完成多少目标任务?一天的时间如何安排?这是"时间管理"的命题。"1天有24小时,1周有168小时。有时候你会发现,一段时间匆匆过完我们却没有任何感觉,就好像时间远远少于实际的长度。"①产生这种感觉的本质,乃是任务与活动过多,导致时间被分割。因此,时间管理的研究者都宣称,一天之中尽量少安排事情,以便自己的注意力不被分散,时间不被分割成碎片。但也许现实情况正好相反,不是事务规划太多而导致分心,而是日常琐事本身就有这么多,"时间碎片化"是一个不得不面对的现实,写作者该如何规划自己的时间表?"无论杂物堆得多高,日程排得多满,如果能在繁乱生活的另一端看到自己极其需要的东西,那么突破口就在眼前。"②因此,写作者制定计划表的第一步是要明确一些日常必需的事务,凸显那些真正急于处理的事务,然后进行时间规划。"想要做到高效的时间管理,首先应该要对自己手头的工作进行一定的划分,知道应该将自己的主要精力放在哪些事情上,知道应该先做什么。"③将所有工作的、生活的事情分为轻重缓急,充分利用一天的时间将之处理好,剩下的时间则可以固定为纯粹写作的时间。第二步是在每日的繁忙时间中,找到固定的时间段来进行写作;生活与工作过于繁

---

① 杰夫·戴维森:《10分钟时间管理指南》,贾宁译,世界图书出版西安有限公司,2013年版,第2页。
② 朱莉·摩根斯坦恩:《如何高效管理你的时间和空间》,陈燕茹译,重庆出版社,2010年版,第24页。
③ 刘志则、白杨:《时间管理》,台海出版社,2019年版,第9页。

忙者,可以进行一周之内的时间规划。有些写作者习惯于夜间进行创作,那时可以把所有的烦心事都拒之门外。但它关系到作息问题,因此必须将之调整在合理的范围内,在不打破自我作息规律的基础上,自主设定夜晚写作时间的长度。第三步,规划时间的要义,在于掌握生活、工作与写作等诸项事务之间的顺序与时间调配。有一个较为适用的方法,就是"时间分割法":"在规划之初,我们就要对时间进行分割,要求自己在恰如其分的时间点完成某个节点性的任务,这样一来,抽象的时间就变成了一个个近在眼前的时间点。在这样的情况下,人自然而然就会产生紧迫感促使自己行动起来。"①第四步,任务的分割与时间的分割紧密配合,且时间任务的安排尽量长期化。根据写作任务的体量,将之做一个综合的、长时段的规划,然后再细分为次一级的任务量,大概进行三次划分之后,任务就可以达到最小化。把任务分割与时间分割匹配起来:一部长篇小说的写作,可以规划为"五年计划";长篇小说如果分为三部的话,那么每一部创作为 1 年 8 个月;每一部分的任务量,再细分为半年、季度、月、周,直到分割到可以安排在一日期限内可以完成的程度。

第三,方式,它包含两方面的要务:其一,实际操作上的方式问题。写作者是采取手写的方式来完成任务,还是采用电脑打字的方式来完成? 在当今的时代条件下,电脑写作的效率更高,但有些写作者习惯于手写。其二,时间上的方式问题,即每日任务完成的规定节点,或如何保证每天能完成既定的工作量。许多人利用时间的方式是"见缝插针法",任务量的完成方式就转化为阶段性的

---

① 刘志则、白杨:《时间管理》,台海出版社,2019 年版,第 109 页。

目标达成；有些人则喜欢集中精力办大事，那么零碎的时间被安排来做琐事，待到所有这些事情完成，再来全力攻坚写作任务量。

最后，需要再次强调计划的重要性，即"任务量化式写作日程表"①的必要性：第一，计划为管理者和非管理者提供了指导。第二，计划通过迫使管理者展望未来、预测变化、考虑变化的影响以及制定前档的应对措施，降低不确定性。第三，计划有助于最小化浪费和冗余。第四，计划确定了控制所采用的目标或标准②。写作者准备进入写作之前，"任务量化式写作日程表"的制定，是保证写作成功的重要措施，将时间要素、空间要素、方式要素配合起来，形成高效的写作进程计划，是其达成写作目标的保证。

---

① 关于"任务量化式写作日程表"，我们此后还会涉及，这里只简略提及。
② 斯蒂芬·罗宾斯、玛丽·库尔特：《管理学》，刘刚、程熙镕、梁晗等译，中国人民大学出版社，2017年版，第198—199页。

第八章　困难与危机管理

在写作过程中,即使前期准备较为充分,但在进入正式的创作过程后,仍会遇到各种各样意想不到的困难,甚而创作过程本身就充满了危机。如何应对这些突如其来的困难与危机,成了完成一部作品亟须处理的问题。

往往在一开始写作之时,写作者会觉得一切都很轻松,"万事开头难"的窘境不曾来临,他只需要将头脑中的奇思妙想、优美语句记录下来,作品即可宣告完成。有人就指出:"写作的第一周是热情和创造力大爆发的一周。长久以来,你的想象力和创意都没有得到发挥和释放,你一直都旁观别人的创新和努力。现在让你大展身手的机会终于来了。毋庸置疑,你的想象力肯定会特别活跃。那些关于小说人物和情节的构思,在你的头脑中翻腾,你不可能把这些奇思妙想安排得井然有序,因为不同的想法彼此竞争,让你的思绪波涛汹涌。"① 这是最佳的写作状态,文思泉涌,一切都按照既定的轨道顺利前进。写作中确实会存在一种心理上的暗示与情绪高涨的阶段——心理暗示是因长期准备而信心十足,即创作者会在自信的引领下欢快地写作而不会感到疲惫与焦虑;情绪

---

① 克里斯·巴蒂:《30天写小说》,胡婷、刁克利译,中国人民大学出版社,2013年版,第92页。

高涨则是因为创作者完全投入作品之中,体验笔下人物的悲欢离合,进而让作品的创作更具个人特色。这也是创作反馈给写作者最美的礼物之一,它不仅仅表现为作品的生成。

  只是在创作持续推进的过程中,危机便会伺机降临,打乱创作的节奏与事前的部署。这在管理学中被称为"风险"。相应地,写作者即便只是单枪匹马闯荡创作事业,仍需要有"风险管理"的常识。在管理学领域,风险是指"对项目目标实现产生不利影响的不确定事件发生概率的累计结果。按特性可分为:风险事件、风险可能性和损失量"①。因此,在应对这些潜在的或已经发生的风险时,项目管理者都会在项目执行之前制定应急措施,且在风险降临之时做好危机管理。一般来说,管理学上所谓的"危机管理"是指"企业为针对突然发生的、难以预料的问题即危机所采取的一种管理方式。主要包括六个步骤:(1)避免危机的发生;(2)为危机管理做准备;(3)识别危机;(4)遏制危机;(5)解决危机;(6)从危机中受益"②。因具体情况的差异,危机管理的方式也各不相同,但几乎只要项目存在,就会伴随各种各样的风险,遭遇各种各样的危机。起初的创作热情、文思泉涌,可能会在后续的日子里遭遇创作热情的低落与文思的枯竭:"这段时间你的写作热情开始降低,你的小说开始期待更大的动力。你作为一个写作者的脾气也变得暴躁乖戾起来。……该推动哪个人物行动?如何推动?问题开始越来越多,都在困扰着你。"③这种种情状的出现,并非写作者缺乏才华,或

---

  ① 陆雄文:《管理学大辞典》,上海辞书出版社,2013年版,第375页。
  ② 夏征农、陈至立、陆雄文:《大辞海·管理学卷》,上海辞书出版社,2011年版,第62页。
  ③ 克里斯·巴蒂:《30天写小说》,胡婷、刁克利译,中国人民大学出版社,2013年版,第100—101页。

提前的准备与计划还不够完善,而在于偶然因素过多,总会存在措手不及的状态。也因此,善于管理困难与危机,本身就是写作能力的一种体现。

第一节　外界环境的干扰,内在自我的躁动

在各种困难与危机中,最不为写作者所能掌控的,就是外界环境所带来的各种干扰。这些干扰还不仅仅是一瞬间的或偶然的事件,有的甚至会持续性地挑战着写作者的耐心、精力。在管理学中,尤其是对于公司经营而言,"外部环境(external environment)指的是组织外部影响组织绩效的因素和力量。……经济环境包含利率、通货膨胀、可支配收入的变化、股市波动和商业周期阶段等因素。人口环境与人口特征的趋势有关,如年龄、种族、性别、教育水平、地理位置、收入和家庭构成"[①],以及国家政治状况、社会文化环境、技术环境与科学发展、行业环境,乃至于全球化环境。所有这些都被称为外部环境,会给组织带来各种风险、危机与运营上的困难。针对这种外部环境的威胁,管理学中有"外部因素评估矩阵"的战略分析:"(1) 列出为组织提供机会和对组织构成威胁的关键外部因素;(2) 对各因素进行加权评分,分值的大小代表相应因素为组织提供的机会或对组织构成的威胁的大小;(3) 对所有因素的分值进行加总,根据加总分值的大小判别组织面临的总机会或

[①] 斯蒂芬·罗宾斯、玛丽·库尔特:《管理学》,刘刚、程熙镕、梁晗等译,中国人民大学出版社,2017年版,第67页。这些也被称为"外部威胁","如外资进入、竞争对手开发出新技术、人口老龄化、自然资源枯竭、竞争企业并购等"。见夏征农、陈至立、陆雄文:《大辞海·管理学卷》,上海辞书出版社,2011年版,第203页。

总威胁的大小。"①这些都是为了减少、减轻外部环境对既定计划的执行与最终结果的影响。

  对于写作者而言，创作过程中的外部环境干扰，主要有以下几种：其一，偶然的短暂影响，指那些在创作过程中突然出现并对创作行为有影响的，但一般持续时间较短的事件及其所产生的负面效应。创作过程中，这些干扰防不胜防，尽管对创作的过程产生较小的影响，然而瞬间的干扰对思路造成的影响也应引起重视。诸如房间外面莫名的一声巨响，一只猫闯到窗台并发出声音……对于正在创作中的写作者而言，这些都能够尽量克服，因为此类干扰本身就是生活的一部分，无法将之彻底撇开。对外部环境有着严苛要求的写作者，会寻找一个尽量少受此类影响的场所来进行创作。其二，意外事件带来的干扰，是指那些出乎意料的事情所带来的影响，甚至计划内的事情发生了意外的变故，从而对创作产生干扰，降低创作的效率。突然造访的客人，不能以写作为由逐客于门外；创作之前本已经准备好了铅笔或钢笔，发生了笔尖断掉、书写不顺畅等现象，也会打乱写作的步伐……意外事件防不胜防，几乎都不能预料到。其三，持续的外部影响，是指那些忽然降临的干扰因素持久地发生着影响，甚至打断了创作。许多写作中的"烂尾楼"现象就是因为外部因素使得作品创作搁置过久，再要重新拾起并继续创作已绝无可能。生活中的各种巨大变故，均属于此一系列。最典型的莫过于现实生活中的变动以及由此引发的连锁反应。

---

  ① 夏征农、陈至立、陆雄文：《大辞海·管理学卷》，上海辞书出版社，2011年版，第203页。

第八章 困难与危机管理

面对外部环境的干扰,排除种种外部环境的干扰,保证创作过程的流畅,是个人创意写作管理的要务之一。针对外部环境带来的干扰,可采取如下管理措施:其一,加强自我修养以预防、阻止被偶发、频繁但影响较小的外部环境所干扰,调整好创作的节奏与计划。自我修养包括专注力训练,即将所有精力与注意力都集中在创作之上,真正把感情灌注在笔端所写下的每一个字;抗干扰能力训练,主要针对影响较小的外部环境因素,能迅速将受影响的思绪转到创作上来。日常训练包括注意力分配、注意力转移、注意力再聚焦等措施。其二,外部环境影响预估,是提前储备措施以便在干扰产生时很快将之化解的一项工作。尤其是一些意外事件,即便不可能在创作过程中出现,也应该提前做好预案。比如忽然造访的客人,可以提前悬挂纸条以明示静心创作之事。其三,实在无法避开的外部环境干扰,需要及时记下正在写的内容和接下来会如何发展的简要提纲,以防回头创作时找不到感觉、接不上话头。随时记下自己的想法,尤其是那些在创作过程中有了新灵感的地方,更要提纲挈领式地及时记下,以备不时之需。其四,寻求协助,或将外部干扰进行转移。这需要写作者能够调用身边的亲人、朋友及时处理相关的日常琐事。所谓分身乏术,是指写作者一个人单独面对干扰因素的窘况,破解这一窘况的最佳方式即寻求帮助,将干扰因素转移或分摊,从而达到创作效果的最大化。

除却外部环境的干扰,内部自我的躁动也会在创作过程中出现,甚至比外部干扰更为迅疾、更为猛烈,影响也更难估量。正如巴蒂所说:"你在写作过程中肯定有那么几天写不出东西,你的大脑好像停止运转了一样。……心理学家把那些难以控制、不由自主地重复某些小动作和行为的症状成为强迫症。那些从来没有受到强迫症困扰的写作者,在这一个月的写作中也许会对此有所感受。因为大多数电脑上有'字数统计'栏,你在写作过程中总是不停地查看自己的字数,每写一段都想查看一次,这似乎是难以抵挡的诱惑。"[1]尤其是当创作进行了一段时间之后,写作者往往会面临一种心理上的焦虑,毕竟,写作是一件孤独且颇具压力的事情。在心理学的研究中,"状态焦虑被用来描述一种不愉快的情绪体验,如紧张、恐惧、忧虑和神经质,并伴有自主(植物)神经功能的亢进,一般是短暂性的"[2]。这些自我内心情绪的存在是持续的,但其爆发则是不定时的、偶然的,有的短暂,有的漫长,它们带给创作的影响需要视情况而定。针对诸如此类的情绪反映,心理学上有"情绪调节"的相关训练:"情绪调节依据情绪的内容不同分为:具体情绪的调节、唤醒水平的调节和情绪成分的调节。具体情绪调节又包括正性情绪调节和负性情绪调节。如悲伤时需要转换环境,想一些开心的事情;取得了好成绩时,不能得意忘形。情绪唤醒水平的调节指调节过高或过低唤醒水平和强烈的情感体验,使其处于适度的水平。情绪成分的调节指削弱或去除正在进行的情绪,激活需要的情绪,掩盖或伪装一种情绪等。"[3]

在创作过程中,常会出现心理情绪的波动,主要有:一是长时间创作带来的疲惫感,由此而生发出的情绪低落、创作的进取心下降等。即便从最基本的心理学原理来说,人的情绪长时间维持一种高亢状态之后,迟早会出现情绪体验的回落甚至低沉。因此,日

---

[1] 克里斯·巴蒂:《30天写小说》,胡婷、刁克利译,中国人民大学出版社,2013年版,第103—105页。
[2] 傅小兰:《情绪心理学》,华东师范大学出版社,2015年版,85—86页。
[3] 夏征农、陈至立、杨治良:《大辞海·心理学卷》,上海辞书出版社,2013年版,第352页。

常生活中各种事情掺杂进行能激起不同的情绪体验,从而维持一种平衡。进入创作过程的写作者,即便存在作品世界情绪体验的不同,但长时间保持一种生活状态,仍然会带来这种疲惫感与心绪的低落。二是精神压力带来的烦躁与焦虑,尤其是在计划的执行过程中,创作显示出某种单一与乏味来,如果中间有所怠慢而导致任务未及时完成,就会造成心理压力的产生。"当刺激事件打破了有机体的平衡和负荷能力,或者超过了个体的能力所及,就会体现为压力。"① 长期坚持一项活动,对写作者的负荷能力是一个巨大的挑战,因此带来的各种负面情绪也就特别突出。以上两方面内在自我的躁动,出现任何一种都会对写作者造成影响。鉴于此,创作过程中进行心理管理是一个需要长期关注的话题:其一,最根本的方法,是彻底地休息。这并不是说要放弃创作,而是在休息中让疲惫感消失,但创作的各种思绪仍然可以萦绕于脑海,持续地存在。其二,用具体的心理学方法来进行情绪的调节。在心理学研究领域,情绪调节的方法主要有转移法(分为注意转移法、思想转移法和行动转移法)、释放法、凝聚法、意志控制法、意识调节法、强身健体法等。其中,行动转移即是休息过程中可以采取的方法,享受一餐美食、听一段舒心的音乐、翻阅一些书籍等,均是行动转移的具体方式。释放法,可以是让自己的情绪彻底得到一个突破口,直到这种情绪被耗尽或减轻。意志控制法,则要求写作者有较强的个人意志,对消极情绪有自觉的抵抗能力,亦即当消极思想产生之后,能够迅速用个人意志对之进行干预,直至抵消低落情绪。某种

---

① 理查德·格里格、菲利普·津巴多:《心理学与生活》,王垒等译,人民邮电出版社,2016年版,第394页。

程度上,意志控制法也可以使用心理暗示、自我灌输等方式。还可以选择倾诉或自我倾诉的方式来排解内心的烦躁。甚至提倡写作者向作品中的人物进行倾诉,与之对话——尽管看起来这多少有些神神道道,但这种对话不但可以减轻写作者的负面情绪,也能持续构思作品。

从创作过程上来说,外部环境的干扰、内在自我的躁动,都是作品之外的困难与危机,处在创作进程中的写作者还会碰到许多属于作品内部的困难与危机,即写作本身出现的问题,包括才思枯竭的危险、期待落差的形成等。

第二节　才思枯竭的危险,中途充电的必要

实际上,在经过充分的准备之后,主题已经确定、人物形象也草描就位,甚至连情节安排都宣告就绪,创作过程就只剩下按部就班完成写作即可——但真要进入创作,且不说外部环境的干扰、内在自我的躁动,单纯就文笔书写而言,"按部就班"并不一定就意味着一帆风顺,或者流畅地把那些预先安排就位的诸种要素都完美地呈现出来。写作者必须时刻警惕、高度清醒地对待创作过程中出现的各类问题,其中才思就是一个较为重要的方面。

按照一般的写作理论来解释,才思是"写作主题的写作才能,其中包括先天素质。……称为'天才'、'才情'、'才气'等"[①]。清代文学理论家叶燮在《原诗》中首次提出作家应具备"才、胆、识、力"四个方面。其中"才"即是"艺术思维能力","纵其心思之氤氲磅

---

① 庄涛:《写作大辞典》,汉语大词典出版社,2003年版,第76页。

礴,上下纵横","天地万物皆递开辟于其笔端","措而为文辞"①。也就是说,"才"就是"作家的审美感受能力和审美传达能力,即作家的艺术才能。……敏锐的审美感受能力可以使作家从现实生活中发现常人看不见或容易忽略的材料,优异的审美传达能力,可以使作家实现自己的写作意图,形象地再现生活,收到感人的效果"②。整体来说,才思又被称为才情、才气、才华等,它既包含先天的审美领悟能力,也包含后天的审美感受能力、审美传达能力等,进入创作阶段,主要是写作者的审美传达能力。审美传达能力,又可以称为"表达生活能力""文学表达能力""文学传达能力"等,因此,才思枯竭的问题,本质上是表达能力的可持续性问题。

对写作者而言,往往会忽略的是对表达能力的提升,只需要翻看一下当下文坛作家们的最新作品,文学表达能力的下滑可谓触目惊心,这皆源于才思枯竭的问题。才思枯竭主要体现为以下几个方面:其一,语言表达能力的长时间消耗所带来的表达贫乏、用词平庸等问题。就汉语写作而言,三千个汉字足够一个作家用来创造出丰富多彩的作品,但须知此三千个汉字的组合、排列,各不相同。语言能力强的写作者,能够从这有限的汉字中创造出无限的文学表达方式,带来精彩纷呈的文学世界,令阅读者沉浸于语言的优美、崇高、典雅、灵动中。相反,许多写作者,尤其是初学者在创作过程中出现"词穷""失语"等状况,从而造成许多遗憾。语言的"有限与无限"的确是一个辩证关系,但作为写作者表达能力的体现,奇思妙想也需要奇妙的句子、词语来与之匹配。其二,风格

---

① 尹均生:《中国写作学大辞典》,中国检察出版社,1998年版,第324页。
② 阎景翰:《写作艺术大辞典》,陕西人民出版社,2002年版,第61页。

的创造与持续的问题,常表现为写作过程中有意无意的偏离现象,以及由此而导致的文风不统一、风格不够鲜明的创作问题。创作之前就风格所作的准备,在一开始进入创作时,会得到很好的贯彻和保持,但随着篇幅逐渐拉长之后,稍微不注意就会从匠心求变的风格中滑向写作者已经熟悉了的表达习惯的轨道上,从而令前后的文章风格产生脱节、断裂。文学创作需要一种审美风格的灌注,作品才有生气,它与平日说话的语言风格、逻辑习惯等迥然有异。创作过程的持续进行会产生一种"写作的疲惫",它挑战的不仅仅是写作者的耐心、体力与精力,也对表达能力的持续性提出要求。本质上而言,这是一种较高的要求,是奔着书写文学经典、名著的要求去的——哪一位写作者在创作时,不是奔着这样的目标前进的呢?长时间创作带来的疲惫,而导致风格的"生气灌注"消退,变得虚弱,甚至消失不见,那么作品自然就离失败越来越近。其三,创作过程中出现词不达意的情状——人物形象也在漫长的叙述之后开始失去生气,计划中那个个性鲜明的人物在经历了漫长的素描之后,变得懒漫;许多曲折动人的情节也开始变得冗长、烦琐……写作者迷失了自我,书写跟不上既定的计划,或无法达到要求。写作本身就是一项艰苦又漫长的修行,从坐在桌前摆好草稿纸落笔写下第一个字开始,写作者所展开的这一场充满了挑战与风险的旅程就注定不会顺利。

　　从写作本身的诸多现象与本质规律来说,出现种种才思枯竭的危险,并不意味着写作者不具备创作的才能,或审美表达能力不足以承担艰巨任务。对于任何一项工作而言,长时间的坚持都会对心理与体力的储备提出严峻的考验,尤其是重复性较强的工作。相比较而言,创作对于写作者来说尚且不能称为重复性较高的工作，只是它本身所具有的内容强度、价值深度，对写作者提出了较为严格的要求。针对才思枯竭的问题，"中途充电"十分必要。所谓"中途充电"本身包含两方面的意思：其一，精力与体力上的储备。如果说漫长的创作过程消耗了巨大的精力和体力，中途充电就是以放松的形式来恢复精力与体力，它同时是对写作者"创作热情"的一种恢复方式。这不同于调节自我内心焦虑与压力的诸种方式，而是为避免热情下降、心力交瘁而采取的措施。其二，语言与表达技能的恢复。从这一点来看，所谓"中途充电"就意味着寻找一些与正在创作的作品风格相似或相同的作品，以对话的方式进行阅读，从而找到感觉，增加语言储备。纯粹自我独创的作品也需要一种对话性的阅读来提供语言新鲜度的刺激，这并不意味着模仿、影响，而是来自另外一个写作者的建议或语言的碰撞。风格不同的文学作品，也可作为充电的准备，哪怕尝试着阅读一些理论书籍，同样值得推荐。历史故事、哲学理论、文学作品，尤其是一些短小的小品文、诗作等，它们都能提供新鲜的语言能量，也可以调节正在创作的作品所形成的语言惯性。

"中途充电"的具体方法有：其一，翻阅大辞典，或有针对性地或随意性地翻阅。建议翻阅《汉语大词典》《汉语大字典》《故训汇纂》《联绵字典》等，甚至常用的歇后语、成语、俗语、谚语、典故词典等，这些书籍既可以积累语言词汇，也可以增加趣味，拓宽知识面。它类似于休闲性质的阅读，放松身心地与阅读对象进行切磋，同时也能更新知识，开阔视野。在有意无意中这些阅读将会成为创作中的一些有益影响因子，带来创作的自我更新。其二，进一步更新、完善创作计划，将故事的铺排、人物的形象再进行明确。这种方法其实是以退为进，看似停下书写的过程，其实仍然将思路聚焦于当下的写作,以适时调整创作状态。所以中途停下来,对最初的写作计划进行适当调整,其实是应对才思枯竭的有效方法。其三,尝试进行针对性的语言训练。这里的语言训练是有针对性的——协调着创作风格、语言使用习惯……更强调语言使用的大胆、创新。这种训练是轻松心态下的随意之作,没有创作的压力与诉求,反而可以放飞自我,创造出一番表达境界,从而给作品带来新鲜的血液、创新的动力。其四,重新回头检视已经书写下的内容,以自我品鉴的方式来更新语言表达习惯。这并不是修改的过程,而是以自我审视的方式来形成持续创作的动力。切记,这种自我审视不是批判的视角,更不是为了挑毛病,而是培养统一的风格、语感,形成表达的势能,使才思枯竭的窘境不至于提前到来。

创作过程说白了也是一个"见招拆招"的经历——针对创作中出现的诸种问题,找到破解的方式。不同的写作者因为个人习惯的不同而存在不同的应对方式,但归根结底是克服重重困难,以完成一篇作品。正因这一过程曲折艰难、充满困难与危机,写作才是弥足珍贵的。

第三节　期待落差的形成,补救措施的落实

创作过程中出现的困难和危机,外在的环境干扰、内在的心理躁动、才思的枯竭危险,都是写作者所遭遇的麻烦。在这些麻烦之中,还有一类较为特殊,它与才思枯竭有着近缘关系,但却又大不相同,即创作进程中产生的自我怀疑以及具体创作和最初设计之间的期待落差问题。"每一个写作者,在某个时刻,都会觉得自己的小说实在太差:人物单调乏味,情节了无新意,语言不够优

美。……你会觉得自己苦思遐思的情节却让整本小说不堪入目。"①许多写作的"烂尾楼"工程大部分源于创作进程中的自我怀疑,尤其是落在纸面的作品与预想中的作品有巨大落差时,许多写作者选择直接放弃创作。在心理学上,这种心理落差的形成有特定的原因,其深层次原因与"期望评价"类似,即"个体想象中群体成员对自己的公正评估。个体一般希望较为了解自己、关系较密切的人对自己有经常、稳定的评价"②。但期待落差更强调目标与现实之间的差异,进而导致写作者主体对创作行为的自我质疑。极端的情况下,期待落差会形成写作者的"自我设阻":"个体在取得成功的道路上自己设置障碍的现象。在对成功没有确定把握而又注重保护自尊的情况下,人们为了给以后的失败寻找借口或为了在成功时得到更高的赞许,常常会出现这种现象。"③创作过程中期待落差的形成,一般不至于有如此严重的后果,作为纯粹的心理现象,"自我设阻"有一种心理防御的倾向,它可能会使写作者自我怀疑,以至于产生创作无以为继的结果。

  导致"期待落差"的原因千差万别,不一而足,主要有如下几种:其一,即便再充分的计划,也无法预料创作进程中会发生的各种例外状况。这些例外状况既不属于外部环境的干扰,也不属于内在自我的躁动,甚至与才思枯竭的危险也不沾边,而是作品内部相关要素之间随着写作的深入而发生龃龉,导致最开始的计划显

---

  ① 克里斯·巴蒂:《30 天写小说》,胡婷、刁克利译,中国人民大学出版社,2013 年版,第 101 页。
  ② 林崇德、杨治良、黄希庭:《心理学大辞典》,上海教育出版社,2004 年版,第 912 页。
  ③ 夏征农、陈至立、杨治良:《大辞海·心理学卷》,上海辞书出版社,2013 年版,第 569 页。

得"过于美好",而实际操作又发生延迟或滞后。构思中的"合情合理"不意味着创作中的"一如既往"或"按部就班",必须预料或承认创作过程中出现各种状态,从而导致计划执行的错位。所谓"期待落差",毋宁说是一种执行计划过程中的位移现象:"由于在计划工作中很难准确地预测将来影响企业经营所面临的经济、政治、文化、技术、产业、顾客等各种变化因素,而且随着计划期的延长,这种不确定性就越来越大。因此,若机械地按几年以前的计划实施,或机械地、静态地执行战略性计划,则可能导致巨大的错误和损失。"[1]个人创作过程中的"期待落差"指向了计划执行过程中现实情况所导致的偏差。其二,审美风格在创作过程中未能达到预设目标,未产生令写作者本人满意的效果。许多写作者也许在一开始创作时,就面临着"不知道如何写下第一句话"的尴尬与窘迫。"期待落差",从创作计划时刻就预设了各种错位、偏差的伏笔。力有不逮也好,给作品定调本身就是一个复杂的过程也罢,随着创作的进程,错位、偏差等不期而至也成为正常现象。其三,创作是一个漫长且复杂的过程,应该允许计划执行过程中发生各种落差现象。计划的完备不能够保证创作本身一如既往下去,因为对于写作者而言,任何创作从本质上而言都是一种创新、发展、挑战。其四,自我经验的有限性与作品世界的无限性之间会产生一定的矛盾,从而导致写作者自感生活经验捉襟见肘,跟不上作品自身向前发展的脚步。"小说是比生活要大的东西,而且小说人物真的是深陷泥潭焦头烂额——他们遇到的麻烦事可比你的多多了,除非你只能拿手机写作,或者是处在政府的什么保护项目之下的机

---

[1] 周三多:《管理学:原理与方法》,复旦大学出版社,2018年版,第182—183页。

要之人。……你并不是你小说中的主人公。主人公是一个虚构的人,他跑得更快,跳得更高,而且能比你躲过更多的子弹。"[1]生活经验总是有限的,作品世界又是无限的,以有限来去追逐无限,自然如庄子所言:"殆矣。"产生期待落差,进而带来失望情绪,在所难免。

按照实际情况来看,期待落差的产生有其合理性与现实性,因此找到相应的破解方法以应对这一问题,才不至于张皇无措。第一,要在态度上认识到期待落差的合理性,用平常心态来对待这一问题,而不是惊慌、自暴自弃或形成自我设障的恶性后果。当期待落差形成时,意味着作品所要追求的境界是更高的,这种落差首先是要肯定的,然后努力认清造成落差的原因,从而更好地修正、弥补这种落差带来的不良后果。中途停下来歇息一番,并不是要延宕创作计划的执行,而是让自己保持足够的冷静,去找到破解的方法,从而跟上创作实际的变化。

第二,制定滚动计划,以适应创作的实际情况带来的诸种变化。"滚动计划"是管理学中的一个重要概念,是指"根据运筹学的规划论的原理,编制灵活、有弹性的中、长期计划,使企业不断适应市场需求,保证生产稳定增长和均衡发展的计划管理技术之一"[2]。这种计划的方式有诸多好处:"计划更加切合实际,并且使战略性计划的实施也更加切合实际","滚动计划方法使长期计划、中期计划与短期计划互相衔接,短期计划内部各阶段互相衔接。这就保证了即使由于环境变化出现某些不平衡时也能及时地进行调节,

---

[1] 杰西卡·佩奇·莫雷尔:《来稿恕难录用:你为什么总是被退稿》,李琳译,中国人民大学出版社,2018年版,第269页。
[2] 陈佳贵:《企业管理学大词典》,经济科学出版社,2000年版,第179页。

使各期计划基本保持一致";"滚动计划方法大大加强了计划的弹性,这对环境剧烈变化的时代尤为重要,它可以提高组织的应变能力"①。滚动计划也因为其适应性、均衡性、连续性与灵活性而广受欢迎。当然,也可以将滚动计划看作一次对最初计划与目标期待的调整。

第三,具体写作技巧上的调整与更新。其一,情节发展可适时调整。情节发展是否在作品世界中是合理的?能否进一步调整?对于具体建议,巴蒂认为:"情节其实就是人物在小说中的发展变化过程。如果你的小说情节还没有想清楚,最好的办法是让你的人物推动情节的发展。在这七天里,让你的人物把在第一周里有所隐藏的部分全部展示出来。鼓励他们大胆行动,满足他们的欲望,不管那些欲望多么疯狂、多么具有毁灭性,让他们做出改变,情节自然就会出现。"②要知道,情节在创作过程中是自由度最大的要素,一些事件完全可以超出既定的情节安排。情节具备丰富性,能够大大地完善、弥补创作过程中出现的期待落差。其二,调整人物形象的塑造。无论哪种情况下,人物的形象本质性的地方可以保持不变,但某些侧面的内容可以进行调整,以便更完满地、更充分地塑造人物。甚至更为大胆地,如巴蒂所建议的,直接更换小说主人公:"如果你迟迟没有想好小说情节的发展,其中一个原因可能是你对主要人物失去了信心和兴趣。你也许注意到,尽管你想以某一个人物为主人公,但却总在不经意间把自己的注意力转移到别的人物上,这也许表明,最好重新设定小说

---

① 周三多:《管理学:原理与方法》,复旦大学出版社,2018年版,第183页。
② 克里斯·巴蒂:《30天写小说》,胡婷、刁克利译,中国人民大学出版社,2013年版,第102页。

的主人公。"①其三,风格的形成,绝不是一朝一夕的事情。它本身是一个长期构造的过程,即便在一篇作品之中,留给写作者调整的空间也都是巨大的。因此,一旦产生期待落差,写作者要尽量保持主要的风格基调不变,在具体的表述、言词使用上,做出适当变化,只要不离开风格基调太远,基本上都可以作为一种对风格的丰富与补充。

所有这些就期待落差而提出的建议,贵在落实在具体的创作过程中,且方法运用要及时、果断。从形成期待落差,到分析落差出现的原因、寻找对策,以至于最终采取措施,在越短的时间内完成,其影响的范围就越小,作品的质量也不会出现太大偏差,而写作者的心理、情绪等诸方面的影响与损失,都能降到最低。这也可以看作对写作者"随机应变"能力的一种要求。

第四节 拯救一个创意,完成一份初稿

埃德加神秘小说奖获得者朱莉·史密斯,在回答小说写作的初稿创作的过程中获得的重要指导意见时,引用了一位资深编辑曾经告诉她的话:"'不管好不好,把它写下来。'……在决定小说下一步如何发展时,你要记住:不管接下来的情节如何,目标只有一个:完成你的小说初稿。你现在不是要做到尽善尽美,而是在探索想象力的极限。每天写作一部分。不要担心这一周写得好不好,

---

① 克里斯·巴蒂:《30天写小说》,胡婷、刁克利译,中国人民大学出版社,2013年版,第102—103页。

在以后修改时才需要这样担心。这一周,你的任务只是把它写下来。"①"写下来"比"写得如何"对于写作者来说更为重要。所有的努力与尝试、准备与计划、干扰的排除与心理烦躁的克服,都是为了能够完成一部作品。因此,对于写作者来说,"拯救一个创意,完成一个初稿"才是创作过程最终的依归——排除千难万险只为抵达初稿的彼岸,即便完成的仅仅是一个粗略的、不完善的初稿。

完成初稿的重要性是不言而喻的:其一,初稿是修改的基础,较为成功、完善的初稿,修改之时省力省神一些,而不太完善、较为粗糙的初稿修改起来稍微费神一些。两种情况,不管是哪一种,都意味着修改行为有所指向。无论如何,完成初稿的过程,应该尽量投入其中,让情感在文字中流淌,让自我在创作中沉迷,直至写下最后一个标点符号。詹姆斯·斯科特·贝尔就建议说:"希望你能做到享受你的写作。当你坐下来写作时,不要去想技巧问题,跟着感觉走,往下写就行,让语句自然流淌出来。然后,你再回过头来看看它,并开始修改它。"②初稿是基础,所有一切名著的出发点都是那一份哪怕是字迹潦草的初稿,即便它粗糙,完成了之后才有机会去回望、审视它的粗陋。其二,哪怕初稿是在艰难中完成的,创作过程一直充斥着期待落差,初稿的完成也能给写作者一定的心理安慰,甚至会起到心理暗示的作用。初稿是对漫长的创作过程的最大褒奖,也是对所有辛勤付出的肯定,看着一个成品摆在眼前,写作者的辛苦得到褒扬,还会激励他持续投入到稿子的修改之

---

① 克里斯·巴蒂:《30天写小说》,胡婷、刁克利译,中国人民大学出版社,2013年版,第105—106页。
② 詹姆斯·斯科特·贝尔:《从创意到畅销书:修改与自我编辑》,刘在良译,中国人民大学出版社,2016年版,第4页。

中。其三,初稿的完成也是实现创作经验积累的过程。如果说创作过程是与各种写作困难斗智斗勇的经历,那么一份初稿的完成就代表着克服困难、麻烦、困扰、烦躁之后,遗留下来的胜利成果,当经验积累逐渐丰富起来,顺畅的、满足的、欢欣的……创作经历将会接踵而至。尤其是对初学者而言,一份初稿的草创完成,就是一次惊心动魄的人生初体验,它能激发出写作者更持久的热情。

"拯救一个创意,完成一份初稿",如何能做到呢?较为简易、可行的建议如下:其一,字数激励法——创作过程中,可适当关注书写下的字数。字数的增加无疑能给写作者增加信心,不要小看字数统计栏中不断攀升的数值,它逐渐垒砌的高度恰是初稿完成的进度。字数增加所带来的欢喜、愉悦心情,能有力地增强写作者的快乐,从而更好地去奋斗,其终点便是初稿的完成。其二,回望自省法——创作过程中,通过回头来品读自己写下的优美段落、巧妙情节、人物亮点、抒情语句……所有自认为较为成功的部分,都可以成为回望的对象。通过这种回望,来增强写作的自信心,从而促发写作者完成初稿的壮志雄心,直到完成初稿。在漫长的创作过程中,这种回望自省是自我鼓励的方法,也是自我对话的表现,尽管它与自我怀疑、自我拷问等类似,但它有利于促使写作者完成初稿。其三,预想成果法——也就是说,写作者站在创作的进程中去眺望初稿完成之时的境况,以此来激励自我,加快完成初稿的步伐。结果奖励法,是一种以结果为导向的带有心理暗示意义的激励方式,旨在肯定当下所有的艰辛与勤劳付出的意义,这是一种心理调节方式,类似中途加油,尤其适合在创作过程中出现各种疲惫、难以坚持等情况下使用,使得"拯救一个创意,完成一份初稿"从口号变为直接的实际行动。其四,情绪利用法——任何情绪都能帮助主体克服危机,不管是正向情绪还是负向情绪,都是如此。在心理学上,"在情绪已经产生之后,我们也许能够意识到情绪是不必要的,然而情绪仍在持续。……情绪会使我们忘记所有的知识,在心平气和时人人都有的常识,在情绪化时都消失得无影无踪。"①因此,适当地利用创作过程中所产生的各种情绪,将之灌注于笔端,那么各种情绪都能够变成加速初稿成型的重要推动力。即便是低落的情绪,也同样可以起到良性的作用:严重的自我怀疑情绪,可以将之导引到——"我倒要把这个很差的作品写出来,看看它到底有多差!"这同样是一种自我激励的方式,因为本质上,审丑与审美并存,成功与失败同样都是结果。

无论如何,进入创作过程,我们应该明白,写作者所面对的既是通过文字表述以达成所有构思的过程,也是应对各种挑战与困难并最终完成初稿的过程。出现任何麻烦,都有相应措施来应对,不必惊慌失措。知晓了这一点,那么创作过程中首先会拥有一种沉稳的心态,这一心态对于作品的生产而言,至关重要。

---

① 保罗·艾克曼:《情绪的解析》,杨旭译,南海出版公司,2008年版,第44页。

第九章　改变作为未知数

黑格尔在《小逻辑》中论述了存在论的相关概念,说:"变易是第一个具体思想,因而也是第一个概念,……变易既是第一个具体的思想范畴,同时也是第一个真正的思想范畴。……变易中既包含有与无,而且两者总是互相转化,互相扬弃。由此可见,变易乃是完全不安息之物,但又不能保持其自身于这种抽象的不安息中。因为既然有与无消逝于变易中,而且变易的概念只是有无的消失,所以变易自身也是一种消失着的东西。变易有如一团火,于烧毁其材料之后,自身亦复消灭。但变易过程的结果并不是空虚的无,而是与否定性相同一之有,我们称之限有。"①梳理黑格尔的观点,我们可以看到:其一,变化本身是一种具体的思想,是一个概念、一种思想范畴。创作过程也是如此,且这变化不仅仅是外部干扰带来的影响,内在自我躁动带来的困难,或才思有所不逮而带来的危机,期待落差而导致的自我怀疑……变化总潜藏在作品的内部、创作的内部,植根于书写的过程。其二,在有与无之间,变化将两者互相转化、不停扬弃,以此来达到一种有与无的统一。这就意味着,在创作过程中,任何本质性的、内在于作品与创作之中的变化都不是坏事,它可能恰恰是产生经典作品的助推力。其三,变化是

---

① 黑格尔:《小逻辑》,贺麟译,商务印书馆,2018年版,第198—202页。

生生不息的。所谓"变易乃是完全不安息之物"就是其自身的规定与表现,也就是说,在创作过程中,变化始终存在,并且"变化地变化着"。变化始终伴随着创作的过程,时而凸显出来,时而隐没于语言文字背后。既然如此,就必须要树立一个观念,即创作过程就是迎接变化的过程,就是接受变化并且不停地"变化地变化着"的过程。

无独有偶,巴尔加斯·略萨在《给青年小说家的信》中,曾谈到科塔萨尔的晚年创作。科塔萨尔在谈到他晚年的写作"越写越糟"的时候,略萨使用的词语却是"自负地",然后他说:"为了表达他长、短篇小说中渴望的东西,他觉得不能不去寻找越来越不大服从形式规则的表达形式,不能不向语言特征挑战和极力把节奏、准则、词汇、畸变强加到语言头上,为的是他的作品可以用更多的可信性表现他创作中的人物和事件。实际上,正是由于科塔萨尔的写法如此'糟糕',他写的效果才那么出色。"[①]科塔萨尔所说的"不大服从形式规则的表达形式""向语言特征挑战""强加到语言头上"等,都可以看作作家主动的"求变",但变化恰恰形成了略萨所言的"效果才那么出色"。

变化自然存在,且本质性地存在于书写中,变化带来的绝不仅仅是问题或危机,也是深藏着的机遇与创造。

第一节 创意继发性,过程适应性

有必要重新回过头来,检视"创意"的内涵、"创意写作"的所

[①] 马里奥·巴尔加斯·略萨:《给青年小说家的信》,赵德明译,上海译文出版社,2004年版,第35页。

指,如此,方能破解创作过程中出现的各种写作迷局,才能对"变异""未知数"形成正确的认知,继而掌握这种变化带来的便利,将创作推向更高境界,落实在最终的作品文本中。罗伯特·斯滕伯格在为《创意写作心理学》一书所写的序言中指出:"创意写作研究是跨学科的,涉及认知、社会、个性、心理学等诸多方面……"①罗伯特所提醒的内容尽管是针对创意写作研究的,但却透露出创意涉及着心理学中的认知、思维、个性;社会学中的社会化、人情世故、组织与环境;文学中关于联想、想象、神思、气韵等方面的内容。总之,创意是以个人为中心的一种对于社会、人生、自然、世界等的综合性思考,它涉及个体的认知、思维、个性、学习、记忆等,最终导向独特性的、新颖性的、创造性的新认知、新观念、新思想。

最初提出创意阅读概念的爱默生将"创意(creativity)"看作"'原创性(original)'或'不可模仿性(nonimitative)'的同义词",后来 Rob Pope 指出:"创意是非比寻常的、原生的、合适的、圆满的、介入性的、协作的、无意识的、再生的。"②有研究者也指出:"创意是生产作品的能力,这些作品既新颖(也就是具原创性、不可预期),又适当(也就是符合用途,适合目标所给予的限制)。"③赖声川则认为:"创意是一场发现之旅,发现题目,以及发现解答;发现题目背后的欲望,发现解答的神秘过程。……创意是一个神秘的旅程,我们都是探险家。"④更有研究者列出创意能成功的六个原则:"简、

---

① 转引自葛红兵、许道军:《创意写作教程》,高等教育出版社,2017年版,第2页。
② Rob Pope: *Creativity: Theory, History, Practice*, Routledge Press, 2005, p. 52.
③ Robert Sternberg, Todd Lubat: *The Concept of Creativity: Prospects and Paradigms*, Robert Sternberg: *Handbook of Creativity*, Cambridge University Press, 1999, p. 3.
④ 赖声川:《赖声川的创意学》,广西师范大学出版社,2011年版,第28页。

奇、具、信、情、事,亦即简单、意外、具体、可信以及带情感的故事。"①其中,意外常被用来界定创意的特性。

在心理学领域,理解创意常从创造力、创造性思维方面入手。所谓创造力,是指个体不受成规的束缚而能灵活运用知识、经验,产生新思想,或发现和创造新事物的能力,成功完成某种创造性活动所必需的心理品质②。创造性思维是指重新组织已有的知识经验,创造出新的思维成果或以新颖独创的方法解决问题的思维方式。甚至有专家直接称:"创意即是旧元素的新组合。……创意构思流程应当涵盖5个步骤:1. 尽可能地搜集原始资料。2. 充分'咀嚼'原始资料,构思初始创意。3. 中止显意识思维,启动潜意识思维。4. 随时准备迎接'灵光乍现'时刻的来临。5. 加以改造、完善,使之切实可用。"③正因为如此,创意心理学的相关研究指出:"如果一个产品很新颖也很实用,那么我们称其富有创造力,这是创造力的两个基本元素。新颖指的是从统计的角度看很少有,与其他产品商生产的东西很不同。新产品具有原创性以及不可预知性,可以给人们惊喜,因为它远不是通过正常的逻辑思维能够想到的。……一件产品必须具备一定的功能,即它必须有用。"④创意对新颖性的强调:"创意是一种突破,是对现有技术、产品、营销、管理、体制、机制等方面主张的突破。创意是逻辑思维、形象思维、逆

---

① 奇普·希思、丹·希思:《让创意更有黏性:创意直抵人心的六条路径》,姜奕晖译,中信出版社,2014年版,前揭。
② 林崇德、杨治良、黄希庭:《心理学大词典》,上海教育出版社,2004年版,第152页。
③ 斯蒂夫·哈里森:《创意的秘密》,杨凯、赵文婧译,世界图书出版公司北京公司,2012年版,第20—21页。
④ 罗伯特·斯滕伯格、陶德·陆伯特:《创意心理学》,曾盼盼译,中国人民大学出版社,2009年版,第9—10页。

向思维、发散思维、系统思维、模糊思维和直觉、灵感等多种认知方式综合运用的结果。……大脑左半部分主要处理语言、逻辑、数学和次序的作用,即所谓的学术学习部分;大脑有半部分处理节奏、旋律、音乐、图像和幻象,即所谓的创作性活动。想要产生更多的创意,就根据自己的欲望、梦想、压力、外部环境等吸收更多的信息来处理、加工。"①

除去新颖性、独创性、原生性等之外,就创意的概念理解而言,"变异、变化、变通"等特质也常被凸显出来。本质上说,创意是一个持续性的过程,过程大于结果,即便创意最终形成了结果,这个结果也会在持续创意的过程中,成为对比"新的创意"的"旧的背景板"。因此,就创意写作而言,"写作是一项私人活动。它是一种和我们的想象力、潜意识、私密生活取得沟通的渠道。……通过保持创作过程中的隐私,你将保留亲密感所带来的兴奋。回到那种亲密感能让你变得欢喜,让你保持高度的紧张感。创意将会激励更多的创意,你会发现你自己,也会发现你的大作,你将在正确的道路上向前滚动。"②因此,我们可以说,"创意的继发性"构成创意的本质性规定,也是其内部最核心的特征,这在创意写作中体现得尤为明显。

正因为创意有继发性,所以创作过程可适当调整为"对创意继发性"的适应,从而变成"过程的适应性"。过程适应性强调的,乃是写作主体在具体的创作过程中能够及时发现、保护、促成并定调随时到来的创意时刻,将创作过程调整为适应创意不断发生的过

---

① 陈放、武力:《创意学》,金城出版社,2007 年版,第 1—3 页。
② 杰克·赫弗伦:《作家创意手册》,雷勇、谢彩译,中国人民大学出版社,2014 年版,第 15 页。

程。许多时候,"创意的继发性"也会导致写作者"期待落差"的形成:"你原本打算写一本书去点化一个遭丈夫遗弃、不得不独力抚养残疾幼子的女士,可是写到一半时却发觉自己塑造的人物性格远不如自己所期望的那么鲜活,或者情节尚有不少漏洞,抑或文笔不够生动。这个时候很容易前功尽弃,此时你也可能会有一个新的想法,一个或许尚不完美的新故事,所以你将手中的半成品搁置一边,开始创作那个新故事……"[1]沃尔夫言及此,是为了劝那些预备放弃创作的写作者不要半途而废,但倘若创作过程中真的有了新的创意,它对旧有的创意形成了一定的挑战,我们该如何来应对呢?

尤其对初学者来说,中途突然降临的创意如何安放?如果处理不好,恐怕会导致写作的中断。在应对创意的继发性方面,其实许多作家已经积累了不少经验,值得我们学习、借鉴。

第二节 全盘推翻,重新创作

创意的继发性有时候会以猛烈的方式出现,以至于必须采取极端措施才能够将之吸纳进来,因此也就出现了文学史上许多写作案例是采用了"全盘推翻,重新创作"的模式。但需要声明的一点是,这并不意味着抛弃原有的写作计划与构思,另辟蹊径,创作出"另外一部"文学作品来。所谓"全盘推翻,重新创作"的写作过程是对创意继发性的适应,是指在继发的创意思想对照之下,旧有

---

[1] 于尔根·沃尔夫:《你的写作教练》,孟庆玲、伊小丽译,中国人民大学出版社,2013年版,第7页。

的写作构思与计划已经显示出落伍与漏洞,小修小补已经无法使之完善,甚至已经到了没必要进行修补、容纳新创意的地步,因此另起炉灶来重新规划、构思,开辟出一条新的路径来,开创更广阔的"创意选择行为"。它只是作为一种选择,本质上而言乃是"扬弃性选择",是向前的持续推进。这种选择充分吸纳了原有创意的合理性,甚至是在旧的创意内部酝酿出的新创意。所以说,"全盘推翻,重新创作"不是对原有创意的背离、遗弃,而是对之进行较为彻底的更新。

文学史上,推翻已有的创作,甚至将完成的稿件遗弃,而另辟蹊径、重新创作的典型例子很多,比如贾平凹创作《浮躁》的经历,即使如此,文学史上也并不提及此事,使得其湮没无闻。但这些事例实则对解决创意继发性与过程适应性这一问题来说,颇有借鉴意义。之所以将贾平凹的这一经历作为较为典型的写作案例,是因为在贾平凹的创作生涯中,题材选择、体裁风格几乎一转再转地闪转腾挪:贾平凹自1973年便开始正式发表作品,但直到1979年《满月儿》发表并获奖,他的写作充满了典型的陈旧风格,书写阶级斗争、无私奉献等题材;到1982年,他因追逐伤痕文学、反思文学的潮流,写下《二月杏》等一系列揭露社会阴暗面、人们身体与心灵伤痕的作品,遭受严厉批评,甚至《二月杏》因触及矿工生活而受到来自矿产部门从上到下的激烈抗议,他不得不前去相关部门"登门道歉"[①]。自此,痛定思痛的贾平凹开始重新寻找其创作的归路,直到1983年选择"重回商州"并写下《商州三录》《鸡窝洼人家》《小月

---

① 谢尚发:《"外省人"的文学命运——重回〈二月杏〉创作前后兼及1980年代初的文学氛围》,《中国现代文学研究丛刊》,2018年第8期。

前本》《远山野情》《天狗》等一系列作品,被当作寻根文学的先锋而在文学史上占据自己的地位——此时的贾平凹已经蜚声文坛,于是他试图抓住时代特征,即改革开放的浪潮,尝试写一部改革小说。1988年的盛夏,他来到陕西省的一家疗养院,开始进行创作。"这部长篇小说的名字叫《忙忙人》,是以旧时商州土匪生活为题材的一部故事性小说。"①创意并未停止,书稿也未在贾平凹的计划中持续推进,反而在创意的继发性引领下,旧有的构思被丢弃,新的作品写作呼之欲出,贾平凹坦陈:"老实说,这部作品我写了好长时间,先作废过十五万字,后又翻来覆去过三四遍,它让我吃了许多苦,倾注了我许多心血,我曾写到中卷的时候不止一次地窃笑:写《浮躁》,作者亦浮躁呀!但也就在写作的过程中,我由朦朦胧胧而渐渐清晰地悟到这一部作品将是我三十四岁之前的最大一部也是最后一部作品了,我再也不可能还要以这种框架来构写我的作品了。换句话说,这种流行的似乎严格的写实方法对我来讲将有些不那么适宜,甚至大有了那么一种束缚。"②很明显,《浮躁》的写作有一个重要的"前文本",即写了十五万字、已经有长篇小说规模的《忙忙人》,其取材是商州地区的土匪生活,但贾平凹很快就对既有的写作不满意,果断放弃。即便如此,《浮躁》最终的成稿也仍然在废弃了的《忙忙人》之后,又反复经过三四次的调整与重新规划。也正因此,《浮躁》为贾平凹带来了更大的声誉,获得了新一轮的肯定与赞扬。假使他并不在意《忙忙人》的瑕疵,依旧选择写实的方法来结构自己的作品,恐怕即便《忙忙人》写出来,也会是旧有作品

---

① 孙见喜:《贾平凹前传·鬼才出世》,花城出版社,2001年版,第500页。
② 贾平凹:《〈浮躁〉序言二》,见贾平凹:《关于小说》,生活·读书·新知三联书店,2015年版,第32页。

的重复而无法获得其存在的价值和意义。

作家在选择放弃旧的构思、计划之时,得益于创意的继发性而获得新的灵感,从而改变了一部作品的命运,实则是写作者本人为减少废品率而做的补救措施。整体来说,"全盘推翻,重新创作"的方法在许多情况下是值得采纳的,具体的操作方式主要有以下几种:其一,彻底推翻,重新确立。这是最为极端的方式,也是最为保险的方式。所谓彻底推翻,不是丢弃之后全然改变,而是此一创意继续保留,将主题思想连同人物、情节、环境等一起进行调整、更换。就诗歌写作而言,它的改变幅度更大。就散文写作而言,这种方法意味着择取的景观、人物、琐事或生活的横断面被替换掉,留下的只是瞬间的感觉或体悟。其二,保留核心,其余更换。这种方法有一个前提,即创意的核心是有价值的,也是值得保留的。"全体更换"指的是在核心创意指引之下,将既有的人物形象、情节排布、故事讲述方法等做调试与更换,但主题、思想等并未改变。以见义勇为为例,其核心是颂扬一种勇敢的气概,最初选择的是一个不会游泳却要下水救人的少年,然而这一故事即便用曲折的情节表现,也无法将"见义勇为"与"勇敢的气概"表现出来。继发性的创意随之产生,对勇敢的理解发生变异,即弱小力量面对强大力量时的勇敢行为,可以更换为一个弱女子不畏惧强大力量,从几个地痞流氓的手中救下一个小学生——这一过程就充满了戏剧性。首先,她必须要有勇气、勇敢的心,这能决定她出手相救。其次,她必须明白力量的悬殊。再次,明白力量的悬殊之后,冲突就诞生了,力量弱小与必须救人之间产生冲突,就需要她动用智慧。复次,动用智慧之后产生的行动,就会制造新的冲突,即智慧如何战胜力量的过程。最后,成功救人是一番情境,救人失败则可能导致故事发生翻转,导向另外的故事丛。其三,主体保留,改头换面。这种方法是将既有的构思中主题思想、结构框架、人物形象设计等主体构架保留下来,但思想表达的方式、主题提炼的法则、结构细节的调整、人物性格的表达等,全部进行更新或改换,使之如建高楼,在主体框架不变动的情况下通过全面改变非主体部分的装修装饰、空间阻断等来形成全新的面貌。其四,换一种写作的立场与视角,重新审视与确定。这种方法是在已有的、既定的创意、架构、计划、构思等的基础之上,更换立场与视角、方法与态度,重新审视原有写作的方方面面,剔除所有不合理的部分,加入新创意。换一种立场与视角、方法与态度看待对象,就会获取新的信息,这既是推动创意向前发展的途径,也是面对创意继发性时可以采用的方法。

不同的写作者,面对创意的继发性时有不同的处理方式,哪怕最为极端的转向发生,即抛弃全部旧有创新,重新另起炉灶,也是经常发生的。这里强调的,也仅仅是推动创意持续发展、完善既有创意的方法,它并没有一个标准的做法,需要对具体情况进行分析,然后采取行动。

第三节　计划调整,思路新变

创意的继发性,在列夫·托尔斯泰的创作中表现得十分明显,尤其是作家将自己创作时婉转的心曲都记录在日记中,才让我们得以窥见创作过程中他的诸多纠结、质疑、否定、调整、新变……再加上其夫人的日记、一些信件同样被保留下来,和大量的手稿,包括那些涂满了修改文字的手稿,一稿、二稿、三稿直至成品的誊清稿,关于列夫·托尔斯泰如何在创意的促发下,不断更新其创作思路与计划的更多精神性活动,才会被后人所知。仅就列夫·托尔斯泰的选择来看,其任何一部作品的创作,基本上都未选择"全盘推翻,重新创作"的策略,几乎都是在最初创意的基础上,进行持续的、长期的修改与调整,直到自己满意为止。实际上,比起断然扬弃旧有的创意,转而以新创意推动新创作,从而完成迥异于最初构思的作品来,从文学史上遗留下来的资料判断,半路修改、调整和完善要更为常见和普遍。列夫·托尔斯泰的创作,是较为典型的,尤其是其晚期创作,很多作品更是经历了不断的修改与调整,最终创作成功,也积累了大量的手稿与修改的段落。

仅以《复活》为例,从第一稿的第一张样图来看,托尔斯泰就已经对之进行了较大的修改,而这种修改又遍及小说的整体,其所耗费的心力可想而知。《复活》的漫长而曲折,自听闻"科尼的故事"①之后,列夫·托尔斯泰的内心就有一种强烈的认同,想要将之写成小说,但这部小说一共写了十年。托尔斯泰有好几次开了头又放弃了,有时一搁就是几年。写作过程很艰难,曲曲折折、反反复复,第一个萌发的创意点获得认可之后,随之就被改变,取而代之的是新的创意:从最初的未完成草稿可以看出,托氏意欲完全采用"主人公口述"的方式,按照年代顺序,照它的原样进行实录;到1890年6月18日的日记中,"小说的主题第一次开始从道德方面,从个人悲剧的范围转入社会的方面",但并未如期完成;直到1895年的5月,托氏再次重写这部作品,小说的主题也转向更为广泛的社会层面,并在7月最终完成初稿。以至于在这部作品即将出版的时

---

① 在具体的翻译上,有"柯尼"和"科尼"两种译法,但都是指托尔斯泰听到的一个司法故事中的主人公。这里不做严格的区分,因为有些引文中使用"科尼的故事",有些又写成"柯尼的故事"。

候,他仍旧在不断地进行调整,传记作家记述道:"这部书的出版,和托尔斯泰对它的修改,又持续了整整一年。最后他的健康状况使他不得不赶紧完成它,……这项工作渐近结束时,托尔斯泰也被每星期都在固定的日子里修改校样这件讨厌的工作搞得筋疲力尽了。"①仅就小说的开头而言,托氏就几经更改,做出过重大的调整:最开始他试图用第一人称的叙述方式,客观讲述"柯尼的故事",所以在初稿里,情节是严格地按照时间次序,从主人公到姑母家里(卡秋莎寄养在她家里)展开的。但很快,托氏就对这样平淡无奇的开头进行调整,于是"在第二次草稿里,情节'从中间'——从开庭审讯的场面写起:陪审官涅赫留道夫从坐在被告席上的妓女身上认出是他当年钟情的对象"。但很快,这种增加了紧张感、增加了力量的开头,又被托氏否认了。随后他采取了新方案:"应该不是从涅赫留道夫写起。'应该从她写起',从卡秋莎。"②由此也可见出,对创意进行调整,谋求写作的新变,在《复活》的开头上已经被演绎得淋漓尽致了。

从列夫·托尔斯泰不断对"科尼的故事"进行"计划调整,思路新变"来看,我们至少可以看出以下几种方法:其一,作品要素方面的计划调整与思路新变。单就小说而言,它可能意味着对情节排布方式的改变,是按照故事发展的自然顺序来组织情节的布局,还是从中间开始以增强吸引力,一步步通过持续推进与回叙,来达成对故事的揭示,其实都是情节排布方式的不同造成的。另外,这种计划调整与思路新变还体现在对人物塑造的改变上,这一点将在

---

① 艾尔默·莫德:《托尔斯泰传》,宋蜀碧、徐迟译,北京十月文艺出版社,2001年版,第1026页。
② 多宾:《情节结构和作品思想》,黄大峰译,《世界文学》,1959年第4期。

下一节进行专门讨论。其二,在作品呈现的先后顺序上,亦即文本的排布上做调整、改变。一如列夫·托尔斯泰对《复活》开头的三次调整。这里要说的,在开头上进行调整,以体现思路的新变;在过程中,或中间部分进行大刀阔斧的改变,以求得更好的效果;或在结尾上进行巨大的改变,以适应创意的继发性——完全可以这样设想:如果《水浒传》中宋江突然改变了主意,不与朝廷合作,而是与方腊联合起来,那么结尾可能就变成了另外一番模样。这其实就是在作品的构成上进行"计划调整,思路新变"。其三,作品整体架构、要素构成保持基本不变,但对主题、思想进行彻底改造。如果说前两种方法是"伤筋动骨式的大手术",那么这种方法就是"换头术",它保持了故事、情节、人物等的大体设计不变,但却在内里将主题与思想进行了彻底的变更,以使其与已有构思更为贴合,更能凝练出既有故事、情节、人物等的精髓。如本来试图写一个劝谕小说,以两个青年男女的私奔作为题材,来规劝阅读者将之纳入对传统美德的考量之中。但随着创意的继续发酵,最终故事的主题与隐喻走向了它的反面,赞扬起以私奔形式争取个人自由、爱情价值的行为。

  当然,采取这种方式也要注意一些问题。其中,一个突出的问题就是随着创意的继发性而调整计划,追求新变,最忌讳的就是导致作品只有部分而不见整体。所以这种方式需要写作者在调整部分要素、作品结构的某一段或主题思想时,一定要与整体风格、氛围协调一致,切不可造成部分的喧宾夺主,而使整体架构与境界轰然倒塌。即便随着创作的深入,继发性的创意再美妙、再有价值,也要善于将之融入,以求变化。其二,一旦确定调整计划,追求新变,就必须以笃定之心,铿锵前行,切不可三心二意,对旧有创意既割舍不下，使新的继发性创意又无法融入，导致不伦不类。这就需要将计划调整、追求新变的行为奠基于继发性的创意足够能取代既有的创意，且新调整的计划能够完胜，最起码需要全面覆盖旧有的创作计划，唯有如此，改变才是值得的。还有一个问题，继发性的创意需要的是成熟的创意，而非念头的一闪现，或者瞬间的突发奇想。即便"念头的一闪现""瞬间的突发奇想"本身就代表了创意的诞生，但作为调整计划、追求新变的一种支撑力，继发性的创意应该具备成熟性、可操作性等特点。这并非是要扼杀创意的诞生，而是要将之进行规范、丰富、完善，以便真正地让"作为未知数的变化"起到意想不到的效果，提升作品的层次与品质。

  保持对继发性创意的警惕与审察，是为了更好地利用最新的创意，促成质变。文学史上伟大的作家，几乎都是善于利用新创意的高手，他们奇妙地或移花接木，即部分地调整计划以追求新变，要么化腐朽为神奇，即全盘推翻之前的规划而重新进行创新，创造了不朽的文学名著，给人类文明留下丰厚的文化遗产。列夫·托尔斯泰的三部名著《战争与和平》《安娜·卡列尼娜》与《复活》，每一部作品的诞生过程，都充满了其须臾不可停止的活跃思维而产生的继发性创意，它们之所以能够成为世界名著而经久不息地影响着后世的写作者，盖因列夫·托尔斯泰都能够巧妙地攀缘着这些继发性的创意，从而将作品的高度进行提升。这其中，《安娜·卡列尼娜》是一个较为著名的例子。

第四节　一个例子：安娜这一人物塑造的转向

  为何要选择《安娜·卡列尼娜》中的女主人公安娜来作为一个

独特的范例,去论述"作为未知数的改变"带来的种种益处? 这个问题其实并不难回答。其一,它几乎涉及了我们所罗列的种种方法。从具体的表现上来看,列夫·托尔斯泰是在对小说中的要素进行改变,即通过不断重塑女主人公安娜·卡列尼娜,来适应诸种继发性的创意的到来,因此作品的创作进程就变成了对书写新创意的适应。其二,它在主要手法上使用的是对作品的部分要素进行调整、修正,但却牵一发而动全身地将整个作品几乎进行了重写。作为小说的女主人公的安娜·卡列尼娜的一举一动、一言一语都牵动着整个小说的其他要素随之改变,因此带来的是作品的整体性改变。

根据相关记载,列夫·托尔斯泰动念头欲创作一部新的长篇小说是在《战争与和平》发表期间就有的,还为自己未能写出小说而焦虑不已,以为自己已经丧失了写小说的能力。恰在此时,他于1873年3月25日给斯特拉霍夫的信里追忆说:"有一天,在工作之余,像往常一样(仿佛是第七次),我拿起普希金的这卷作品,通读了一遍,不忍释手,于是又读了一遍。不仅这样,它似乎消释了我的全部疑惑。……我不由自主地,不知不觉地,自己也不知道怎么回事便构思起人物和事件来,接着继续思考,当然,以后又发生了变化,忽然一部小说就这样迅速而绝妙地产生了。"①这一想法与构思,也被记录在列夫·托尔斯泰的夫人索菲亚·安德烈耶夫娜的日记中,她在1870年3月底的一天写道:"昨天晚上他告诉我,他想

---

① 列夫·托尔斯泰:《致尼·尼·斯特拉霍夫》,见《列夫·托尔斯泰文集》(第16卷·书信),周圣、单继达、白春仁、戈宝权译,人民文学出版社,1992年版,第134页。此处引文出自符·日丹诺夫:《〈安娜·卡列尼娜〉的创作过程》,雷成德译,内蒙古人民出版社,1980年版,第2页。

象出一个妇女的典型：出了嫁的、出身上流社会、但又不安于自己的处境……他刚一想象出这个典型，所有人物和业经构思出来的一些男人的典型就立刻找到自己的位置，聚拢在这位妇女的周围。"①这部由普希金《客人们来到了别墅》的某一个片段所引发的作品构思，断断续续地进行着，甚至不多久就写出了第一稿，"情节是从描写某公爵夫人的沙龙开始的。在沙龙里的客人中间有米哈伊尔·米哈伊洛维奇·斯塔夫罗维奇和妻子达吉雅娜·塞尔盖耶芙娜以及伊凡·巴拉绍夫。这就是后来特维斯卡雅公爵夫人沙龙里的卡列宁夫妇和沃伦斯奇"②。写完之后，列夫·托尔斯泰对这个草稿极不满意，"最初小说的女主人公叫塔吉亚娜·斯塔夫罗维奇，她不管从外表或性格上看，都不像安娜·卡列尼娜"③。本以为瞬间写作的欲念降临，想必能快速完成，但由于对既有的写作不满意，以及新的创意持续发生，列夫·托尔斯泰的写作道路充满了变数与不确定。"1872年1月，托尔斯泰家的近邻亚历山·尼古拉耶维奇·比比科夫的情妇安娜·斯捷潘诺夫娜·皮罗果娃自杀身死。……一年多以后，安娜的悲惨事件逐渐被遗忘，但是另一个安娜的迷人形象已经在托尔斯泰脑海中形成。"④这一事件对作家的影响是巨大的，一些可谓本质性的改变就发生在这一事件之后，这主要是指情节上的变动。外在发生的事情也好，内在创意的激发也罢，列夫·托尔斯泰在写作《安娜·卡列尼娜》的过程中，创作时

---

① 康·洛穆诺夫：《托尔斯泰传》，李桅译，天津人民出版社，1981年版，第192页。
② 符·日丹诺夫：《〈安娜·卡列尼娜〉的创作过程》，雷成德译，内蒙古人民出版社，1980年版，第2页。
③ 康·洛穆诺夫：《托尔斯泰传》，李桅译，天津人民出版社，1981年版，第194页。
④ 亚·托尔斯泰娅：《天地有正义：列夫·托尔斯泰的生平》，启篁、贾明、锷权译，湖南文艺出版社，1985年版，第345页。

间被拉扯得很长的原因就在于这种继发性的创意随时刺激着他。1873年3月过后不久,他对写出的草稿开始新的修改,"不是米哈伊尔·米哈伊洛维奇,而是亚历克塞·亚历山特罗维奇·卡列宁和他的妻子;不是达吉雅娜,而是阿纳斯塔西娅,简称娜娜"①。这些还都是较为外在的改变,落实在文本中,列夫·托尔斯泰适应继发性创意而进行核心改变的,是安娜·卡列尼娜这一人物形象。

关于安娜·卡列尼娜这一人物形象的原型,希弗曼曾在《文学的俄罗斯》上发表文章《一幅肖像画的谜》中指认,普希金的女儿玛利娅·阿历克桑德罗芙娜·普希金娜是列夫·托尔斯泰笔下最初的模特②。这一人物形象经过达吉雅娜·塞尔盖耶芙娜和阿纳斯塔西娅(简称娜娜)之后,才成为安娜·卡列尼娜的。至于对情节上的影响,近邻比比科夫情妇之死,对列夫·托尔斯泰造成了巨大的震撼:"托尔斯泰赶到出事地点,为自己目睹的悲惨景象激动不已。"③1973年的3月19日,他令人意外地开始了他的又一部长篇小说的创作,"他于3月中旬动笔写《安娜·卡列尼娜》,而大约5月16日前后他在给斯特拉霍夫的信中写道,'长篇小说《安娜·卡列尼娜》初稿已经写出'"④。其时的列夫·托尔斯泰正在关心女性在家庭中的地位与责任,这也许和他自己的家庭情况有关,他自己的夫妻关系也出现微妙的变化,在最初的构思与写作中,他打算的仅

---

① 符·日丹诺夫:《〈安娜·卡列尼娜〉的创作过程》,雷成德译,内蒙古人民出版社,1980年版,第6页。
② 相关介绍,可参见道远:《托尔斯泰的安娜·卡列尼娜的原型》,《外国文艺》,1978年第2期。
③ 康·洛穆诺夫:《托尔斯泰传》,李桅译,天津人民出版社,1981年版,第195页。
④ 亚·托尔斯泰娅:《天地有正义:列夫·托尔斯泰的生平》,启篁、贾明、锷权译,湖南文艺出版社,1985年版,第346页。

仅是"写一个不贞的妻子及由此造成的全部悲剧"①。正因为此，"在第一个草案里，所写的各种现象都谴责达吉雅娜·斯塔夫洛维奇，她的言谈风貌毫无迷人之处"②。达吉雅娜粗俗，且好色、勾引男人，作家试图在作品中"表达一种女人应该只在家庭中做贤妻良母的观点，但是安娜的遭遇却实际上大大超出了这个主题，而提出了一个带有深刻人性意义的妇女解放的问题"③。随着创作的深入，作品的文学世界中显露出的事实，似乎完全违背了作家创作的初衷，许多继发性的创意涌现出来，以至于列夫·托尔斯泰写信给斯特拉霍夫说："对写好的东西感到厌恶，……都写得很糟，必须重写，将排版的全部重写，全部涂掉，全部抛弃，改弦更张，并且声明：抱歉得很，今后绝不重蹈覆辙，尽力写点像样的东西，不像现在这般松散脱节，非驴非马。"④如果说人名的变化是一个表面的改变，那么这种对人物性格、命运以及随之而来的对小说主题、思想的变更，则更巨大。根据相关研究，"第二个草案里，在加强未来的安娜形象的正面性格方面看到了重大的变动。……安娜的外貌既迷人又高雅，她和内在的完美完全协调"⑤。经过漫长的构思、写作、修改，我们今天所能够阅读到的安娜·卡列尼娜也从达吉雅娜变成娜娜之后再变成安娜，曾经那个勾引他人，甚至外貌丑陋、言辞夸

---

① 道远：《托尔斯泰的安娜·卡列尼娜的原型》，《外国文艺》，1978年第2期。
② 符·日丹诺夫：《〈安娜·卡列尼娜〉的创作过程》，雷成德译，内蒙古人民出版社，1980年版，第82页。
③ 雷夫·托尔斯泰：《安娜·卡列宁娜》，智量译，译林出版社，2000年版，译序，第3页。
④ 亚·托尔斯泰娅：《天地有正义：列夫·托尔斯泰的生平》，启篁、贾明、锷权译，湖南文艺出版社，1985年版，第361页。
⑤ 符·日丹诺夫：《〈安娜·卡列尼娜〉的创作过程》，雷成德译，内蒙古人民出版社，1980年版，第82—84页。

张又举止轻薄的女性,成了高贵端庄、敢于抗争的光鲜亮丽的形象:"在小说最早的一些稿本中,作家试图贬抑女主人公的形象,赋予了她一副粗俗的外貌,把她写得一点不美,但很快这种尝试就被艺术家坚决地抛弃了。随着每一次再版,女主人公的形象变得越来越高大,也变得越来越复杂化了。"[1]从这一变化中,我们看到的已经不仅仅是"一部作品的诞生",而是"作家思想的转变",列夫·托尔斯泰甚至敢于嘲讽自己,敢于解剖自己,并忏悔其思想的陈旧与行为的可耻。对婚姻和妇女的观念,每一个作家都有自己固定的思想,但要勇于针对自己开刀,尤其是与自己唱反调,将那些不符合小说世界情理、事理的思想更新,却是一件艰难的事。因此,我们可以说,写作不但是一个记录、优化并表达自我的过程,它还意味着是一种为写作者提供修行的过程。漫长的写作过程,毋宁说是一场思想的修行、灵魂的洗涤、精神超拔的旅行,它提供了一个可以观物、观我、观世界并观心的场所,在这一场所中,自我被映照出来。甚至,写作是一场孤独的树立自我的漫长跋涉。

从最初阅读普希金的作品,萌生写作的欲念,到碰见普希金娜并将她作为模特,再经过近邻的自杀,直至安娜·卡列尼娜形象的诞生;然后再经过漫长的修改,从达吉雅娜到娜娜再到安娜,从一个荡妇搅乱了一个家庭到一个高贵的女性形象烛照出俄国上层社会的阴暗角落……列夫·托尔斯泰用他的文学写作行为为我们提供了一部不朽的世界名著,也给他的心灵来了一次彻底的洗涤,为他的思想做了最完美的注脚。面对未知数,我们所能做的是以变化应对变化,将未知数变成更新灵魂的一把钥匙。

---

[1] 康·洛穆诺夫:《托尔斯泰传》,李桅译,天津人民出版社,1981年版,第201页。

第五节　创意写作为何青睐未知数

创意写作为何青睐未知数？创意写作为何喜欢作为未知数的变化？除了深思创意的继发性，我们还可以从创作的积累性、过程的实践性、心性的活跃度与思想的历程性四个方面来对之进行解释。这四个方面既属于心理学的范畴，即它们都表现出作家在创作过程中的一种心理状态的提升，也属于写作学的范畴，尤其是针对创作的各种解释，我们可以看出写作本身作为一种持续性行为，与写作者日常生活中的其他行为是一样的，本质上都在重塑着写作者的心性、道德与品质。因此，也就有必要从这些最朴素的方面来考察创意写作的这一特性——它除了是创意写作的，本身还是日常生活的。

第一，创作的积累性。创作的积累性体现在随着创作的持续深入，写作者本人经过不间断的创作，在创作经验、表达方式、人物塑造、情节构建、故事结构等方面，越是深入写作，持续时间越长，就越能够积累出更多的写作经验。在这种写作经验的积累下，新的创意迸发也就成为必然。毋宁说，创作过程本身即是一次练笔的过程，在这一过程中，写作者本人的写作观念会取得进步，具体的语言处理技巧会发生变化，人物塑造的方法也会变得多样，乃至于其他各种写作要素会出现叠加效应，新的念头、新的思想、新的创意……自然都会涌现出来。创意的积累性，提供了改变的契机与动力。

第二，过程的实践性。对于写作者来说，即便事先已经进行了详细的规划，甚至有些情节已经确定了，乃至于某一个更加细小的情节已经缩微到一个人物的举动上，但就创作的过程而言，它仍然是实践性的。所谓"过程的实践性"，意味着写作者进入创作过程之后，实践活动具有修补功能，还具备深入性、连续性、扩展性等特征，从而写作主体就在进行深入、延展、开拓等写作行为，必然会产生继发性的创意，从而带来更为圆满的结果。实践本身并不排斥其过程中所出现的新思路、新方法、新计策、新路径……它甚至呼吁各种创新性的方式方法的到来，以便更为有效地、直接地达成优秀的结果。创作过程就是这种实践性的过程，它自然也吁请着实践性所青睐的最优解，以至于写作者会尝试各种新方法，探索各种新路径。所有的新变，不管是整体性的改变，还是部分性的改变，都值得写作者去尝试。

第三，心性的活跃度。就写作者的心理而言，只要未进入真正的创作过程之中，其心性的活跃程度就不会很高，即便他满怀热情、激动不已，紧张又忙碌地准备着、筹划着、构思着、谋算着……唯独进入创作过程，一俟笔下的第一个字诞生，其内心的活跃度、兴奋度才被真正调动起来，且因聚精会神、一丝不苟而越发触动了灵感的爆发，从而越战越勇。由此，我们也可以说，只有进入到创作中，文字是激活心性的最佳刺激物，创作者天马行空、肆意挥洒，想象力与表达欲共在。总之，对于写作者来说，创作才是真正的思维、心理、感觉、意识等的综合性的训练活动，创意写作之所以青睐作为未知数的改变，其原因正在于此，也正好借由此而达成对创意的真正激发与挖掘。

第四，思想的历程性。创意写作从不可能是一蹴而就的短暂行为，而是充满了变数的逐渐成长的人生经历。思想的历程性本就决定着创作过程，写作者逐步成熟，在这一历程中不断接纳积累的信息，从而促成新创意的产生、推动新局面的打开，也就成为顺其自然的结果。创作与成长相伴，思想与创新同行，这都有赖于思想的历程性，写作者应当把握住每一次创作的机会，给自己的思想水平以提升、增进。

创作过程是一个综合性的过程，在其中，不仅有作品的生产，还有写作者本人技能的培育、思想的发展、心性与修养的锻造和提升……作为一项综合性工程，创作始终保持着更新自我、改变自我的特色，那么作为未知数的改变自然是其所热烈期盼并试图一直保留的一笔巨大财富。

第十章　写作的"习性"及其养成

如果换一种角度来看，创作过程经过长期的自我驯化，会形成一整套"书写习惯"与"写作习惯"，这些我们统称为"写作习性"。所谓"书写习惯"，即写作者在长期的语言表述中形成的一种思维习惯与定式，使其语言风格、故事结构、情节安排、人物塑造等都带有鲜明的个人特征。与此同时，所谓"写作习惯"，是指写作者在创作过程中保有的个人习惯，即个人对写作的时间、空间、环境等有着私人要求。此两类"写作习性"，从追求与目的来看，"书写习惯"通常是作者主动选择，使之贯彻在自我写作之中，从而造就写作的气势、风貌、器宇，乃至于鲜明的个人趣味。建立个人的写作风格，是许多写作者念兹在兹的重要事情，常被认为是一个作家成熟的标志——因此，在造就"书写习惯"道路上，写作者使用固定的表达方式、固定的结构模型、熟悉的人物形象塑造方法等，实际上是在打造"个人风格"，通过一次次的反复描画，在作品中灌注这种个人风格。相反地，"写作习惯"基本上体现为个人性、私密性、随机性以及个人适应习惯之后的固定性。与"书写习惯"一样，写作者也会在创作过程中逐渐地加强对个人习惯的重复，由此形成一种惯性，以便调动起各种想象力与创造力，从而形成创意的汹涌时刻，创作出令人耳目一新的作品。尽管"写作习惯"更偏向于个人行为心理学的一面，而"书写习惯"则偏重于文学风格学的一面，但两者本质上来说都是一种心理定式、一种心理偏好。

偏爱行为(preferred behavior)是美国精神病学家K.戈尔德斯坦通过观察脑部损伤患者时发现的一种行为。在脑损伤患者身上表现为过分的有条不紊、遵守秩序和整洁，患者对任何强制性的改变都感到焦虑，产生"灾难性反应"；在正常人身上表现为喜欢以自己习惯化的方式活动，有一定的可变范围，必要时甚至可采取自己并不偏爱的行为方式。主要特点：能准确执行要求的任务；个体感到最舒服、轻松和适宜。因此，戈尔德斯坦从机体整体论的观点出发，认为这种行为是有机体内在本性的一种表现，是最恰当地与机体的能量相适应的行为。他相信，"通过对这种行为的研究，可确定人格组织和功能的能量，进而了解人的内在潜能，帮助人认识自我，促进自我潜能的实现"①。从这种界定来说，"写作习性"首先表现为一种"偏爱行为"，其次也表现为一种"定式(set)"，它又被翻译为"心向"或"反应定式"，是指"个体先前心理活动形成的准备状态，决定同类后继心理活动的趋势"②。也正因为定式的存在，会导致写作者产生"套板反应"，即以常见的方式和模型去书写熟悉对象，从而让个人风格趋于平庸。写作者们所要追求的"华丽转身"恰是对偏爱行为、定式与习惯的逆反。这恰是我们要讨论的"写作习性"及其养成过程与辩证理解。

第一节　创意写作的习性是什么

按照一般的理解，"写作习性"分为两个方面，即"书写习惯"与

---

① 林崇德、杨治良、黄希庭：《心理学大辞典》，上海教育出版社，2004年版，第896页。
② 林崇德、杨治良、黄希庭：《心理学大辞典》，上海教育出版社，2004年版，第220页。

"写作习惯",它们是构成创意写作的习性的两个重要方面。但我们仍要追问,所谓"创意写作的习性"到底是什么?即追问"创意写作的习性"的本质,除了"书写习惯"与"写作习惯"外,它还可以进行什么样的描述?是否还有其他表征?无论如何,对这种习性的认知与培养,影响着写作者的创作过程,也影响着作品的质量。创意写作的习性,是属于创意写作的,也是属于习性的。后者归属于心理学、文化学的范畴,前者则归入对创意写作的认知。从此两者入手,关于这一问题的追问,就能够获得解答。

习性是对习惯的提升。两者有相同之处,但很明显,习惯更强调一种行为的惯性,而习性则意味着这种习惯逐渐变为一种个性,灌注于思想、精神之中,所以会导致一个人的行为产生惯性。在心理学上,习惯是指"个体在一定情境下自动化地执行或完成某些动作或某些固定活动模式的需要和倾向……可以是有意练习的结果,也可以是无意的多次重复的结果。严格的作息制度或对某动作的模仿,都可形成一定的习惯"[①]。美国心理学家赫尔、多拉德和米勒都认为习惯是刺激与反应之间的一种联结,是构成人格结构的主要部分,据此可以解释意识过程、动机、冲突和防御等。行为心理学家华生做过多次实验,证明习惯是一种刺激与反应之间的联结,他认为:"个体拥有一个组织来适应'遭遇的情境'。既然如此,他必须形成这样一类习惯——能够使刺激 A 平息,或者采取某种活动方式,使自己从这种刺激的有效范围内摆脱出来……也就是说,当个体想要进入一个更加舒服的境界,就必须形成一些习

---

① 林崇德、杨治良、黄希庭:《心理学大辞典》,上海教育出版社,2004 年版,第 1340 页。

惯。"不仅如此,在这一过程中,所谓个体对刺激的反应联结,仍然需要多次练习,才能形成固定的适应反射,所以华生继续解释说:"内外环境的刺激,使个体开始活动,在个体去除刺激 A 或者离开那个被刺激 A 所影响的范围之前,个体可以有不同的活动方式。而当个体重新回到原来的环境中,个体能在其中快速而更多地做自己想做的事,以达成自己的目的。对此,我们可以说这个个体已经学会或者已经'形成'了一种习惯。"①这里需要区分的是,条件反射与刺激反应之间的关联——条件反射更趋向于生理性的反应,它与个体适应情境的主动调节关系不大;刺激反应则意味着个体主动去适应情境,并进行自我调节,减轻长期规训的结果。因此,习惯不是一种条件反射,而是一种刺激反应。这一刺激的范围较为广泛,就创意写作而言,写作本身就是一种刺激,面对这种刺激,写作者就要进行行动,而在反复的行动过程中,写作者逐渐适应了对外在环境的需求,对写作时间与空间的适应——本质上来说,"书写习惯"是写作者对语言刺激的反应,"写作习惯"则是写作者对周遭环境刺激的反应。不管是语言还是环境,都是写作者采取行动的前提,在反复的练习下,写作者逐渐调试出一整套适合自身的反应模式,由此建立起个人的"习惯"。当这一习惯逐渐内化,成为不由自主的惯常性反应,我们说写作者就形成了个人的"写作习性"。

在社会学领域,习惯也是重要的研究对象,马克斯·韦伯认为:"在社会行动范畴内可以观察到某些经验式的一致性,亦即由一个行动者再三重复的,或者在众多行动者中间由于怀有同样的

---

① 约翰·华生:《行为心理学》,刘霞译,现代出版社,2016 年版,第 24 页。

主观意义而(同时)出现的行动过程……如果一种社会行动的取向在有规律地出现,那就可以叫作'习惯'(Brauch),但前提是它在一个群体中的存在概率仅仅是基于事实上的实践。如果这种实践持之以恒,一种习惯就可以叫作'习俗'(Sitte)。"[1]习惯在社会学的研究中,不很强调刺激反应的结果性评价,更倾向于基于实践建立起来的行为模式,这种实践可能本身并不带有利害关系,所以韦伯强调它不同于惯例、法律,"'习俗'涉及的是一些没有任何外在约束力的规则,行动者是按照自己的自由意志遵守它,且不管他的动机是由于完全缺乏思考、是由于遵守起来比较方便、还是由于无论其他什么可能的原因"[2]。在这个基础上,写作者个体的习惯,实际上是纳入社会习俗中的,亦即它遵循着社会习俗——文学制度的规训结果、文学名著的影响焦虑、题材选择与表现方法的适应等。当然,这已经是另外的问题了,单就个体的写作行为而言,社会环境、作家习俗都在影响着写作者习惯的建立。

　　习惯的养成,习性的建立,对行为个体而言意味着什么?在心理学上,为了更好地理解个体的意识、动机、冲突等,强调对习惯的理解,研究者认为:"从社会和道德的角度,可分为良好习惯和不良习惯。良好习惯有助于个体掌握知识和技能,进行创造性的活动,有益于社会的发展和个体性格的完善。习惯并非一成不变,人既能在一定条件下自觉养成某些良好的习惯,也可以有意识地改变

---

　　[1] 马克斯·韦伯:《经济与社会》(第1卷),阎克文译,上海人民出版社,2009年版,第119页。
　　[2] 马克斯·韦伯:《经济与社会》(第1卷),阎克文译,上海人民出版社,2009年版,第119页。

某些不良习惯。"①因为习惯是个体对外界境遇的反应,在这个反应过程中,会有一个"强化过程",不管是连续强化,即"在每一个正确反应之后都给予强化",还是部分强化,"即不是在每个反应之后都给予强化"②,在趋利避害的原则之下,个体会对导致失败与消极结果的行为与过程产生警惕。而能够得到奖赏、获得成功的行为被"泛化",更大规模地推广在各种活动中;与此同时,惩罚机制又促使个体"压缩"乃至于"杜绝"那些导致失败的反应动作——长期如此训练下来的习惯,形成一整套"问题解决机制",从而被保留下来。因此,一般而言,习惯的建立,尤其是正向刺激反应的确立,是主体在克服困难、解决问题过程中被优化了的方案,所以它能帮助个体在遇到同类乃至类似情况下,采取相同的反应,从而"习惯化"地适应或解决所碰到的情境与问题。

综上所说,"创意写作的习性"是指写作者个体基于创作环境、创作工具、创作过程的刺激而采取的反应,并逐渐形成一整套适应性的"行为机制",从而在其创作过程中固定下来的行为模式。从创意写作本身来说,除了"书写习惯"与"写作习惯"外,尚有其他两类习惯:其一,创意的习惯。即在创作过程中,创意甚至不受习惯的约束而强行将继发性的创意纳入写作中去,迫使写作者中途修正、调整并适应新的创意的行为。尽管写作者个人的习惯要求他完全遵循其制定的计划,一步一步地落实已经规划好的步骤,但因为创意习惯的存在,这些都成为未知数——必须注意的是,习惯之

---

① 林崇德、杨治良、黄希庭:《心理学大辞典》,上海教育出版社,2004年版,第1340页。
② 丹尼斯·库恩:《心理学导论:思想与行为的认识之路》,郑钢等译,中国轻工业出版社,2014年版,第252页。

间纵横交织、互相影响,从而形成一个习惯体系,构成综合性的写作"习性"。创意的习惯,可能并非源于写作者个人有意的练习、培训、强化,而是创意写作本身的一种自发性现象,但它频繁出现、重复出现,形成创作过程中的自发的、固定的行为,从而变成写作者的个人习惯,促成"创意写作的习性"的诞生。其二,反习惯的习惯,亦即为防止套板反应的产生,写作者在创作过程中刻意地对自己的"书写习惯"进行反向的、发散的改造行为,它可以看作一种尝试、一种自我更新,也可以看作固有习惯的延续与推进。这种习惯一般发生于"书写习惯"中。贾平凹在创作《废都》时,最初是在西安自己的家中,随之转去铜川市耀县(即今铜川市耀州区)的桃曲坡水库,再转往户县甘亭镇(今西安市鄠邑区)好友李连成安排的一间小房子里进行创作,将近一个月后,接着去往渭北平原的大荔县邓家庄好友马健涛家新落成的房子里继续写作和修改。自然,这种"反习惯的习惯"行为并不与"创意的习惯"重叠,而是对其的补充与延伸。

实际上,不管是"书写习惯"还是"写作习惯",抑或是"创意的习惯""反习惯的习惯",创意写作的"习性"所包含的是写作者作为独特的个体,在外在刺激的反应中逐渐建立起来的、重复且固定的行动模式与适应程序,它遵循社会习俗所规约的种种条条框框,但在允许的范围内尽量保证个性,并使创意本身产生意义与价值。

第二节 习惯成自然,或管理的效果

如何形成良好的习惯,使之灌注于创意写作的整个进程之中,从而起到事半功倍的效果?或者说,对于习得的惯性,写作者如何在规约中适应、总结并打造出一整套效率高、个性足又能成功转化为促发写作要素的行为系统、惯性模式？这在心理学研究中是一个重要课题，旨在提供训练的途径，以帮助那些深受坏习惯困扰的人们摆脱不良习惯的影响，从而努力形成一个新习惯。通俗来讲，这些试图使一个人趋向完美的训练行为，用的方法不是给个人身上强加一些好习惯，而是改掉一些坏习惯。因为改掉坏习惯的过程中，好习惯就自然而然地增加了。

在心理学上，一般认为所谓"习惯化（habituation）"有两种所指，一种是"个体在一定情境下因反复练习而自动化地执行某种固定的活动模式的过程"。另一种是"有机体对于生命无关的重复性刺激的反应逐渐下降甚至消退的过程"[1]。前者是习惯的获得，后者涉及习惯的改掉、有机体对刺激反应的消失等。就写作者而言，常说的"三天不练手生"即是这个意思，因为刺激消失或刺激程度降低，就会导致敏感性降低，习惯化逐渐被遗忘。"习惯化"提醒我们，习惯的获得是有意识训练的结果，它可以通过反复的、长期的、程式化的行为方式，从无到有地体现在写作者的身上。这就是"习惯成自然，或管理的效果"的原因。为了解答"是否人人都可以获得好习惯"这一问题，华生设计了很多实验，其中一个实验即"儿童糖箱"：告诉一个儿童箱子里有糖，让他反复地搬来箱子并拆开箱子，以便获得糖果。他们提前设计了50种动作，让儿童在开箱过程中使用，结果发现每一次儿童打开箱子获得糖果所使用的动作都不一样，不但顺序不一样，就连动作的选取也不相同。由此他们

---

[1] 林崇德、杨治良、黄希庭：《心理学大辞典》，上海教育出版社，2004年版，第1340页。

发现:"最近因素"是一个较为重要的影响环节,即越是靠近的因素,越会被重复使用①。而这个所谓的"最近因素",即是习惯,也就是说,行为者总是选取自己熟悉的、常用的方式来做一件事情,从而产生惯性。这既和条件刺激有关(获得糖果),也和心理与身体的习惯有关,即刺激的新鲜程度的问题。关于习惯的养成,华生认为这是一种学习行为:"如果我们需要通过尝试次数来检验是否可以获得进步的话,那么是无须集中训练的,因为根本没用。但因为实践需要,有时要求我们这么做。"②从根本上来说,这种训练是要通过反复练习,强化刺激使个体反应模式化、固定化,从而形成一种定式效应。"定式效应反映的是一种根深蒂固的惯性思维方式,它会不知不觉地深入到我们的潜意识之中。"③由此而产生的习惯,同样根深蒂固,但它又是可以改变的。

就"写作习惯"而言,很多作家个人习惯的养成,使其创作顺利达成。在这一点上,我们说,创意的求新与习惯的定式之间并不矛盾,亦即写作者为了完成一部作品,逐渐发觉、培养、训练并最终积累成自我的写作习惯,这也是一次自我发现的旅程,并不会阻碍创作的求新目的。所以有研究者提出:"对于精神导师来说,重要的不是是否到达了巅峰,而是如何消化其所经历过的真理,以及这个真理在每时每刻生活中体现了多少。"④

本质上来说,习惯的养成有一个模仿的过程,也有一个试探和训练的过程。就社会习俗而言,个人的习惯落入社会化的进程之

---

① 约翰·华生:《行为心理学》,刘霞译,现代出版社,2016年版,第28—29页。
② 约翰·华生:《行为心理学2》,刘霞译,文化发展出版社,2017年版,第129页。
③ 墨非:《行为心理学》,中国华侨出版社,2018年版,第18页。
④ 娜塔莉·戈德堡:《心灵旷野:活出作家人生》,孙玉婷译,中国人民大学出版社,2018年版,第30页。

中,就是一个模仿并熟悉的过程。"社会化是一个过程,通过这一过程,无助的婴儿逐渐变成一个有自我意识、有认知能力的人,并熟练掌握他或她生于其中的文化的习俗。"①而就写作者个人而言,从学习、获得的角度来说,习惯则是个体逐渐试探、适应并通过训练而熟悉掌握技能、行为程序的过程。甚至,这还是一个刻意建构的过程,即通过多次心理暗示,将主体心性等适应于外在环境的长期性活动。长期的训练、对创作过程的管理、身体与心灵的适应等都是习惯养成的重要因素。我们完全可以这样来认识:"写作习惯"之养成,是从探索发现开始的,以适应作为中转,以舒服为旨归,最终形成写作者个体在面对写作刺激物时形成的系列化、固定化、重复性的生理与心理的行为系统,它能帮助写作者以更高质量、更快速度地完成写作任务。

个人"写作习惯"的建立,一般需要经历如下过程:其一,探索与发现。对于外在环境,任何人都需要去探索并发现,哪一类、哪一时段、哪一种环境最适合自己的创作活动,尤其是对刚刚投入创作的写作者而言,需要不停地更换场所来寻找建立习惯的写作空间,更换每天的写作时间段来寻找最适宜的写作时间……列夫·托尔斯泰就特别喜欢在春天写作:"我们知道,春天对托尔斯泰的影响是多么大。他知道暮年每逢春天都生机勃发,心情振奋,创作力旺盛。'春天。傍晚时分。'他在记事本里写道,'红霞反照,撕碎的云彩,静寂,荒凉,潮湿,阴暗,芬芳。'"②尝试在不同的时间段、不

---

① 安东尼·吉登斯、西蒙·格里菲斯:《社会学》,李康译,北京大学出版社,2009年版,第133页。
② 亚·托尔斯泰娅:《天地有正义:列夫·托尔斯泰的生平》,启篁、贾明、锷权译,湖南文艺出版社,1985年版,第346页。

同的地点来创作,进而发现最适合自己的时间、空间。有些人喜欢在深夜写作,有些人则喜欢在嘈杂的咖啡馆写作,有些人甚至在雨天创作力旺盛,有些人在秋天或冬雪的深夜灵感爆棚……每个人的心理机制都是不同的,因此就需要不停地去试探、去发现。其二,适应与调整。即便是探索、发现到了适合写作者心理、生理与精神需求的时间、空间,仍然需要把自己适应并调整进入这种状态。固定习惯的养成,是为了更好地激发创意思维,更好地调动写作者的身心,从而在创作过程中保质保量地完成写作任务。比如以轻音乐来调整、应对外在喧哗的影响;以饮茶来调整节奏、缓解压力……适应与调整的过程,是写作者以自我适应为基础的行为,能更好地融入环境,使创作更顺利。其三,训练与强化。挑选到了合适的时间、空间,也经过调整逐渐适应了写作环境,那么把这种行为逐渐固定下来,通过不断的重复来将此变为一种程式化的行为,这样写作者就拥有了"写作习惯"。

建立"写作习惯"的"三步法",看上去是一种教条式的规程,但实际上达成了"管理的效果"。也就是说,管理创作过程,并对这一过程中的个人偏好、定式进行甄别、培养,从而构建一整套个人化的、私密化的行为模式,是"三步法"内在的规定性。

第三节 风格与习性

对于任何一个写作者而言,能够通过写作来建立属于自己的文学风格,都是梦寐以求的事情。作家们孜孜以求地为个人风格之建立而努力,皆因为风格因人格而彰显,人格也因风格而彰显。文学史上的伟大作家,几乎都独创了属于自己的风格,风格之建立也就变为评判作家成就的一个标准——"具有独创风格的艺术作品,能够产生出巨大的艺术感染力,它不但给人留下难忘的印象,而且会让读者从中发现其他任何作品不能代替的美学价值"[①]。正因为独特的、不可替代的审美价值,每一部作品所拥有的风格,总能够以最快的速度被读者所辨识出来,从而变成写作者的一张名片。

一般而言,所谓的"风格",对一部作品来说,或者对于长期创作的写作者来说,包含着两个方面的指向:其一,题材的风格,即写作者善于就某一类型的题材进行创作,如纯文学领域的乡土文学、寻根文学,便是较为典型的代表;通俗文学领域,武侠小说与言情小说最具典型性。近年来随着网络小说的兴盛发达,架空历史、玄幻、女频、男频、都市言情……各种题材被集中开发,形成了鲜明的风格,甚至对语体语貌都产生着重要的制约作用。再比如鲁迅的小说创作,题材主要是农民和知识分子两类,其中《故乡》《社戏》等算是农民题材的代表作,《在酒楼上》《孤独者》《伤逝》等则算是知识分子题材的代表作。取材不同,使写作者对自我风格的塑造有着倾向性,这种倾向性本身就能表明作家身份、作家风格。其二,体裁的风格,突出表现在作品的形式方面,语体语貌、遣词造句、人物形象的塑造、故事结构的使用等,在塑造体裁风格方面有着举足轻重的地位。体裁的风格,首先表现在对语言的使用上,绮丽的、感伤的、崇高的、秀美的……具体用语与修辞的不同,造就不同的风格。在中国文学发展的历史上,对风格的划分与界定较为丰富的,当数司空图《二十四诗品》中描摹的二十四种风格类型:雄浑、冲淡、纤秾、沉着、高估、典雅、洗练、劲健、绮丽、自然、含蓄、豪放、

---

① 尹均生:《中国写作学大辞典》,中国检察出版社,1998年版,第531页。

精神、缜密、疏野、清奇、委曲、实境、悲慨、形容、超诣、飘逸、旷达、流动。如其中的典雅风格,即"玉壶买春,赏雨茅屋。坐中佳士,左右修竹。白云初晴,幽鸟相逐。眠琴绿阴,上有飞瀑。落花无言,人淡如菊。书之岁华,其曰可读"。也就是说,司空图将"典雅"的内涵进行了改造,"由儒家引向了道家,从中丝毫闻不到儒家经典的气息,却显示出文人雅士超然出世的道家风范"①。所谓的典雅风格,司空图用了这种语言特色,对之进行界定,读之便有感觉。之所以体裁的风格如此重要,乃在于它是阅读者接触作品的"第一印象",正如英伽登认为,文学作品从现象学的角度来分析,最初的层次即"书面符号和语词声音""语词和句子意义"等②。

对于写作者而言,从一开始即着意于建立自己的风格,在慢慢地摸索之中,终将达成这一目标。采取的方法主要有以下几种(它们同时可以作为步骤):其一,心理暗示法。在心理学意义上,暗示是指"通过某种手段使人不自觉地接受某种观点、信念、态度或行为模式的影响,从而在心理状态或行为上发生相应变化的过程"。相应地,也有"暗示疗法",即"通过非批评性的暗示使患者产生认知、情感和行为改变的心理治疗技术"③。就写作者而言,所谓心理暗示法,亦即创作者在创作过程中,要对自己进行心理催眠,时刻暗示自己建立独特风格的重要性,在语词选择、言说方式等方面刻意保持一致性,在变化中保持风格的不变,在风格不变的情况下,拓展表达的丰富性与陌生性。在构思阶段,写作者要暗示题材选

---

① 司空图、郁沅:《二十四诗品导读》,北京大学出版社,2012年版,第33页。
② 罗曼·英伽登:《对文学的艺术作品的认识》,陈燕谷译,中国文联出版公司,1988年版,第16—35页。
③ 林崇德、杨治良、黄希庭:《心理学大辞典》,上海教育出版社,2004年版,第14页。

择方面的高度特征性,以熟悉的题材作为抓手,适当扩展,尤其是近取于诸身的周围世界,当作重点书写对象。其二,重复性训练。风格的形成是一种习惯的积累,惯性使然之下会自然而然地选择熟悉的、就近的语言、用词、结构方法或人物塑造的途径。重复性练习是将每一次创作活动都作为一次练习的机会,从而将之化为风格构建的重复行为。实际上,写作者都是在自己熟悉的区域以舒适的方式在写作,往往也能在朦胧中产生一种写作风格的趋势,但整体上而言却并不明确。必须以较为明确的方式,乃至于心理暗示的方法,将之贯彻在每一次的创作活动中。其三,选择或锻造一种表达方式,作为塑造风格的基础,并刻意为之地使用这种表达方式。短篇作品强调数量上的一致,长篇作品则强调前后的一致——长篇作品本身就是一次对表达手段的反复练习,写作持续多少日就进行多少次重复练习。以刘震云的《一句顶一万句》为例,他在创作中就可以使用"书面化的口语表达方式",因此整个作品的风格就尤为明显,小说开头的第一句就较为显著地表明了自我风格:"杨百顺他爹是个卖豆腐的。别人叫他卖豆腐的老杨。老杨除了卖豆腐,入夏还卖凉粉。卖豆腐的老杨,和马家庄赶大车的老马是好朋友。两人本不该成为朋友,因老马常常欺负老杨。"[①]整个作品便沿着这样的基调前行,形成一种风格。其四,将风格和个性与习性深刻地联系起来,作品的风格即写作者个性淋漓尽致地表现,即写作者习性毫无差别地呈露。布封"风格即人"的观念,即在强调个性决定喜好,喜好影响语词选择,进而造成风格之诞生。在创意写作的领域,有研究者认为:"写作风格是指越来越强烈的

---

① 刘震云:《一句顶一万句》,长江文艺出版社,2009年版,第3页。

存在感,是一层一层深入地挖掘我们自己,然后诉诸语言,知道我们所写的文字映射着我们的全部,我们身上所有的一切都在支撑着我们的写作。那是让我们赖以立足的坚实基础。"①

但必须要明白的一个事实是,"风格的建立是为了打破的"。之所以要建立风格,是为了让作品有自己独特的标识性,但只要一建立风格,就意味着套板反应的形成,意味着作品缺乏创新的因素,意味着陈陈相因、墨守成规、自我重复等。因此,建立风格后,应即刻灌注于"创意的习惯"与"反习惯的习惯",培养相对应的"创意的风格"与"反风格的风格"。以金庸创作《鹿鼎记》为例。从题材来看,《鹿鼎记》是典型的"反类型的类型",主人公不再是具有英雄气概、顶天立地的男子汉,而变成了一个油腔滑调、好色贪财的小混混;原本主人公的行侠仗义、武功盖世,也变成了脚底抹油、溜之大吉……当阅读者看惯了郭靖的侠之大者、乔峰的大义凛然,忽然韦小宝的形象颠覆了既有人物的行事风格,旧有的风格就被打破,新的风格随之建立。哪怕《鹿鼎记》是"反武侠的武侠",然而其精神内核、本质性规约却并未改变,即韦小宝可以溜之大吉却并不违背做人的基本原则,为国为民也仍然是其行动的旨归。所以研究者强调,"杰出的作家一方面有独特的风格,另一方面又能够做到风格多样化,把风格的独特性和风格的丰富性完美地统一起来"②。风格的独特性与保持风格的多样化,是一对辩证统一的关系,它们互相依存,又互相成就。"反风格的风格",本身就是一种风格,而"变化"作为写作者所必备的质素,也主要体现在对风格多

---

① 娜塔莉·戈德堡:《心灵旷野:活出作家人生》,孙玉婷译,中国人民大学出版社,2018年版,第14—15页。
② 尹均生:《中国写作学大辞典》,中国检察出版社,1998年版,第531页。

样性的开发上。因此,建立风格就意味着要打破它,唯有旧风格被打破,新的风格才有建立之可能。

对于写作者而言,打破旧风格,建立新风格,并非简单之事。在这方面,心理学关于"习惯化与反习惯化"的研究可以提供参考:"若变换新的刺激物呈现给婴儿,则重新引起婴儿的注意,即去习惯化。常用的指标为注视时间、心率、吸吮频率等。"①在心理学上,更换刺激物,重新引起注意,并通过强化对新刺激物的反应来让新的习惯建立以取代旧的习惯,是常用的方法。新风格并不意味着对旧风格的拆除与破坏,常用的方法主要有:

其一,更新语料库。尝试从固定风格中挣脱出来的最好方法,莫过于通过广泛阅读来更新已有语料库——这便是更换刺激物,使新的反应得以建立的心理学方法。写作者限于自我风格,便是因为其所使用的语料库已经建立,并且边界明显,向外扩展其边界,填进更多、更丰富的语料,是新风格得以建立的基础。不管是阅读不同题材的作品,还是强迫自己尝试阅读曾经并不欣赏的文风,都是更新语料库的具体方式。甚至可以观看绘画、聆听音乐等,来更新自己的既有认知,从而获得对题材的新感知。

其二,以阅读带动写作,在风格的更换上,即体现为通过阅读对写作者形成暗示。实际上,更新语料库本身就包含了阅读这一路径,但阅读更强调向异质性作品学习,以心理模仿作为揣摩的基础,进行一套"意念中的新风格之旅"。阅读除了能够带来语料库的更新,还能够对人物塑造方式、结构、情节,乃至于对小说的时

---

① 林崇德、杨治良、黄希庭:《心理学大辞典》,上海教育出版社,2004年版,第1340页。

间、空间等创作方式进行更新。

其三，从小作品的创作入手，逐渐过渡到大作品。对于建立新风格的尝试，小作品如短篇小说、散文、短诗等，都是较好的训练体裁。首先，即便建立新的风格宣告失败，其所耗费的精力、心力也都是在可控制的范围之内，不至于伤筋动骨，写出不满意的作品又陷入无法割舍的尴尬境地。其次，短篇作品短小精悍，可进行多次的风格练习，在数量上可以保证风格建立之熟悉程度。待到小作品的尝试已经初步建立了新风格，那么再进行大作品创作，则能够稳固住这种新风格。再次，不断地尝试、重复、强化，通过连续刺激建立适应性，从而以造就新习惯，建立新风格。最后，学会与旧风格、旧习性对抗，在对抗中获得新风格、新习性。为什么一定要与旧风格、旧习性进行对抗，皆因为"旧习惯强大而充满嫉妒。如果它们受到警告说要做出改变，它们不会束手就擒，轻易地被取代。它们会为自己的存在进行巧妙的、有说服力的反抗。如果它们受到极端的攻击，它们就会自己报复；在一两天极其善良高尚的努力之后，你就会发现各种各样的借口和原因：新办法不适合你，你应该做出改变以适应这个或那个旧习惯，或者干脆放弃尝试算了"[①]。作为一种思维定式、心理定式，个人习性与风格是在反复的、长时间的训练中培育出来的，且被证明是适应的、舒适的，而摆脱旧风格、旧习性，就意味着走出舒适区、安全区，去用陌生的方法探测未知数，人就会不由自主地激发自身的惰性，保证继续停留在安全区域之内。因此，与旧习性、旧风格的对抗，意味着在态度上要坚定

[①] 多萝西娅·布兰德：《成为作家》，刁克利译，中国人民大学出版社，2011年版，第41页。

而决绝,如此才能以决然之心态,投入到建立新风格之中。

风格与习性之间有着密切的关系,甚至可以说是一体两面,共同统一在"个人风格"之下。所谓个人风格,是指"作家一贯的、成熟的、定型的艺术特色。风格是一个作家思想、生活、艺术素养诸方面的反映。一个在各方面都很成熟的作家,总是有自己所特别喜爱和擅长表现的生活面,总是从自己独特的角度以独特的方法来观察世界和反映世界,这就形成了作家的创作个性。这种创作个性,把一个作家的许多作品统一起来,并使之与其他作家的作品区别开来"①。

第四节　写作的三种状态：立马开工、深思熟虑或腹稿完成

不同于企业或组织的活动管理,创意写作的创作过程较具有私密性、随意性,它是写作者本人进行自由调配的活动,因此偶发性、意外状况频出也属于正常。但若要进入创意写作的生产环节,对于写作者个体而言,已经不能以传统的天才论、兴趣论对待之——创意写作甚至是一项工作,等同于企业产品生产的流水线作业,类似于组织内部在计划的指导下完成规定的任务。写作者哪怕是单独地进行创作,那么也应该将创作看作一种劳作,个人写作成为手工作坊或个体户生产活动,它在计划执行过程中,还需要进行控制。"控制(controlling)是监控、比较和纠正工作绩效的过程。所有的管理者都需要控制,即便他们所在部门的表现完全符

---

① 尹均生:《中国写作学大辞典》,中国检察出版社,1998年版,第531页。

合计划,因为除非管理者已经评估哪些行为得到了实施并将实际的绩效和预期标准进行了比较,否则他们很难真正知道绩效结果。有效的控制可以确保所有的行动都是按照实现目标的方式完成的。"①个体化的创作过程中,写作者本人既是管理者又是被管理者,这是就其完成计划与任务而言的;同样地,如果将创作过程也看作一项产品生产,那就意味着写作者是管理者,只不过他管理的对象乃是写作的质料,即语言、情节、人物、故事、结构、时间、空间等。

但仅就个人化的创作活动而言,因人而异的情况更为普遍,且中间对计划执行情况的控制方式也不相同。仅就"写作的习性"来说,有意地建构起来的"写作习惯""书写习惯",乃至于"创意的习惯""反习惯的习惯"等,都综合地体现在每一个写作者的写作状态上。有必要重新回过头来,厘定一下"创意的习惯"以及"风格与习性"的相关问题,以此来更好地观察"写作的习性"这一主题。

其一,"创意的习惯"决定着写作者常会采用的三种写作方式,即立马开工、深思熟虑与腹稿完成。这就意味着,每一个写作者接受创意的习惯是不同的:有的写作者喜欢在创作之前,将所有的创意穷尽,即便创作过程中还会有继发性的创意到来,但已经几乎无法影响创作的走势、作品的定型了;有的写作者则喜欢将创作过程当作一场冒险的旅程,不但在旅途中接纳任何新来的创意,而且善于创造出一定的环境,从而来促发继发性的创意,对于他们而言就是一路拾取、采摘、培育创意,然后完成作品;第三种状态,则介于

---

① 斯蒂芬·罗宾斯、玛丽·库尔特:《管理学》,刘刚、程熙鎔、梁晗等译,中国人民大学出版社,2017年版,第496页。

前两者之间,既不拒绝创意在创作过程中的随时降临,也不在开始创作之前试图穷尽所有创意的可能性,以此来保障创作过程的"可控制性",促使计划按部就班地完成。因此,我们可以说,立马开工作为"写作的习性",是一种偏向于适应创意的继发性的创作模式,它更多地把计划、构思置于创作过程中,不断有创造力的爆发、作品走向的重新勘定等。它试图摆脱创作开始之前对精力和心力的耗费,而是选择将之铺洒在创作的过程中,随着作品世界的逻辑来推演、展开写作。它看似随意随性,甚至毫无计划性,但并不意味着毫无章法——计划对于这种写作的习惯而言,意味着大纲性的存在,而非严格的控制。腹稿完成法,是严格遵照计划的可控制性,并且在创作过程中严格地控制生产进度、计划落实情况,监控生产效率与绩效结果的写作习惯。为避免创作过程中出现过多的继发性创意,写作者选择这种方法,能够按时、按量、保质地完成写作任务,它看似死板,实则是在投入创作前就做好了预案,进行了全面的风险评估,预想了各种困难、危机及其处理方式。只是说这种方法,将许多本应在创作过程中完成的工作进行了提前,从而提高生产的效率,也缩短了创作时间。也就是说,腹稿完成的状态,意味着创作之前,产品已经有了预先存在的模样,创作过程就是将之"誊录"下来。深思熟虑法介于立马开工法与腹稿完成法之间,既不会在创作中途大规模地接受甚至创造继发性的创意,也不会将已经成竹于胸的半成品顺利地生产出来,而是选择充分地考量创作过程中出现的各种危机、麻烦、困难和问题,以及继发性的创意,做好应对的准备而不规定具体的处置方法,而是随机地、灵活地来解决诸种状况,从而保证有价值、有意义的继发性创意不被漠视,也不会将创作时长拖得过于长久。

其二，所谓"风格与习性"所强调的是，个人的个性、习性所带来的影响往往是巨大的，却又是隐而不显的。俗话说"什么样的人说什么样的话"，就已经表明个人性格、习惯对其语言表达的潜移默化的影响。写作与人的性格、人格是紧密相关的，它是促成写作者选择什么样的"写作习惯"的前提和动力。"人格是稳定的。我们可以跨时间、跨情境地审查这些稳定的行为方式。我们预期，今天活泼开朗的人，明天也是活泼开朗的。"[1]这些稳定的行为方式、内部过程性，其实都在悄无声息地促使写作者选择以何种方式来书写，选择以哪种习惯作为自己创作过程的依傍。落实在创作过程中，有些语言习惯会不由自主地跳出来，而创作恰恰是对这些习惯的克服。当然，从这个方面来讲，有三种主要的"写作习惯"：一是急性子或天性开朗、无所畏惧的写作者，更愿意采取立马开工的写作习惯。因为对于他们而言，"现在就开始写吧"胜过"想好了再说"。此类写作者大多是因为性子急，没有太多顾虑就投入创作过程中，并且在麻烦来临之际也会三下五除二地、快刀斩乱麻地将之解决。至于最终作品的质量，他们会用他们的方式来加以调配和监督——急性子并不代表鲁莽、粗俗，而倾向于性格开朗、无所畏惧，倾向于接受挑战、应对难题。二是心思缜密、细腻又敏感的写作者，往往会选择腹稿完成法来作为自己创作的习惯。他们在创作过程中可能会瞬间被突如其来的继发性创意所影响，对创作过程中出现的任何麻烦有着超强的感受力。因此，为了避免各种突发状况带来的阻碍，他们必须事先进行全盘考虑，乃至于已经在构思时便将作品打造成半成品，即便创作过程中受到了一些意外的

---

[1] J. M. 伯格：《人格心理学》，陈会昌译，中国轻工业出版社，2014年版，第4页。

影响,也不至于导致作品最终变成未完成品或残次品。一般来说,心思缜密、细腻又敏感的写作者,会认为腹稿完成的方式更为保险,半成品的存在也会让他们倍感安心,创作的过程也会更为顺畅。三是性格沉稳又很有主见的人,更倾向于选择深思熟虑法作为自己创作的习惯。他们既不会急于进入创作过程中,追求创作过程中各种眼花缭乱的创意,给自己增加许多不确定性与应付麻烦的疲惫感,又不会过于受各种状况的影响,这容易带来巨大的心理波动,从而导致创作的悬置、停滞乃至于中断。所以他们会在创作过程开始之前进行详细、周密、完备的计划,却不会事无巨细到完成作品中所有的构思,而是愿意接受在创作过程中出现的新变。按理来说,这种"写作习惯"既不会拒新创意于门外,又不至于导致写作结果偏差太大,是能够收获高质量成果的较稳当的方法。

整体来说,所谓立马开工式的"写作习惯",强调"现在就开始写吧"的重要性,因为许多好的创意、构思,不是在创作过程中被搁浅从而成为"烂尾楼"的,而是长期的构思拖慢了节奏,在未开始之时它就宣告流产。所以这种写作习惯更希望进入创作时,哪怕有麻烦也在写作中解决,哪怕创意还不完善,也要在创作中来补充、丰盈。它有效地阻止了一个创意在未开始付诸实践时就宣布夭折的悲剧,但又不能确保创作过程一定按照既有计划前进,以致最终的结果与最初的计划了无关系。就"创意的习惯"来说,这是大受欢迎的,因为创意本身就是一个未知数。同样地,腹稿完成式的"写作习惯",最容易保证产品按照计划一步一步地从腹稿变为现实,而且极少会产生残次品乃至于废品,但它的按部就班、亦步亦趋也会将一些创意天然地就摒弃于创作过程之外,不是抛弃这些继发性的创意,而是从根本上预防乃至于杜绝过程中出现的意外状态,自然继发性的创意也不容易产生。所以这种写作习惯考验的是写作者在进入创作之前,到底能够在何种程度上做到全盘统筹、整体把握,乃至于未卜先知地将所有状况都考虑进去。这是一场对心智、精力的大考验。相比较而言,深思熟虑式的"写作习惯",看上去则更为保险、安全——它不冒险,但不排除冒险;它不墨守成规,但也会按部就班;它不立马开工,但也不会拖延成性……不能说这种习惯是左右摇摆的习惯,而可以将之界定为左右逢源的习惯,因为这种方式充分保证了创意的继发性与计划的执行力、绩效的稳定性。总之,不管以哪一种"写作习惯",以何种状态进入创作过程,都不是万无一失的方法。个体创意写作,更强调自由、随性与私密性,所以习惯的养成应结合实际状况来确定。

第十一章　监督与补偿机制的建立

在心理学研究领域,有一种称为"自我监督"或"自我监测"的治疗技术,便于治疗者了解患者问题行为或症状效果的客观评价提供重要资料与依据;监测本身就可帮助患者减少问题行为。因为患者对问题行为觉知水平的提高可打断行为反应序列的自动性[①]。正是因为监督有如此的作用,行为者个人在许多时候会主动用这种自我监测的方式,即便是在非病态境况下,它也会被运用于其他领域。自我监督,是在过程性的行为中,及时发现错误性的、偏转性的行为,随之采取相关行为在危机发生之前预防其发生,在危机到达之时应对其发生,在危机发生之后采取补救措施以规避危机带来的负面影响。同样地,在管理学领域,监督更是保证生产顺利进行、组织正常运转、计划充分实施的控制手段。尤其是在项目管理过程中,监测成为必要手段,它是"通过搜集分析和报告项目绩效,并常与计划进行对比,从而对项目执行与所商定的日程,对投入、基础设施和服务的使用等方面所作的连续评估"[②]。其特征与构成内容主要有:从执行时期来检测项目、计划、规划、政策执行的过程;从执行频率来看强调周期性、规律性的检测;执行方式

---

① 林崇德、杨治良、黄希庭:《心理学大辞典》,上海教育出版社,2004年版,第1767页。
② 陆雄文:《管理学大辞典》,上海辞书出版社,2013年版,第358页。

第十一章 监督与补偿机制的建立

上是连续进行的;主要行动则是保持与计划一致并监视计划的执行;主要目的是提高效率,并随时根据监测结果来调整计划;是所有项目均需要的执行要求;一般采用选择指标结合分析的形式;焦点信息源主要是投入、产出、过程、效果、工作计划、日常岗位责任、现场观察、进度报告、快速评估等方面,即监督的主要方面;其功能主要是及时反馈信息并对本项目及时更正。因此,在某种程度上,我们也可以将之理解为"控制",即"为了保证企业计划与实际作业动态适应的管理职能"①。这是因为在计划的执行、组织的运行等过程中,环境的变化、管理权力的分散、工作能力的差异等一系列的状况,均会导致预期与结果之间的差异。

监督的存在,自然会发现各种各样的偏差、错位与未竟状态,那么就需要建立补偿机制。在心理学领域,就存在着非常普遍的补偿机制或补偿作用,它属于心理防御机制,是指"个人追求某种目标受挫或因某种缺陷自卑时,改以发挥自己的优势力求在某方面弥补,获取优越感的现象。大致可分为对象补偿与手段补偿。前者指用另一目标代替受挫目标;后者指用较容易的手段来代替原来的手段"②。补偿机制不仅仅是以较容易的目标、手段来取代较难实现的目标、较难操作的手段,广泛意义上来说,补偿机制以富余或假借等方法来将亏欠弥补回来,以防造成损失。在行政管理领域,有一种行政活动叫作"行政纠错":"在行政机关及其公务人员在行政执行过程中出现违反有关国家行政法规、行政规章、行政纪律的情况下,特定行政监督部门所进行的行政活动。是发现

---

① 周三多:《管理学:原理与方法》,复旦大学出版社,2018年版,第337页。
② 林崇德、杨治良、黄希庭:《心理学大辞典》,上海教育出版社,2004年版,第83—84页。

问题之后的一种补救行为。"①补偿机制即是常用的方式,不管它是一种批评教育、及时纠错,还是采取补救措施来弥补违反行为所带来的恶果。在管理学领域还有一种被称为"补偿公正"的行为,即"一方因对另一方造成的损失和伤害而作出充分赔偿后所取得的公平性。……正义的补偿只限于受害人遭受的损失,可能不存在过错,重在为受害人恢复原状。……围绕补偿公正展开的核心议题包括:(1)受害人应该得到多少赔偿;(2)应该在什么情况下给予补偿;(3)对谁补偿及由谁补偿。"②

心理学与管理学领域的这些关于监督与补偿机制的研究,为我们讨论创意写作及其相关问题提供了思路与理论依据。尽管它们之间存在差异,但在原理与方法上是相通的,因为就创作过程来说,它同样会面临各种危机、困难、麻烦等,而不管这些要素是良性的还是敌意的。

第一节 为什么要建立监督与补偿机制

如果把一次创作过程作为一个项目来看待的话,那么它就需要项目管理与运营管理方面的知识。不管是个人的创作,还是团队的创作,项目式管理能更高效地使创作者在计划制定、计划实施与综合控制中发挥作用,使得监督与补偿机制都能及时地发现、修正、补足创作过程中出现的各种问题。我们知道,在管理学领域,项目管理即对项目的形成、执行、完成和维护所进行的协调活动,

---

① 陆雄文:《管理学大辞典》,上海辞书出版社,2013年版,第398页。
② 陆雄文:《管理学大辞典》,上海辞书出版社,2013年版,第32页。

以项目管理的方式来看待创意写作的过程,对于写作者而言,他就必须时刻保持着对项目的协调,且这一管理是综合性的管理。所谓运营管理,是"对制造产品和提供服务所进行的设计、运行、评价和改进等活动。管理的对象是运营过程和运营系统。运营过程是投入、转换、产出的过程,是劳动过程或价值增值的过程。运营系统是使上述变换过程得以实现的手段,它的构成与变换过程中的物质转换过程和管理过程相对应,包括物质系统和管理系统。运营管理考虑如何对这样的生产、服务活动进行计划、组织和控制"[①]。作为过程性、项目化的创意写作,每一部作品的创作都意味着一次劳动过程的管理,它需要实现价值的转换,写作者作为创作主体是价值创造的核心,主体管理过程中,不但要考虑自身的心理因素、智力因素,还要考虑环境、社会与生活状况,每一个方面增加的风险都难以预测。

  监督机制的建立,是为了全面实现对创作过程的控制,使其能够在计划内稳步推进,最终产出高质量产品。监督机制的建立即是要对创意写作的过程进行严密监控,它所涉及的尽管并非资源、成本和预算等,但对质量的监控、对写作主体的监督、对写作进度的监测、对写作计划的控制,实际上都是为了更好地实现项目管理、运行管理的目标——项目的整体性把控、运营管理的过程性控制。监督机制的建立,主要是因为在个人写作过程中,其他要素的变化会引起写作主体的波动,从而影响创作的质量、速度和进程。它的必要性既内在于创作主体,又外在于创作过程——内在于创作主体,是因为在创作过程中,写作主体因疲惫而产生懒惰情绪,

---

① 陆雄文:《管理学大辞典》,上海辞书出版社,2013年版,第262页。

从而拖慢创作进度;惰性之外,尚有心烦意乱之时,对抗这种负面情绪所需的时间长短、所消耗的精力多少等,都是需要控制、调度的,不能要求写作主体在心浮气躁、心烦意乱时仍进行创作,即便他强烈地服从要求去写作了,那么创作质量也是令人担忧的。外在于创作过程,意指监督机制及时发现危机、麻烦与困难导致的计划执行障碍,协调项目其他要素在运营过程中来弥补这一损失。

将项目管理、运营管理引入创作写作管理中,是因为创作过程就是一个统筹的过程,把各种生产要素收集、协调、搭配起来,从而实现生产效率最大化。监督机制的建立是为了能够及时发现创作过程中出现的各种异常,对于写作者来说,监督行为也多半归属于写作者本人的自觉、自律,但一俟上升为项目管理、运营管理状态,就必须要求监督机制有自身的独立性,将个体写作的随机、随意、随性等偶然因素及其作用降到最低程度。

监督机制发挥作用的同时,就意味着补偿机制要及时跟上。这种情况下,监督机制就转化为检查(inspection),由此提供"质量改进"并建立"改进系统":"为了使质量改进获得成功,公司或组织必须在相同的经营愿景与战略下平衡不同职能领域的需求。质量系统的目标就是让顾客满意,这将意味着高的顾客保留率,进而使利润增加。质量系统的企业模式是以顾客为中心,包括持续改进、变革、规划和更新。持续改进对公司的学习成长非常必要。"[①]所有作品实质上都是一个个产品——且不说文化创意产品,诸如酒店

---

① 托马斯·福斯特:《质量管理:整合供应链》,何桢译,中国人民大学出版社,2018年版,第199页。

风格设计、广告设计,哪怕是一篇理论文章、科普小品,它都需要一种为阅读者考虑的质量监控。监督体制所检查出的各种质量问题、计划落实问题,乃至于生产环节的落实、系统的改进,也都是补偿机制开始发挥作用,通过协调、重新配置资源、纠正流程中的问题来达到对问题的控制。补偿机制的建立是配合监督机制而来的补救措施,甚至它的作用比监督机制更重要——监督机制是发现问题,补偿机制是解决问题。发现不了问题,自然无法解决问题,而发现问题无法解决也就等于没有发现问题。监督机制与补偿机制的互相配合,有力地保证了创作过程的顺畅,为写作者最终完成作品保驾护航。这一如企业生产商品、提供服务,项目管理、运营管理都是针对商品生产及其流程而来的管理。

监督机制与补偿机制都会因具体对象的不同而不同,针对个体写作,包括构思、制定计划、执行计划、外在环境因素管理、内在心理要素管理、文本要素管理等,监督机制与补偿机制与企业生产商品、提供服务都大不相同,虽然其原理相同。一般来说,创意写作的自我监督机制主要有三个方面,即定量、核查与反思,自我补偿机制同样有三个方面,即挪借、补足与延长。

第二节 自我监督的三个方面:定、核、反思

在讨论创意写作的自我监督机制之前,我们还是先来引用管理学中关于"控制"的相关界定,以接引到我们所要讨论的问题上。关于控制的步骤与方法,企业的生产管理、运营管理,一般都是强调计划在其中的作用,甚至监督机制就是计划的一部分:"控制是根据计划的要求,设立衡量绩效的标准,然后把实际工作结果与预

定标准相比较,以确定组织活动中出现的偏差及其严重程度;在此基础上,有针对性地采取必要的纠正措施,以确保组织资源的有效利用和组织目标的圆满实现。不论控制的对象是新技术的研究与开发,还是产品的加工制造,或是市场营销宣传,是企业的人力条件,还是物质要素,或是财务资源,控制的过程都包括三个基本环节的工作:① 确立标准;② 衡量成效;③ 纠正偏差。"[1]其中,确立标准前就先已确定了控制对象,控制的重点对于企业而言,包括获利能力、市场地位、生产效率、产品领导地位、人员发展、员工态度、公共责任,以及短期目标与长期目标的平衡。至于具体方法,则有预算控制、成本控制等。

当写作者开始制定作品创作计划时,总是先从作品本身的构思开始,包括核心创意点(最初的故事模型、主题思想的隐现、表达此一主题的方式)、核心创意点的扩展与发散(沿着核心创意点去完善步骤,将朦胧的东西确定下来并进行固定或延展)、制定创作计划(关于时间、空间与危机管理的相关内容,都包括在这一步当中,除此之外,还有作品体量、实现方式等方面的计划)、实施创作计划(这一过程根据创作作品的体量而确定时间,甚至还需要调配生活、工作与创作之间的时间、精力等)、遭遇困境与问题及其解决方案(这不是固定的步骤、必然的步骤,但一般几乎所有的创作者都会遇到)、控制创作过程中来自主体与客体的各种影响(包括突发的与可预料的、可控的与不可控的等),直至最终完成作品。相比较而言,自我监督机制的建立既存在于计划制定时,也体现在创作过程中。

---

[1] 周三多:《管理学:原理与方法》,复旦大学出版社,2018年版,第346页。

监督的对象,一般来说包括两个方面:其一,计划执行状况。它通常反映在作品的创作速度上,以及这个速度与计划贴合度的问题。控制一般意味着对条件要素的干预,监督更强调对自我生产效率与产品质量的把控。因此,计划执行情况的自我监督,实际上可以称之为"生产效率的监督",它包括每日创作时长、工作量(一般体现在字数上,但也可以作品本身的内容构成要素来计算)、一定时期内的产品生产总量等。其二,作品完成情况。准确来说,对应于管理学中的相关理论,它本质上乃是对"产品质量的监督",即作品完成的质量。它包括风格是否得到建立(尤其体现在语言表述与修辞运用上)、情节推进的速度与顺畅程度(故事是否圆融,体现在阅读上接受度是否很高)、人物出场与行动推进得如何(人物形象有没有逐渐变得清晰、丰富、细腻,其所引领的故事发展是否合情合理)……

所谓"定",实际上包含着定量和定性两个方面:定量,是监督计划执行情况,也就是生产效率监督的一面,它尤其表现在字数的控制上,也表现在每日付出的时间控制上。定性,则是对作品完成情况的规定,也就是"产品质量的监督",如作品推进速度、书写质量、情节完成情况。以小说创作为例,一整部小说包括多少个故事,一个故事分为多少个情节,定性监督即是对这些情节完成的控制。自我监督机制中的"定"处于起步阶段,甚至还未进入具体的监督阶段。但它之所以重要,在于监督机制的建立已经包含在了创作计划中,为此后监督机制真正起作用铺好了路,奠定了重要的基础。当"定"建立之后,意味着监督机制已经在发生作用。

进入运作阶段,则是"核"。所谓自我监督机制中的"核",是指写作者头脑之中始终保持清醒,即对自我创作过程进行核查,创作过程是自由挥洒的,但要时刻保持警惕。写作之为职业,创作即是工作,它欲要完成作品的生产,就必须使创作主体始终保持着一种昂扬的、活跃的状态,核查便是这种状态的催化剂,是对创作过程的清醒认知与自我提点。根据"定"的规定,"核"也主要体现在两个方面:其一,创作自觉性的督促——创作前,开始督促创作主体在精神状态上预备进入创作过程中;在创作过程中,又自觉地绷紧了核查的这根弦,使自我保持昂扬与活跃;在创作进入收尾工作时,亦即预备下一次的出发。其二,创作任务量的核查——一来核查创作时间是否得到了充足的保证。二来核查每一日的创作任务是否完成。时间上的核查是为了保证创作过程没有偷工减料,创作任务的核查则是一个精细的活计,它根植于创作者内部世界,也根植于作品自身的要求。也就是说,创作任务甚至有时候只体现为一种"意绪的连贯",通常所谓的"创作状态""创作感觉"也可以归入其中。当然,对作品创作的任务核查,最简单的方式是字数核查,每日完成的创作总字数达到要求即可。严格来说,网络文学中所谓的"日更"或"日更量",其实就是创作时间上与创作任务上的两种监督机制。另外,还有作品构成要素的核查标准,一个情节链完成了,或人物形象塑造的一个方面完成了,都可以视为创作任务的完成。

相对而言,自我监督机制中的"反思"是一种后发的自我提醒,严格来说它甚至已经不属于监督机制过程之中的必然要求。"反思"包括对既有监督对象的反思,更包括在核查中发现问题之后而进行的全方位的弥补思考。由此而来,"反思"就包括两个方面:其一,总结性反思,是指对核查过程的全面性、分析式检点、评估。如果核查中,每一项"定"的标准都达标,甚至超额完成任务,那么反思就不是对问题的剖析、透视,而是及时总结经验,以便在此后的创作过程中全面保持下来。如果任务没有完成,那么必须从中找到原因——时间如果未能保证,那么问题是偶然事件和例外状态导致的,还是心态仓促造成的?任务如果没能完成,那么问题是写作者本人的心理性、精神性懒惰,还是作品本身的创作环节出了问题?是作品的构成要素出现问题,还是创作过程的要素出现问题?是人物形象的塑造随着创作的深入而与原有计划发生龃龉?还是创作时茶饮准备不充分,或音乐风格不搭配?诸如此类的问题,都可以算作一种总结性反思。其二,前瞻性反思,是指针对问题解决的预先规划与谋算。根本上来讲,创作也是一个涉及计算的事情,总结性反思中找到失败的原因之后,前瞻性反思就要开始规划如何来进行止损与弥补的工作。但它并不等同于建立或运作补偿机制,而是针对问题的一种谋划——毕竟,创作过程每天只能是如此的,时间不会延长,重要的是,如何在此后的有限时间内、计划内,完成任务的修复。自我监督机制中的"反思",还可以是对作品的精雕细刻、再三反刍,乃至于创作主体事先回头看,进行自我批评与鉴赏,从而找出问题,先行修改,使作品的修改与创作部分地协调在一起。

"定""核"与"反思",作为自我监督机制的三个构成方面,它们是程序性的,亦即是在监督过程中与计划执行相匹配的步骤。但它们又不是严格地按照先后顺序发生作用的。因此,在写作者的自我监督机制之中,必须保持一种充盈、圆满与灵活的自我状态,目的是为了顺利完成作品,而不是机械地执行任何一种管理学的理论或创意写作的理论。

第三节　补偿机制的三个方面：借、补、延长

与写作者的自我监督机制三个方面更强调过程性、程序性不同，自我补偿机制建立与发挥作用的三个方面，毋宁说更强调具体方法的运用，更强调实用性与操作性。由此也可以说，一俟自我监督机制起作用，并发现了其中存在的问题，吁请一种解决机制的诞生，那么自我补偿机制的三个方面就可以根据具体的情况来发挥作用。根本上来说，所谓自我补偿机制，实则是一种资源的配置与最大化利用的问题，是在有限资源的前提下尽量提升生产率的问题。因此，在管理学中，"资源配置技术"就成了控制技术中的重要一种，它包括"四种资源配置技术：预算、排程、盈亏平衡分析和线性规划"[1]。其中，排程中有四个专业术语：事件（events）代表主要活动完成的一个节点。活动（activities）是指从一个事件发展到另一个事件所需的时间或资源。松弛时间（slack time）是指在不耽搁整个项目的情况下，单个活动可以推迟完成的时间量。关键路径（critical path）指的是最长或最耗时的事件和活动顺序[2]。这其中，"松弛时间"尤为重要——对于写作主体来说，最重要的资源或成本，其实是时间，创作过程的管理乃是一门时间管理的技术或艺术，只是它所涉及的范围较广，针对不同的事项又有不同的管理方式，也就导致在创意写作中时间管理与别的项目管理又有较大的

---

[1]　斯蒂芬·罗宾斯、玛丽·库尔特：《管理学》，刘刚、程熙镕、梁晗等译，中国人民大学出版社，2017年版，第527页。
[2]　斯蒂芬·罗宾斯、玛丽·库尔特：《管理学》，刘刚、程熙镕、梁晗等译，中国人民大学出版社，2017年版，第530页。

第十一章 监督与补偿机制的建立

不同。从实际操作上来看,自我补偿机制的三个方面,"借"尤为考验写作者对"松弛时间"的把控,也更偏向于有限资源的最优化配置与最大化利用。在这种"时间资源"的配置中,"关键路径"的确立与控制又成了重要参考因素,它指向的是配置倾斜问题,在创作过程中可以停止或重启的时间点;活动则提醒着写作者如何在间隙进行资源的调配与最大化利用,可以帮助具体补偿机制的三种方法发挥作用。

尽管在管理学领域,排程更像是制定计划,但同时保持着监督机制与补偿机制的特色。首先,在排程的计划表中,不管是甘特图(管理学家亨利·甘特的发明,利用横轴和纵轴来分别代表执行时间和活动内容的一种条形图),还是负荷图(对甘特图的改进,在图形左侧列出各个独立部门或具体资源,更有利于管理者对资源的掌握以提升利用的效能),都可以一目了然地看到计划所规定的任务与实际完成的状况,从而更为清晰地知晓创作进度以及松弛时间所能够倚重的事件。其次,排程在具体执行中将任务完成的情况也标注在图表之中,能将监督机制发挥在更长的时间段之中,这样有利于写作者综合考虑时间资源的调配。尤其是以 7 天为一个周期,排程中使用的图表更能够显示出松弛时间的存在,也能够让写作者在接下来的周期内使用自我补偿机制的三种方法,采取弥补措施,从而更为高效地完成创作任务。如果写作者强调快速、及时又准确地寻找问题并解决问题,那么"一日监督、数日补偿"是可以采用的方法,但它很明显是建立在长时段的综合调配与对关键路径的把握上的。因此,排程本身让计划的执行与结果的达成都更为清楚地显示出来,从而给补偿机制节省了大量时间,甚至调配过程也在排程的图示中被显示出来。

自我补偿机制的第一个方面,也即第一种方法,是"挪借",亦即在面对"关键路径"时需要将具有"松弛时间"条件的事件进行时间上与精力上的挪借,把"松弛时间"事件的时间与精力来挪借给"关键路径"事件,从而使写作者在计划的完成速度、完成质量上更有保证,也让整个流程更趋合理性。简单来说,所谓"挪借"的补偿机制就是在耗费时间、精力、心力较少的具体创作任务上挪移出相应的空余,补给时间、精力与心力耗费较大的创作任务。这就意味着,当某一天的创作计划完成之后,但它并不意味着真正的完成,还要考量其是否是"关键路径"事件,倘若它符合了"关键路径"的特征,哪怕计划规定的规程内未完成任务,也可以适当放宽条件;而倘若它是"松弛时间"事件,则意味着即便任务完成,但真正完成时间也还远未到来,它还应将之补足到"关键路径"事件上。仍以小说写作为例,第一章完成并不意味着任务完成,因为它可能只是一个起始点,比如是人物出场、事件肇始,相对而言它所耗费的资源占比较小,这可以算作是"起的部分"。即便到了"承的部分",任务量也不意味着资源占比会增大,它仍然属于"松弛时间"事件的范畴。真正的耗费精力、心力与时间的,其在作品中所占篇幅也增大的,则是"转的部分"与"合的部分",它们意味着高潮部分的到来,意味着对主题表现的拔高,乃至于成败的关键点便在此。因此,开头写作顺利,也应尽量多给后面攻坚阶段以时间、精力与心力上的"挪移"和"补充"。从这一点上来看,"挪借"属于创作过程内部资源调配的解决方式,它不打破任何计划的部署,仍旧按部就班地推进,但在时间、精力与心力的占比上进行调控。

具体到创作过程中,往往并不是说"关键路径"事件未能在计划中得到体现,而是随着创作的深入,有些在预先规划时被视为

"松弛时间"事件上升或转化为了"关键路径"事件,乃至于计划与实际之间有误差存在,这都是允许的。所以落实在补偿机制中,"挪借"就变成了正常的"内部协调"的解决方法。与之相比,"补足"与"延长"的解决方法,一个不完全属于"内部协调"的解决方法,一个则完全是"外部性"的解决办法。

自我补偿机制中"补足"的方法,是指根据计划未完成的情况,额外占据时间、精力与心力将亏欠弥补,或者利用内部多余的时间来进行亏缺补足。它往往包含两个方面:其一,内部盈余的来源补足。尤其是属于"松弛时间"事件的部分,往往可以对"关键路径"事件的部分进行补足。不同于挪借,补足意味着它并非在创作过程的顺序上强调对时间、精力和心力等资源的挪借,而是可以跳跃性地把资源调配到攻坚部分。另外,挪借意味着有还上的可能性,而补足则纯粹是消耗其他盈余部分的资源。还有一点需要明白,即挪借基本上不影响整个计划的进度、连续性等,而补足则要适当地对计划进行调整。其二,外部资源的占用性补足。尤其是每日监督机制发挥作用之后,如果发现计划任务未能按要求完成,随即顺次进行补足,也就是说,在计划规定的范畴之外占用其他事项的时间、精力与心力等资源,来补足任务亏欠部分。这也是为什么许多写作者喜欢在晚上进行创作的原因之一,因为此一时间段基本意味着再无其他琐事的干扰,可以全心投入创作之中,并且"补偿机制"可以用外部资源来抹平内部亏欠,从而将任务保质保量地按时完成。倘若在外部事务烦琐的时段安排创作,一般都意味着无法实现外部资源对创作的补足,因为其余事件尚且并无盈余,又怎么能补足到创作之上呢。一天共 24 小时,能盈余出来的时间都意味着是自我可操控的时间,再加之体力、精力、心力等,补足并不那么容易实现。

可以发现的一点是,补足的第一种方式靠近"挪借"的方法,第二种方式则接近于"延长"的方法。但不管是内部的自我修复,还是外部的补足方法,都是在一个合理的区间内,进行亏欠部分的弥补。这也是补偿机制之所以建立的核心原因。但常出现例外情况,则在于时间、精力、心力等都是有限的,如果投入在其他事情上较多,则能够用来补足于创作的部分就会减少,这是相当无奈的事情。倘若这种情况发生,也就意味着,整个计划与作为项目的创作,需要进行规模、程度不一的"延长"。

自我补偿机制中的"延长",某种程度上来说属于一种写作主体在计划与创作过程之中再也寻觅不到良方的无奈之举。它不同于挪借,因为挪借的前提是有可挪借的资源;它也不同于补足,因为补足尚且处于资源都还可控且可调配的境地——延长是在挪借与补足都失效的情况下,而采取的补救措施。与企业、组织不同,个体化的创意写作规定了完工日期,却能在一个作品与另外一个作品之间寻找到合适的契机,进行计划与过程的延宕,使得作品的质量得到保证。尤其是挪借与补足无法从内部完成调整、无法从外部获得支援之时,延长是唯一的选择。所谓自我补偿机制中的"延长",是指写作主体根据实际情况,将更多的时间、精力、心力等资源投入到未完成的创作过程中,为促成产品的诞生而采取的补救措施。因为创意写作的生产率要求并没有企业那么高,在作品与作品之间会出现各种空隙与闲暇,"延长"其实是占用了写作者休息的时间,以便倾尽全力来完成作品。自然,"延长"不意味着无限制地拖拉下去,"延长"也不能作为拖延的借口,而是创作的工程量确实超出了计划的规定范围,尚且处于写作者可控制的范围之内,适当扩展要素性资源的投入。在现实的环境中,自我补偿机制放在写作者的群体中来观察,当自我监督机制发挥作用,及时捕捉到亏欠状态,并提请自我补偿机制发挥作用的时候——这一切必须要素完备,否则也不会出现如下情况:"延长"作为一种自我补偿机制发挥作用的方法,是许多写作者都会采用的。有些是严格地、认真地执行计划,以整体性、作品的质量作为考虑的核心因素;有些则是有意无意地拖延,这种拖延有心理性的原因,也与写作习惯不良有关;有些则是将"延长"当作一种写作的习惯,倘若在这种习惯中可以保证作品的完成质量与完成度,倒也不失为执行计划的方法,但许多人是在补救措施中继续掩盖自身存在的毛病与不良习惯。因此,需要再一次强调,作为一种自我补偿机制的方法,"延长"是无奈之举,在其他方法已经无法奏效,且可调配的资源较少的情况下,才会采用这种方法。它常用,但也应该慎用;它慎用,只在为保证作品的完成质量与完成度而言。

自我补偿机制的三种方法,其实是互相补充的,有着使用上的层次性。当一种方法失效时,可采取另外一种方法,直至方法奏效并弥补了创作过程中产生的损失与亏欠。三种方法的使用,都需要考量整体的过程与计划安排,挪借、补足与延长,是随机使用且具有针对性的解决办法。

第四节 适应压力,创造动力

严格来说,自我监督机制与自我补偿机制其实是一种控制手段在创作过程中的运用。不同于企业、组织,这两种机制的建立与运行都有赖于写作者个人的自觉性、对作品的投入程度、对自我管理的习惯,乃至于自律、自我控制等方面的自觉。但无论如何,自我监督机制是针对创作计划与执行过程的一种调适性的主动监控与清理;自我补偿机制则是从监督机制而来的自我修复与弥补,它强调对创作计划与执行过程的强力控制,不至于让外在因素或内在困扰破坏乃至于带偏这一过程。但是不管进行到哪一步骤、采用哪一种方式,必须要强调的是,这两种机制对写作者而言,其实是提供了一个机会,即压力的存在促使写作者本人在激活自我监督机制与自我补偿机制的过程中反而创造出独属于自己的动力,不但将种种压力逆转,完美地弥补了过程中产生的诸种亏欠、漏洞与损失,还促成了整个创作过程的高质量运转与作品的生产。因此,理解监督与补偿机制,一方面是管理作为一种控制性手段所带来的习惯的建立、自我管理能力的提升,另一方面则是利用此二者来达成对写作者本人的锤炼。

作为一种控制性手段的自我监督与补偿机制,所言说的是创作过程的管理偏重于对写作者控制能力的考验,它暂时性地从创作的才华中跳脱开,进入到对创作能力的考查范围。这一范围在过去并未被重视,以至于到如今湮没无闻,但却始终贯穿于每一个写作者的创作过程之中。为完成创作任务而采取的各种措施,抛开作品的书写本身,几乎都可以归入"控制性手段"的范畴之内,因为对于任何个人、企业、组织等而言,都存在着危机以及对危机的管理控制:"危机是一个会引起负面影响的具有不确定性的事件,这种事件及其后果可能对组织及其员工、产品、服务、资产和声誉造成极大的损害。"[①]在管理学领域,对危机的管理和控制,在于"完善管理制度,加强日常经营管理"——这无疑是在说,经由对危机

---

① 周三多:《管理学:原理与方法》,复旦大学出版社,2018年版,第354页。

的预防、识别、克服以及破解，就其有益方面的表层来看，它促使危机被化解，生产过程未受影响；深层次来看，它无疑带来了制度的完善、管理水平的提升，而且这种影响是隐而不显的，其效果也是极其深远的。延及写作者个人，作为一个主体，它不可能像企业、组织那样，有明确的规章制度、管理团队、日常经营管理程序等，然而这些化为"经验"被保留在写作者的习惯之中，便是写作者个人的管理制度、经营管理程序，便是其用来杜绝危机再次发生的法宝。那么我们就可以说，在经历了较多的自我监督机制与自我补偿机制的运行之后，这些机制可能会随之消失在创作过程之中，成为写作主体内化出的素养，所有危机被遏制在萌芽状态，乃至于从没有冒头的可能性。所谓控制性手段，就在于强调，在最初的创作经历中，写作者是需要刻板地、固定地、严格并谨慎地为自己制定并遵守、贯彻自我监督机制与自我补偿机制。控制性手段作为程序被贯彻，并渗透进写作者的心灵深处，成为后续创作过程自觉坚持的方法，这对写作者而言是一件深具意义的事情。

　　破解各种危机的过程，检测并发现创作过程中的亏欠、缺损与漏洞，并且在具体补偿方法的帮助下成功化解危机、解决问题，对于写作者而言，这一习惯之养成，其效用与意义在于它使写作者成功地适应压力，创造动力。换一种说法，创作过程其实是一个不断地遭受挫折、面对问题并努力疏浚、解缚、迎难而上的人生经历，写作者必须要在心理上勇敢地去面对，在行动上快捷并准确地去化解，并在效果的监控上建立自我的标准与适应的法则。将创作过程看作与企业类似的生产行为，并非是降低写作者的独创性，也与文学、影视、广告、学术等的创意写作原则并不违背，而是换一种视角来理解诸种文体的创作过程，如此我们才能看到自我监督与补偿机制的建立、运作产生良好效果的良性循环,这实则也是一种写作者自我完善、提升并增强修养的灵魂洗礼。所有创作过程中面临的危机及其所带来的压力,最终都被转化为持续推进创作的动力,一次次在如此境况中被坚定的内心,是写作者后续更为自觉、顺畅地完成作品生产的保证与先决条件。表面上看,自我监督机制与自我补偿机制的存在,对于许多写作者来说几乎是多余的,这是因为许多成熟的写作者,已经练就了一整套应对危机的方式,在其创作过程中那些亏欠、漏洞与缺损都已经被他们习惯性地、隐形地处理殆尽。然而这并不代表他们没有经历过自我监督机制与自我补偿机制的建立与运作过程,尤其是在最初的写作阶段。一般来说,正在熟悉创作流程的写作者,是最早遭遇创作过程中那些问题、麻烦、危机、困难的人,只有借助自我监督机制与自我补偿机制,顺畅地完成数个成熟的作品之后,这种看似励志的、心灵鸡汤式的"适应压力,创造动力"的信条,才可以被适当移除于写作者的创作提醒清单。

  回到"适应压力,创造动力"这一话题,我们还需要思考,这一机制在心理学上是如何发挥作用的?其实它背后乃是"奖励机制",即"有机体在学习情境中做出某种反应受到的奖赏物强化对该反应出现几率提高的作用原理。奖励在动物和人类学习中的作用至关重要,没有奖赏物的强化,有机体的学习往往难以成功",那些"奖赏"实际上是"任何能使个体感到满意并能激励其做出积极反应的刺激,或者某种行为发生后给予的旨在维持或增强该行为的刺激"[①]。这种作为刺激的奖赏分为外部奖赏与内部奖赏:所谓

---

① 林崇德、杨治良、黄希庭:《心理学大辞典》,上海教育出版社,2004年版,第592页。

外部奖赏,即外在刺激或促使学习者重复模仿的外部因素;内部奖赏,即任何令个体满意并能够被强化的反应的内在观念、意识或情感——监督机制发挥作用后发现亏欠、漏洞与缺损,写作者开始陷入一种焦虑、紧张与失措的境地;补偿机制此时正积极地破解难题,通过运用各种方法弥补损失、填补了漏洞,从而使写作者精神上为之而欢欣、舒畅、轻松,这就是最典型的"内部奖赏",也是我们所说的"适应压力",同时是"创造动力"的内在依据。比较起来,内部奖赏更容易内化为写作者本人的习惯、修养与气质,而外部奖赏更多地表现在作品创作过程中处理各种危机而带来的创新,多带有阶段性特征,从而化为创作过程的部分奖赏,更具有过程性的意义与价值,其影响逐渐累积而归入内部奖赏行列,从而带来更为持久的对于写作者的浸润。

不管我们从哪个立场来认识、评估并确定自我监督机制与自我补偿机制的建立及其作用,它们的存在都意味着对创作过程的积极干预与控制性操作的可能性,并且将会延及写作者本人,给他们带来意料之中与意料之外的效果。这两种机制的存在,有效地补充了面对困难与危机、应对未知变化等的方式与途径,形成一个综合性的网络,从不同侧面、阶段与角度来辅助写作者顺利执行创作计划,完成作品生产。它们或许有所重复,但各有所重、各有所长地提供写作者可资利用的方法,破解创作过程中的问题。初学者尤其需要此处提供的各种方法,即便成熟的写作者,此类方法也并不多余。当然,具体到个人写作的组织与管理方法,还有更多操作的途径,这是我们接下来要涉及的内容。

第十二章　自我管理的方法

　　个人创意写作活动的组织与管理，不管是计划的制定与实施、危机的化解与处理、针对未知变化的适应与利用、个人习惯的养成与坚持，还是自我监督机制与自我补偿机制的确定，都能在处理创作过程中出现的各种拦路虎时，给写作者带来创作上的便利，也是促成作品最终完成的保护措施。因此，创作过程是一个计划制定与实施的过程，也是一种组织与管理的过程，对于写作者而言，创作过程始终存在着作为主体的写作者的控制：对语言表述的控制，对创作进程、时间进度等的控制，以及对作品质量的监督等。相应地，危机、困难、监督与补偿等，也都可以看作控制的诸种方面。经过长时间的写作训练与创作实践，此类方法就会融入个人习性之中。许多作家都主张，在创作过程中，写作者可能完全进入了另外一个世界，只有学会控制，学会自我管理，这种境界才不至于被打断，且能作为源源不断的奇思妙想之源泉："作家必须学会随意地驾驭这个创作过程，并能够防止大脑中相向力量制造阻碍。"① 所谓"随意地驾驭"，其实指的就是化为内在自我习性之后，这些自我管理与控制的行为，都会随着创作的律动而

---

① 约翰·加德纳：《成为小说家》，孟庆玲、伊小丽译，中国人民大学出版社，2016年版，第127页。

发生作用。习性,本质上来说是无意识的自我动作在重复数次后形成的一种惯性,"所以,如果你打算充分利用丰富的无意识,当无意识异常活跃的时候你必须学会轻松而流畅地写作"①。它既是内化的无意识,也是无意识重复操作中的自我训练。

在一些极端的主张中,写作训练的组织与管理变得更为"随意的严苛"或"严苛的随意":"一旦坐下来写,不管十分钟还是一小时,只要开始,就不要停。如果你打算写十分钟,第八分钟的时候即使有原子弹掉到你脚边,也别停……当然,你可以停顿片刻,但这不容易做到。想停的时候停下来是好事,你可以回顾片刻,从而更清楚地知道你在写什么,但我通常不会停在那里。你得了解自己的节奏,但要确保有一段时间在集中精神、严格自律地进行'不间断写作',从而学会突破阻力。"②说它是"随意的严苛"在于这种主张甚至强调,不去管语法错误、标点错误,就是要一个劲儿地写下去。无论如何,"自己的节奏"才是重点。不管是停下来,还是持续不断地写下去,作为一种管理过程、一种控制过程,写作者作为主体都要对整个过程有一种人为的把握。所谓"自己的节奏",毋宁说是写作者在持续不断地写下去的过程中对自我的"张弛有度的调节"。这时候,写作者需要掌握自己把控创作节奏的方法,这些方法作为节拍器存在于创作过程之中。这就意味着,写作者还需要单独的自我管理的方法,使之在创作过程中发挥作用。

---

① 多萝西娅·布兰德:《成为作家》,刁克利译,中国人民大学出版社,2011年版,第47—48页。
② 娜塔莉·戈德堡:《心灵旷野:活出作家人生》,孙玉婷译,中国人民大学出版社,2018年版,第2—5页。

第一节　数量管控法

在管理学领域,企业或组织在工作报酬方面常采用"计件工资"的方式,即"按照员工在单位时间内所生产或加工的产品数量来确定报酬的工资制度。具有便于计算,易于为员工所理解,计量原则公平,报酬直接同业绩挂钩而具有更好的激励效果的优点"[①]。同样,也有"量表评定法"作为绩效管理的一种方式,它强调"事先拟定好针对每一位员工或岗位的一系列评价要素,再根据员工在这些要素上的表现确定相应等级,并将所有要素等级加总得到最终工作绩效评估结果"[②]。两种方法看上去评价的侧重点不同,但本质上来说都是"数量管控法"的一种,前者注重具体产品的数量,后者强调评价要素的数量,但它们强调的都是不同要素在数量方面的管控。作为一种绩效考核的方式,对于写作者而言同样适用,只不过个人化的创作行为考核者与被考核者都是同一人而已,在操作上看似有差异实则是一致的。为何数量管控法是有效且被使用较广的方式呢?管理学上认为它适用于技术质量或知识含量较低的工作岗位,数量容易辨识且不存在数量划分标准的问题。很明显,数量控制法的确无法精准地计数一个创意、一种思想或一个主题,然而在控制方面,任何单位只要有计量标准,就意味着可以进行计数,即使它不是完全准确的计数。比如创作者的主题问题,

---

[①]　陆雄文:《管理学大辞典》,上海辞书出版社,2013年版,第258页。为便于行文,引文部分稍作修改。
[②]　夏征农、陈至立、陆雄文:《大辞海·管理学卷》,上海辞书出版社,2011年版,第429页。

按照量级的大小完全可以进行区分,以爱情为一个量级,爱情、婚姻、死亡、生存、逃难等都可以算作是一个计数单位。但如果按照"爱情中的伤心"作为标准来计量,则"爱情中的开心""爱情中失望、惊喜、失落"等都可以作为计数单位,进行累计的数量管控。正是因为存在这种争议,在创意写作活动的自我管理中,数量管控法并不对作品构成要素进行数量的计数统计,它的主要指标是创作字数,也就是作品的构成体量。

一般来说,"作品的字数"是作品的构成要素之一,它很容易把控,因此创意写作活动的自我管理中的"数量管控法",是指以创作字数作为计量标准,通过字数的多少来核查、监督创作进展情况的一种管控方法。它是一种用明确的字数增加的方式,来催促、督查写作者按照计划完成每日或某个阶段创作的手段。某种程度上来说,数量管控法看重的标准有两个:其一,纯粹的字数累积。这是最简单也是最直观的方法,字数的增加是实打实的。其二,字数的增长率,亦即相较于前一阶段的工作,此一阶段的字数增长的比率。这个数字增长比率,能够反映创作速度的快慢、创作任务完成的进度等,适宜于测量每一个阶段内任务完成的程度。反映在直观的创作进程中,一来,如果创作者使用的是手写方式进行创作,除却字数的单纯增加外,它还表现在稿纸厚度的增加,以及墨水或铅笔消耗的速度。二来,如果使用的是计算机创作,任何一部作品都会有"字数统计",从而能清晰地把字数的累积反映在写作者的眼前,且每敲击一次键盘所产生的数据都被准确地统计进去,数字增长率也会一目了然地跳跃出来——甚至写作者还可以停下正在创作的笔头,选定任意一个创作阶段所完成的字数,进而统计增加的字数,更清晰地显示出自己的创作速度。

因此,"字数统计"也成为写作者又爱又恨的一个方面:"心理学家把那些难以控制、不由自主地重复某些小动作和行为的症状称为强迫症。那些从来没有受到强迫症困扰的写作者,在这一个月的写作中也许会对此有所感受。因为大多数电脑上有'字数统计'栏,你在写作过程中总是想不停地查看自己的字数,每写一段都想查看一次,这似乎是难以抵挡的诱惑。就像你在开车时不停地看里程表一样,本来一千英里的路程已经够远了,你不停地查看里程表,只会让这个路程显得更加漫长。"[1]只是巴蒂显然没有意识到,恰恰是这种"字数统计强迫症",能够作为写作者监督自我创作的方法,其良性效果是特别明显的,因为它够直观、够刺激。还有一个重要的方面,巴蒂也许忽略了——相比较于汽车行程固定的一千英里,一部作品的字数只能大概估量,如果面对的是一个具体的数字,那么数字统计强迫症会制造一种假象或负面提示作用,即距离目标太过遥远,因此会造成心理压力。而创意写作之所以能够用这个方法,恰恰在于即便一部作品有粗略的字数任务量,但无法精准计数,更何况创意写作的数量管控法不是看距离目标还有多少数字,而是换一种眼光观察已经积累了多少字数。

使用数量管控法,为写作者进行自我监督提供了诸多便利,尤其是对初学者,监控作品字数的增长,会带来除字数等客观标准外,主观上的、心理上的许多暗示与激励。简略地来说,数量管控法至少有如下三点优势:其一,从字数上监控创作过程的实施,有利于写作者按期按量地完成写作的计划和任务。对写作者来说,

---

[1] 克里斯·巴蒂:《30天写小说》,胡婷、刁克利译,中国人民大学出版社,2013年版,第105页。

首先要完成一份初稿,哪怕其质量堪忧,也必须义无反顾地"写完"计划中的作品,而不是在创作过程中懈怠、懒散乃至于自我怀疑,导致作品无疾而终。就这一点而言,数量管控法尤其适合写作者用来自我监督,让作品的字数统计如同鞭子一样,时刻催促着写作者勤勉工作,直至完成作品的生产任务。字数统计易操控,且能准确反映创作的进度,选作自我监督的对象,是很具有针对性的。其二,字数的积累本身所带来的肯定效果,有利于坚定写作者的自信,对其提供激励、心理暗示等。如果写作者也有绩效考核,并有相应的"工资待遇"的话,一部作品的完成就是终极奖励,字数的每一次增加则意味着每一个阶段的"工资待遇"被转换为辛苦的酬劳,它是对辛苦工作的馈赠、对写作能力的肯定,也是对书写者忙碌的慰问。有什么比作品的字数逐步增加更能给写作者漫长的征途带来安慰的呢?字数增加所带来的精神犒劳、心灵慰藉,远大于它本身所积累的量,是对写作者莫大的鼓励,给予其最大的荣耀。甚至可以说,创意写作之所以能够有疗愈功能,便在于字数增加的过程对写作者所产生的心理愉悦作用,以及对自我劳作的肯定意义。其三,字数统计极容易形成一种习惯,锻炼出不受字数统计影响的快速判断及自我监督。针对创作过程中出现的懈怠,字数统计的真实性所起到的刺激、督促作用,比一次次的心理暗示更大,作用也更直接。尤其是使用计算机进行创作的写作者,字数统计、字数增加率……都会自动跳出来,既不会因计数而分心,也不会被计数的任务带跑偏,影响了心情。在写作者的注意宽度和广度范围之内,字数统计不仅能帮助其实现自我督促、自我刺激,还能在不耽误创作速度和进程的情况下实现自我控制和管理。

任何方法是否能发挥作用,都取决于使用者本人对此方法的

运用与熟练程度,以及该方法与实际情况之间的匹配度、契合度。针对数量管控法,一般而言,它包含如下步骤:

  一是确定管控的数量标准。以一个任务时间段为管控范围,确定在这一任务时间段所要积累与达到的数字总量。只有所要监控的字数总量确定了,监控才是有效的——毕竟,数量管控法不是追求无限制的字数增加,而是在有限时间内明确要达到的字数。管控的数量标准确定下来,阶段性任务才能宣布完成,管控的意义才会生成。在确定管控数量标准时,需要注意:其一,尽力而为,量力而行。不要将目标定得太高,以至于在创作过程产生焦虑与着急,如不断地进行自我催促,会导致一开始就让神经与心理处于紧绷的状态。但也不应为预防任务过重而把标准定得太低,以至于完成任务后还大量剩余时间、精力等。其二,保证标准的弹性。任何任务量的确定,都应该是具有弹性的,不用将之设置在一个固定的数量上,而且必须坚守这样的数量规约。所谓的弹性,最容易掌握的是"分档式数量标准",是以"千字/日"为标准,还是"万字/日"为标准,取决于写作者本人的创作速度。一般来说,"千字/日"的标准最容易把控,根据自我创作速度来确定到底是"几千"的目标准量即可。其三,标准的适时性。也就是说,最初确定的整体任务阶段的数量标准,但也应该适时地根据阶段性任务量的完成度来调整下一任务阶段的数量标准,在先期确定的基础上进行增加或减少。

  二是设定管控的频率。过于频繁地使用数量管控法对字数统计进行干预,与几乎沉寂式的管控频率,都是不正确的方法,它们都起不到管控的效果。巴蒂所谓的"字数统计强迫症",便属于前者,即管控的频率过高而导致的分心、注意力转移等问题。确定一个恰当的管控频率,才不会让字数统计带偏了写作者的精力与心力,也不至于数量管控法无法发挥作用。管控频率的设定,在极高(每隔五分钟或十分钟管控一次)与极低(低到一次创作只管控一次)之间,最好依据创作时间进行"三等分"。第一阶段算作起始阶段,字数可以不用过多,但必须在字数增加率上有所提升;第二阶段算作攻坚阶段,或充盈阶段,时间稍微长一些,这是因为这个阶段写作者已经进入创作状态中,各种心理的、物理的、内在的或外在的要素都激活并且处于亢奋状态,所以字数的积累量要调高;第三阶段算作收尾阶段,亦即整体上与规定的目标数量进行比对,确定完成任务的进度,以便在下一阶段的写作中进行适当的调整,让自我补偿机制发挥作用。

三是及时根据数量管控法的反馈来修正创作过程中出现的瑕疵、偏颇与亏缺。在管控的频率上,确定这一步骤的及时跟进,第一阶段的管控可以不必强调问题的发现,但在第二阶段,或者说尤其是在第二阶段,要注重发现问题,整体上进行数量标准的管控,以便及时地在任务阶段内解决瑕疵、偏颇与亏缺,不必将此一阶段的任务量累积给下一阶段。但如果实在无法在收尾阶段赶上已经确定的数量标准,那么就在第三阶段,也就是收尾阶段再进行回望、管控,以便从整个创作过程的角度来调整下一个阶段任务量的增减。这样做是为了确保数量管控法既能够发挥作用,又不至于对写作者形成压力。

无论如何,数量管控法是一种较为容易操作、直观又实用的创意写作活动的自我管理方法,能够在任务阶段内起到作用,也可以对整个过程进行调整。这种方法尤其适用于新手写作者,在其进入创作过程中可以实现对自我创作状态的调整与管控,有利于缓解心理的紧张程度,坚定其自信的心态,激励其持续推进创作的进程。它当然也适用于所有的写作者,尤其是对于长篇作品的创作,数量管控法是非常实用的自我管理方法。

第二节　质 量 管 控 法

质量,在管理学中又被称为"质量维度(quality dimension)",哈佛商学院戴维·加文曾提出著名的质量维度的概念,它包括性能、特征、可靠性、符合性、耐久性、可服务性、美感、感知质量。但这些似乎还可以继续拓展,比如安全性。卡罗尔·金针对服务质量提出了更多的维度,如响应性、能力、方便、礼貌、沟通、可信性和理解等。后来帕拉苏拉曼、泽斯梅尔和贝利提出简化了的服务质量维度:有形性、服务可靠性、响应性、保证性、移情性[1]。所有创意产品,包括文学作品、影视产品、广告产品、文化创意产品等,作为纯粹物质性的存在、作为有形的商品存在,它们都应该满足这些质量维度,性能、特征、可靠性、符合性、可服务性、美感与感知质量,从不同的方面规定了创意产品的质量保证,除此之外它还必须拥有服务质量的规定维度,毕竟所有的创意产品也都意味着提供一种服务:文学作品的阅读、影视产品的观看,乃至于一个酒店的装饰风格也都为着消费者的身心愉悦而存在,因此这些产品还应该具有服务可靠性、响应性、移情性等要素。但单纯地就质量维度而言,创意产品还应该具有创新性、思想性、吸引力、个人风格等。创新性这一维度,是所有创意产品的本质性规定,创新不意味着一

---

[1]　托马斯·福斯特:《质量管理:整合供应链》,何桢译,中国人民大学出版社,2018年版,第4—7页。

味地追求先锋、时尚,而是一种审美风格的引领与独到思想的建构;思想性,换一种说法乃是强调创意产品的主题维度,它能够带来沉思与醒悟,带给消费者以精神性的愉悦;吸引力,包含美感、响应性、移情性等要素,在于创意产品综合性地、整体性地保有一种对消费者的召唤机制;个人风格,既是创意产品美感的体现,也是创造吸引力的重要方面,正是有赖于个人风格的存在,创意产品才能体现出或匹配出其独具一格的价值,也就意味着个人风格也是创新性的一种保障策略。

相应地,质量管理又称质量控制,广义指为了最经济地生产出符合使用者要求的高质量产品所采用的各种方法的体系。狭义指应用各种科学原理,保证、提高产品质量的管理。质量管理的发展经历了三个阶段:① 质量检验:对加工完毕的各种产品(或零件)进行检验,测定是否符合预定的质量标准,从中剔除废品,保证出厂产品完全合格。② 统计质量管理:亦称"统计质量控制",主要采用各种统计手段,对生产过程中的产品质量加以控制,找出产品优劣的原因,防止不合格品的产生。③ 全面质量管理。又称"全面质量控制""综合质量管理"等,是把质量管理工作扩大到设计、研制、生产准备、原料采购、生产制造、销售、用户服务等各个环节[①]。一般来说,在对自我创作过程的管理中,"全面质量管理"已经渗透到各个方面,计划的制定、危机的处理、未知数的应对,乃至于监督机制与补偿机制的建立,甚至上面提及的数量管控法,都是为从整体上实现对质量的控制而进行的管理行为。我们之所以单独提出"质量管控法",并不是要推翻或总结之前的种种,而是在新的层面

---

① 陆雄文:《管理学大辞典》,上海辞书出版社,2013年版,第262页。

上赋予其新的含义,从而既能综合之前的内容,又能沿着这些内容继续推进创意写作的管理工作。

简言之,创意写作中的"质量管控法"包括两个方面的意涵:其一,质量管理方面。更加注重对创意产品的质量把控,强调创作过程中对创意产品质量的监督,防止产品出现质量亏欠与部分性的残次品现象,是一种针对文本质量而来的自我监督机制。因此,在这个方面,所谓质量管控法监控的主要是正在创作的作品是否具有美感?是否具有响应性?在思想性、吸引力、个人风格建立上是否取得了进展?性能、可靠性、符合性、可服务性、移情性等方面是否符合了期待视野,是否符合了消费者的要求?其二,要素管理方面。对于质量要素构成,创意产品与其他产品生产是一样的。但针对文学作品,尤其是叙事类创意产品,则有自己独特的构成要素,这些要素就是质量控制与管理的方面,也是自我监督与管理的抓手。就诗歌的创作而言,这些要素包括意象的择取与使用、情感线索与脉络的安排、语词的选用与布局、主题的构筑与阶梯性呈现等;就散文的创作而言,要素既包括意象、情感、语词、主题,还要加入人物塑造、风景描写(它又可细分为自然景观、人文风情、世情百态等)、叙述与情感等。就叙事性文本的创作来说,它涉及小说、戏剧、影视剧本的创作,在诗歌与散文同类要素如情感、语词、主题等之外,还包括情节、人物、故事、场景、结构等,甚至个人风格之建立、遣词造句之多样性等,都应该包括在此一质量管控中。

从本质上来看,就创意写作活动的自我管理而言,毋宁说"质量管控法"就是"分要素管控":将数量管控法中执着于对字数统计的管理,挪移为对作品构成要素的管理,核定的任务量不单体现在字数上,而归入对构成要素的考核,从而形成对创作过程自我监督

的新路径、新方法。就创意写作过程的自我管理方法而言的,它包括以下几个方面:

其一,情节控制法。这种方法最容易管控,并且是从文本内部的构成要素上来监控整个创作过程。情节控制法是以文本的情节为标准,对创作过程进行监督与管理,它并不需要对文本的情节按照数量来进行划分,而是文本世界的情节发展到一个程度即宣告情节的结束。以《红楼梦》为例,林黛玉进贾府可以算作一个大的故事情节,其中又可以细分为进贾府的原因、见舅母、见姥姥、见姐妹们、见贾宝玉……在一个创作周期内,情节控制法应该以一个大的故事情节作为管控单位,在创作过程中再以小的情节作为管控节奏的划分点。进贾府的原因交代完之后,林黛玉预备进贾府了,此处可以作为一个停止的节奏,稍微进行自我修正,再进入下一个情节点。任何一次书写,都建议以一个完整的情节作为划分的标准。一个情节连接着另外一个情节,从而构成整个作品,这也就意味着每一次情节的推进,都是对整个创作架构的完善。

其二,人物控制法。这是除情节控制法之外,另一个较为简单、方便的管控方法。人物控制法包括单一人物的形象塑造、主人公的活动段落、人物在作品世界的完整行为等。单一人物形象塑造,最容易作为掌控的依据,主要是因为其不构成系列性形象描摹,在一个段落内就可以完成。但此类人物一般都是次要人物,甚至连次要人物也算不上,所以他们不是作品的主要构成部件,因此,对主人公的活动段落进行管控也就成了比较常用的管控方法——对于主人公而言,完成一个阶段的活动,就宣告一个方面的塑造完成。如孔乙己去酒店里喝酒,在柜台上"排"出酒钱,就可以构成一个完整的活动段落。再如林黛玉的"秋窗风雨夕"的段落,同样是如此。人物控制法主要考量的是行动对人物的塑造,与情节略有重合,但其作用不同,划分的依据也不同。

其三,故事控制法。相比较而言,故事控制法常用来放在长篇小说的写作中,或者用于电视剧剧本的编写中,因为这些作品体量大,能够分出的故事较多,用这种方法,管控起来相对容易。整本《红楼梦》有众多的故事,但是一开始对写作缘起的交代,就是一个独立的故事;到后来空空道人、茫茫大士的部分;再到甄士隐的故事、贾雨村的故事等,渐次发展出林黛玉进贾府的情节。这些都可以作为一个完整的故事来进行管控。林黛玉进贾府只是一个情节,它和前后文一起构成了一个完整的故事。其他如宝玉挨打及相关情节、检抄大观园及相关情节,故事控制法的体量一般较大,适宜于创作时间充足、速度适中的写作者来使用,否则会产生仓促之感。有的写作者一个故事的书写需要 5 天,有的写作者则可能需要 15 天,其中每一天的管控方法又可以变为情节控制法。这都需要根据个人的实际情况来调整节奏,但以故事为管控的标准单位,完全不成问题。

其四,结构控制法。这种自我管理方法需要写作者有超强的自控力与对作品结构的把握能力,它较为复杂,但却对于建构作品最为有用。整体上来说,线索、脉络、开头、结尾、段落、层次、过渡、照应、承转等都算是结构的内容,在此基础上我们说任何作品都有一个整体性的结构,但这些结构是由不同的链条架构起来的,这些结构链条又称为结构线,"由结构点纵向运动或横向运动所形成的贯穿作品整个情节成为一个有机整体的具有结构意义的线索"[①]。

[①] 尹均生:《中国写作学大辞典》,中国检察出版社,1998 年版,第 415 页。

结构控制法就是要选取结构的一个方面,或是一个完整的结构链条,或是其中一个层次,或者完成一次过渡,甚或完成一个线索的交代。如果一部作品的结构如同一栋楼房的框架结构,那么就意味着一间房的结构可以算作一次创作的管控标准,完成整个一层楼所有房间的结构算是一个层次性的结构,那么整体上的架构就需要进行不同方面的建筑,就需要分批次来完成,这也是结构控制法的原理。

其五,场景控制法。场景控制法能否成为一种管控的方法,在许多写作者那里都成为一种疑问。但需要明白一个问题,即场景并不单单是包含着环境交代的描写式的创作,它可以在影视剧本创作中较为明显地划分出来,尤其是一个场景中涉及人物、活动、对话、情节,那么这个场景才是完整的。某种程度上,它比情节或人物的控制法择取的标准要小,有时候则更大:一个战争的场面,所要交代的东西可能就会由一个非常复杂的场景构成;一个屋外的简单对话,可能是一个极小的情节点,但却可以形成一个场景的塑造。影视剧本写作中常见的"屋内,光线暗淡""屋外,雨天"等,乃至于戏剧剧本中的场景同样如此。场景又不同于幕,一幕戏剧可能包含着众多场景,但一个场景可能构成一幕,也可能只是一幕戏剧中的一个构成内容。

针对文体的不同,质量管控法还有许多其他的要素管控方法,乃至于诗歌创作的分节、散文写作中的情感段落,取何种要素作为管控的方法,也都与写作者自身的喜好、作品核心的构成要素等有关。另外,在具体的操作步骤上,质量管控法与数量管控法几乎是一致的:确立标准、管控过程、及时弥补。标准确立主要是依据文体、写作者的创作习惯、作品本身的构成状况等,管控过程即我们所说的要素管控法。至于"及时弥补"一部分，仍需在时间的调控上来进行，针对要素本身进行弥补，需要写作者对作品整体有一个把控与掌握。

第三节　时间管控法

时间是世界上最重要的资源，甚至附加于商品上的劳动价值，本质上来说仍然属于时间范畴——劳动者所加诸商品上的劳动价值体现为其所耗费的时间，亦即所耗费的生命长度。手工制作之所以价格高昂，便在于生产此一商品时劳动者所付出的是其生命时间的长度，而任何生产率的提高、产品质量的提升，乃至于创作过程的管理，都是为了严格控制时间要素，使得在时间维度不变的情况下实现数量与质量上的丰收。所以管理学领域的研究者就认为："在组织或个人的奋斗中，时间可能是最有价值的资源。它是一种正在持续消耗的、不能再生产的资源，一旦失去永难挽回。"[①]另外，我们需要认识到：作为控制要素，时间是最容易操作的，因为其标准明确、划分便利，认同度也相对最高。所有的管理方法、控制方法，最终都会被落实在时间这一维度上，从这一点来看，它们都可以在某种程度上被归入时间管控法。不管是物理学意义上的时间，还是心理学意义上的时间，甚至生物学意义上的时间，时间管控法都在一定程度上标识着创作过程的度量与本质性规约的实现。数量管控法、质量管控法，可能会因人而异、因作而异地使用，

[①] 马尔科姆·沃纳：《工商管理大百科全书》（第四卷），清华大学经济管理学院编译，辽宁教育出版社，1999年版，第274页。

但时间管控法几乎可以为所有的写作者使用,且对于任何一个写作者、任意一部作品,都是适用的。

正因为时间较为公正且接受范围较广,巴蒂在应对"字数统计强迫症"时,给出的建议即为时间管控法:"为了不受这种困扰,你要规定自己每次写作的时间,而不是每次写作的字数。这样,到了时间再查看字数统计,就好像是对你完成一次写作任务得到的奖赏一样。"①所以,在其他管控方法不那么奏效,或者面临一些实际困难时,时间管控法就可以成为主要方法。以写作的时间作为标准,而不去过多地关注字数的累积与攀升,从而转移关注的目标来缓解焦虑,是解决"字数统计强迫症"的方法,也是从数量管控法向时间管控法的转变。这一转变的内在机理,仍然是我们所强调的时间的重要性。

在管理学中,为确保系统能够按照预期要求运行,以及计划目标的达成,采取的方法往往是系统评价。它一般包含两类内容,即事件驱动评价和时间驱动评价,"前者指由某个问题和事件引起的对系统的评价;后者指对系统在规定的时间周期内执行情况的评价"②。本质上来说,事件驱动评价,即是一种从时间管控出发并以之为基础的系统评价方式。相应地,有研究者认为:"时间管理,就是有效利用时间的艺术和科学。时间管理是有效管理的重要因素。如果组织和个人能够正确管理时间,就有能力在商业世界中

---

① 克里斯·巴蒂:《30天写小说》,胡婷、刁克利译,中国人民大学出版社,2013年版,第105页。
② 夏征农、陈至立、陆雄文:《大辞海·管理学卷》,上海辞书出版社,2011年版,第445页。

面对个人和职业上的挑战。"①与有效的时间管理相反的是一些要素性的东西,它们的存在导致了时间价值的降低,诸如缺乏清晰的视野,缺乏明确的目标,能力与才能不匹配,工作时间安排不均衡,缺乏培训和充分的指导,缺乏有意义的工作、缺乏将工作和时间联系起来形成进度计划的系统或方法,工作区布置不当,速度把控不得力,一些错误导致的返工与时间浪费,缺乏专门的工作分配机制,缺乏替代性的工作安排等,产品生产的过程中出现的任何纰漏,都会造成时间管理效率的降低甚至时间的浪费。因此,有效的时间管理被认为是从确立有效的目标和手段开始,落实在创意写作自我管理的方法上,时间管理则不仅仅意味着创作过程的时间管理,它是贯彻于个人生活中任何事件、任何阶段的一种有效的控制手段,是个体提升生活效率与时间利用率的重要方式。

作为创意写作的自我管理方法,时间管控法看似容易操作,而实则并不简单。结合个人与组织的时间管理经验,可拟定以下几个步骤:

其一,制定时间表。时间表的制定既要结合写作者整体的生活构成与事务安排,也要单独地在时间表中安排出写作时间的时段、具体时间点的排布等。时间表看上去是一个关于时间段落的排布,实则体现了写作者个人的生物钟、生活节奏、工作安排与休闲时间的协调等。它还涉及弹性制度的确立、时间伸展与压缩的必要、例外事件导致的时间占用等。"一个认真制定的时间表可能会被一个'危机'打乱,应该对组织进行检查,确定是否'易于产生

---

① 马尔科姆·沃纳:《工商管理大百科全书》(第四卷),清华大学经济管理学院编译,辽宁教育出版社,1999年版,第274页。

危机'。"①组织如此,个人亦如此——它不仅仅涉及所谓的检查,还意味着写作者主体对个性、心理、生活状况等的整体把控,甚至都不需要专门地进行检查与确证,而是完全得心应手的、变成一种"准确的感觉"。当然,在创作开始前,进行"危机事件"排查也是必要的,比如工作核实、生活照料等。

其二,以时间表确定任务表。任务表在创作计划制定之时就已经被确定,但在运用时间管控法时,配合时间表来重新安排每一个时段具体的任务,则是一种重要的时间管理步骤。这样制定的任务表,以一周的时间维度为最佳,以明确每一天的任务量为最适宜。甚至可以说,这样确定的任务表,是短期计划、专门计划,而非长期计划、整体计划。因此,这个步骤的任务其实还包括:一是确定优先权。即所有任务中,处于优先地位的任务,必须要首先明确出来。优先任务在时间占用率上、在精力的分配上等都要表现出独特的一面,并被提前安排好时间占用量,以保证其完成质量。二是明确任务的紧急程度。确定优先权任务之后,还需要明确其他任务的紧急程度。比如,主人公的一个行为,在整个故事的过程中更为重要,它涉及情节的推动、主题的呈现。相对地,这时候次要人物如与爱人的一次拥吻,就处在较为轻的地位,可用较少的时间来进行表达。三是确定手段,以及确定达成目标、实现任务的方法与途径。这涉及写作能力的问题,也是时间安排与管理的问题,因为只有明确了手段,知晓了达成目标、实现任务的方法与途径,创作的实际操作过程才能够被落实,从而提高效率。这就需要写作

---

① 马尔科姆·沃纳:《工商管理大百科全书》(第四卷),清华大学经济管理学院编译,辽宁教育出版社,1999年版,第278页。

者对自己要呈现的作品,有一种成竹在胸的规划,它在前期的各种准备中尽管宣告完成,但在每一日的创作任务开始之前,仍然需要进行具体化的安排,因为它时刻处在变动之中,甚至在创作过程之中,都需要重新确定具体的方法、路径。

其三,将任务表匹配于时间表,从而实现自我管理与监督。在具体的操作方法上,亨利·甘特所发明的"甘特图"较为实用:"条形框代表了工作结果,包括预计结果和实际结果。甘特图可以直观地展现任务的预期完成时间,并将实际进度与预期进度相对比。它是一个简单而重要的工具,可以帮助管理者便捷准确地了解距离工作或目标结束还有哪些任务待完成,以及评估一项活动是否已经超前、落后于进度还是符合预期进度。"[①]在实际的创作过程中,可以灵活制定此类图,比如可以将任务与时间匹配之后,对完成的任务直接进行勾画,未完成的可以将之涂色。具体运用过程中,每个人可以以自己的方式进行调节,增加、删改、整合、分流等,形式上也完全可以根据实际情况进行改进与个性化设计。

其四,设置时间区域,调配时间资源的分布与运用。所谓时间区域,是指时间段落,亦即一个整体时间区域内相对完整的时间构成,而不是被分割的细碎时间。时间区域根据任务内容、目标设定来调整其大小,在过程内部实现时间资源的优化重组,并根据轻重缓急来排定时间区域的整体性布局,从而实现高效率利用时间。

时间管控法,本质上是一种对时间利用率进行提升的手段,它不单单在创作过程中有其独特价值,甚至在任何领域,都发挥着重

---

① 斯蒂芬·罗宾斯、玛丽·库尔特:《管理学》,刘刚、程熙鎔、梁晗等译,中国人民大学出版社,2017年版,第528页。

要的作用,是人们经常采用的方法。只是根据具体任务目标、作业性质、工作对象等的不同,而作适当的调整。时间管控法发挥作用,还可以与其他方法协同配合,共同使用。

第四节　日　常　性　管　控

相对于数量管控法、质量管控法和时间管控法,日常性管控更偏重于一些日常事务性的管控。前三者都是具体的管控方法,而日常性管控则基本上是一种管控意向,亦即它涉及创作过程中每一日的整体管理、琐事管理、创作相关要素的管理等。一般而言,数量管控法、质量管控法与时间管控法是技术性管控,而日常性管控则涉及得更广。以议题式管理(又译为"问题管理")为例,它是企业、组织等为应对社会伦理问题而产生的管理方式,"社会伦理问题包括雇员权利、性骚扰、产品安全、工作场所安全、工资低、行贿和腐败、工作场所的抽烟、欺诈广告等。其管理过程是:先识别利益相关者的环境问题;接着分析这些问题与组织的关联性,并按有限予以回应的顺序列出这些问题;再制定如何回应这些问题的计划;最后进行回应并回应结果予以控制"[①]。仅仅是其中的环境问题,就包括诸多方面,不仅仅对企业、组织而言,个人同样如此,哪怕写作者在家中,或一个较为私密的、独特的空间。对之进行管理,并且杜绝这些伦理问题对创作进程的影响,就成了日常性管控的一个方面。当然,相对于企业与组织,个人在社会伦理问题上所需要管控的内容较少,但对工作、生活与创作的协调,日常、家庭与

[①]　陆雄文:《管理学大辞典》,上海辞书出版社,2013年版,第34页。

创作的密切配合，阅读与创作的互动，现实与虚拟的交融与区隔等，则涉及较多。

之所以需要日常性管控，乃是因为人生活在社会网络中，需要照顾个人与自我、个人与世界、个人与社会、个人与国家等之间的协调与配合，乃至于文学创作的主题选择、故事挖掘、思想导向等，都需要有一个较为密切的与创作中的世界相交互的网络。因此，从整体来看，日常性管控包括以下几个大的方面：

其一，生存性要素与创作协调管控。一是琐碎生活、工作职责与创作过程的协调与配合。真正进入创作过程之中时，写作者确实会进入一种较为自由的、灵感喷薄的，甚至于迷狂性的氛围之中，任何的打断与中止都会破坏这种氛围，甚至中断之后很难再接续上来。或者，即便能够接续上来，但其质量亦无法保证一如既往。在日常性管控中，统筹安排，是未雨绸缪与危机处理相结合的管控方法。如果处在下班状态，工作的事情不会很大程度上打扰到写作者，但它总是"不定时的炸弹"，可能随时会打搅到创作者。因此，工作之后的安排也相当重要，尤其是与顶头上司的沟通、同级同事的沟通等。另外则是生活琐事，这几乎无法进行提前的安排与干预，它们是偶然性的、突发的，所以对之进行管控是一个难题。二是日常、家庭与创作的密切配合。对于写作者而言，创作即是生活，需要寻找最完美的状态。但这几乎也是一个不太能实现的梦想，因为作为一个社会人，首先要面对的就是自己的家庭成员和各种日常事务。即便是简单如一日三餐，都需要进行一定程度的协调，更不要说家务活的处理，各种家庭责任的付出，甚至陪伴父母、园地打理等。日常、家庭与创作的密切配合，就在于写作者要善于管控这些日常、家庭事务，投入创作时不会被打扰。不管是琐事、日常、家庭,甚至于工作,都能够在这种节点与节点之间的空闲间被处理。所以它考验着写作者对自己写作节奏的把控,对作品构思的精确掌握。

其二,文学性要素与创作的交融与区隔。一是现实与虚构之间的融合区隔。任何写作者都会或自觉或不自觉地将自己的经验代入文学世界之中,甚至可以说,任何创作都是一次不折不扣的对自我的描摹与表达——外在地,是对自己经历、记忆与生活经验的书写;内在地,则是对心理、思想与情感的描绘。莫言在获得诺贝尔文学奖后发表的演讲中强调,他在学习了马尔克斯和福克纳之后,"就明白了他们干了什么,也明白了他们是怎样干的,随即我也就明白了我该干什么和我该怎样干。我该干的事情其实很简单,那就是用自己的方式,讲自己的故事"。他又强调:"自己的故事总是有限的,讲完了自己的故事,就必须讲他人的故事。于是,我的亲人们的故事,我的村人们的故事,以及我从老人们口中听到过的祖先们的故事,就像听到集合令的士兵一样,从我的记忆深处涌出来。他们用期盼的目光看着我,等待着我去写他们。我的爷爷、奶奶、父亲、母亲、哥哥、姐姐、姑姑、叔叔、妻子、女儿,都在我的作品里出现过,还有很多的我们高密东北乡的乡亲,也都在我的小说里露过面。"[①]个人记忆、经验等都可以作为素材进入自己的作品之中,但日常性管控中的现实与虚构之交融,在于将这些要素融入创作中,从而帮助写作者顺利完成写作任务。二是阅读与写作之间的互补与滋养。创作过程中要不要进行阅读?应不应该阅读?这

[①] 莫言:《讲故事的人——在诺贝尔文学奖颁奖典礼上的讲演》,《当代作家评论》,2013年第1期。

些其实本不是问题,因为阅读可能也会侵占时间,但它完全可以有助于写作者提升语言的感觉,缓解创作过程中出现的焦虑、困顿甚至抑郁,也能够帮助写作者从一些磕磕绊绊的书写细节中暂时解脱出来。自然,这时候不需要也不应该进行大规模地阅读,经典著作的片段、短篇作品的阅读,都是合适的。所以作为一种日常性管控,间歇性地进行片段阅读与短篇阅读,是会有益于创作过程的,它能提供能量,给予休憩,调节情绪,抚慰心灵。

其三,社会性要素与创作的整合与促进。一是自然道德的律法与社会文明的律法之间存在着冲突,有些冲突甚至是无法调和的,它们以二元对立的方式存在。创意写作不应该回避这些问题,以求得"作品的安全",而应该勇敢地去面对这些艰难的问题,给出符合基本人性道德的回答。典型的例子莫过于索福克勒斯的悲剧《安提戈涅》,它所处理的"自然的法"与"城邦的法"之间的冲突,就是这种社会问题的尖锐思考——安提戈涅出于自然道德的血缘关系,必须要出门埋葬自己战死的哥哥;但城邦的法律却是禁止她做这一符合自然律法的事情。最终,她宁愿违反城邦的律法,也要尽到自然律法所规定的道德义务。这便是悲剧的力量,震撼人心。二是个体的主体性与社会的群体性之间亦充满冲突,创意写作也应该对之进行关注和表现。保持个体的自由,从而享受主体的权利。但往往个体在享受自由权利的过程中,会侵犯群体的利益,给社会造成损害。影视剧中许多经典桥段均来源于此,那些牺牲小我以成就大我的悲剧故事,那些牺牲个人而造就社会福利的英雄事迹,影响着人类文明的进程,演变为一笔巨大的精神性财富。三是创作过程中,写作者所面临的便是以上两种冲突在作品中的体现——作为社会的一分子,即便写作者怀抱着个人见解、思想,他是应该放弃个人的独特思想，从而履行了对社会的群体性义务？还是坚持独立性，从而不顾社会性要素的需求？这并不是一个所谓"安娜·卡列尼娜式变数"及其处理的问题，而是一个作者在创作过程中如何来处理个体与群体关系的问题。个性化较强的写作者，自然会站到个人的权利与自由上，一任其才华的挥洒，常选择个性化的私人叙事，孤胆英雄的落寞与夕阳武士的悲悼等；个性化较弱的写作者，可能更多地会选择服从社会的群体性，表现于作品中便会常造就拯救社会的英雄等，也会让自己变成悲壮叙事的爱好者。这自然不是绝对的，而是在对这样的关系进行日常性管控时，隐而不显地影响着创作过程。

总而言之，任何创意写作活动中的个人管理方法，都是根据自我实际状况而做的个人化选择，因为这些方法都只是建议性的、参考性的，而非硬性规定或写作教条。确立自我于创作过程中，意指写作者主体有较强的自律能力，对创作有高屋建瓴的把控力，也有全局掌握的超强自控能力，若如此，任何方法都可以得心应手，从而让创意写作活动顺利进行，硕果累累。

第十三章　从稿件到作品：编辑、修改与投稿

许多写作者通常认为，草稿的完成就是作品创作的结束。显然，这是一个认知错误。创意写作是一个全过程、全要素、整体性的综合性工程，完成一份草稿可以说只是创意写作工作阶段性目标的达成，假如将之比喻为一场比赛的上半场，其意义与价值自然是极其重要的，它构成了整个创意写作过程的基础性成果；那么中场休息与下半场，仍然是作品能否与读者见面的关键点，恰是这个下半场，使得许多作品只能置于"抽屉"，成为湮没无闻的稿件而不能走向公众、走向读者。不管是个人的还是集体的创意写作活动的管理，它不但强调创作过程的管理，亦即执笔阶段的诸多要素的管理，还包括作品完成之后的"后期管理"，亦即对作品进行编辑、修改，并且将之推荐出去，真正实现它走向公众并释放其社会价值的最终目的。"个人的抽屉"不是创意产品的最终归宿，它们需要经由发表、出版，到达阅读者的手中，成为消费者的消费对象，从而将其创造性的价值真正发挥出来。

从这一点来说，写作者首先要树立一个观念：一个真正的写作者，是一个能够对创意写作产品负责到底的人；一个完整的创意写作的过程，是一个从创意观念变为成品并最终为阅读者所消费的产品的过程。缺少其中的任何一环，过程的完整性得不到保证，就

意味着创意写作的"未完成状态"始终存在。所以兰尼·布朗和戴夫·金强调:"用一个编辑的眼光去审视你的手稿,去做一个出版社的编辑应该做的事情。"①创意写作的前期工作如果说是脑力激荡、创意思维调动等较为核心的行为,那么其后期工作必然是修改、加工书稿——甚至必须要知道,修改过程也是一次不折不扣的创意过程,必须利用好创意的继发性、持续性,保证其在修改中仍然发挥重要作用。另外,较为重要的一点是,由于初稿完成,创作者已经不必担心写作未完成及其所带有的焦虑,在安宁的内心环境的加持下,修改反而更能让创作者放开手脚,创意的灵性往往会在此刻集中爆发,从而带来意想不到的效果。创作者应该抓住这样的机会,从容修改,大胆创新,从而让创意作品能够成为经典或畅销的文本。

第一节　从草稿到作品:自我编辑的重要性

"完成一份草稿"是创意写作阶段性的成果,也是对创作者的一种提醒。随着草稿的完成,意味着工作将会转入到下一个阶段——尽管本质上它只是前一个阶段创意思维纸面化的延续,但在创意写作的具体步骤上则转为纸面优化的阶段。许多创作者往往会忽略"完成一份草稿"对创意写作整个过程的重要性,要么认为创意写作的工作到此就可以宣告完成,要么开始给自己彻底解缚,并抱定此后创作工作就已经很轻松了的想法。殊不知,"从草

---

① 詹姆斯·斯科特·贝尔:《从创意到畅销书:修改与自我编辑》,刘在良译,中国人民大学出版社,2016年版,第13页。

稿到作品"还有诸多的工序,唯有精妙地完成这些工作,才能够真正实现创意写作成果的落地及产品化。历来大作家无不在修改上狠下功夫:"海明威说他把《永别了,武器》的结尾重写了39遍,方才满意。弗拉基米尔·纳博科夫那些自创的修辞简直是神来之笔,然而他修订过曾经发表的每一个字,而且不止一次。"马克·斯特兰德就曾经强调:"我喜欢修订的过程,我不信任任何冲动自发的东西。"①因此,在初稿完成之后应该重视对初稿的编辑和修改,它们的重要性不亚于初稿的创作。

初稿完成后的第一个工作,就是对自己的作品进行自我编辑。自我编辑的重要性,我们可以简单地罗列如下:

其一,从草稿到自我编辑后的成品,是一种对自我创作的肯定。这样的肯定既代表了对前期初稿创作的一种总结与自我鼓励,也是为此后作品的修改提供基础。自我编辑过程中,看着辛辛苦苦地写下的文字逐渐形成出版物要求的格式,它本身就是对创作者的一种心理暗示,带来的是对工作的赞许与难以名状的自我满足。凡是前行者,都希望看到里程碑式的标志物,也提示着前途的逐渐清晰与确定。

其二,自我编辑能够初步地提示、判断出文稿的问题所在。对文稿编辑的过程,实际上是粗略地浏览的过程,它意味着那些比较明显甚而扎眼的问题都会渐次暴露出来,在编辑的过程中或者可以将之标注出来,或者随手就可以进行修改。编辑过程不是单纯的美化过程,也意味着需要对文本进行一种全新的处理。这种全

---

① 苏珊·M.蒂贝尔吉安:《一年通往作家路:提高写作技巧的12堂课》,李琳译,中国人民大学出版社,2013年版,第191页。

新的处理应该是创作者以一个挑剔者的眼光来看待已完成的作品，保持陌生眼光来进行稿件的编辑，如此也就更容易发现问题。

其三，文稿编辑的目的是追求美观，恰恰是美观的文稿会在此后的修改、投稿、投标等活动中发挥作用。仅以个人创作为例，一个创作者必须要将自己的文稿最大限度地美化，提供一个干净整洁、版面美观的定稿，这样才会提高稿件被采用的概率。杂志社也好，出版社也罢，编辑都面对着大量的稿件，没有太多精力和心思耗费在一份凌乱或不符合编辑标准和美观化要求的稿件上，因此美化后的稿件是以贴心的方式给编辑留下一个好印象。甚至可以说，一份美观的稿件是编辑决定阅读与否的第一步，这同样可以称作是编辑对稿件的"第一印象"。倘若第一印象是糟糕的，稿件被采用的可能性也会大大降低。未美化的稿件，会给编辑留下坏印象。作为创意写作过程的下半场，编辑稿件实际是在考验一个写作者的耐心、细心、贴心，既是在为自己的稿件做编辑，也是在替编辑处理前期工作，为他人节省时间。

其四，文稿的编辑本身并非只是字号、行间距、错别字检查等工作，它还是创作者据此来寻求新的创意、激发脑力的新突破口。新的创意往往来自旧的创意，前一次创作极有可能构成后一次创作的开头，促成新的写作的机缘，正如陈忠实写作《白鹿原》是因为受到了《蓝袍先生》的促发一样："至今确凿无疑地记得，是中篇小说《蓝袍先生》的写作，引发出长篇小说《白鹿原》的创作欲念的。"[1]自我编辑的过程是"回头检视"的过程，尤其以陌生人的视角

---

[1] 陈忠实：《寻找属于自己的句子：陈忠实自述》，北京大学出版社，2019年版，第1页。

重新进入作品中,一些创意要素、触发点会渐次出现并引发新的创意,从而促成了新创意的诞生、新作品的创作。

在论及提交给杂志社或出版社的稿件时,一些专家建议作者应该提供至少包含下列内容的"作者稿件":书名页/扉页、题献、题词、目录、插图目录、表格目录、前言、致谢、其他前辅文、"所有正文部分,包括导言和部分标题"、注释、附录、词汇表、参考文献或参考书目列表、其他后辅文、所有插图和表格、插图文字说明、原稿中使用的特殊字符列表、摘要(有些著作需要)、"复制插图、先前已出版资料、引用未出版的数据或个人通信内容的书面许可"等,并强调"所有部分都应该是最终定稿"[①]。鉴于此,创作者在对文稿进行编辑时要做的事情最起码应该包括:

一是做一个封面。即便是单篇作品,也要做一个封面,郑重地书上创作者或创作团队的姓名或称呼。一个封面代表着正式、庄重,它是对创作者最好的嘉奖,尤其是作品的名称与创作者的名字都赫然出现在封面之上,它已经具有了出版物的模样。一般来说,稿件的封面宜端庄大方、简洁明快,不宜加入太多额外元素。标题应该醒目、大字号,创作者的名字使用稍小字号,置于题目之下。至于具体字体,每个人都可以按照自己的喜好进行选择。

二是给每一章甚至每一节都留下"足够的行距"。不要让稿件变得拥挤不堪,要把字里行间调整到合适的位置,而每一章、每一节结束之后最好不要让下一个章节紧跟其后,宜将文字后的页面空出来,另起一页来重新编排。空疏不是为了凑规模而制造假象,

---

[①] 美国芝加哥大学出版社:《芝加哥手册:写作、编辑和出版指南》,吴波、余慧明、郑起、王丽等译,高等教育出版社,2014年版,第50—51页。

如此排版布局,有利于编辑快速浏览,且符合了基本的发表和出版的要求。要让稿件真正成为作品,就必须留足每一页章节的空白。所谓"足够的行距"就是要在形式上追求稿件满足正式发表和出版时的标准。

三是给每一个标题乃至于小标题以一个"加粗的尊严"与"亮眼的位置"。每一章、每一节,甚至是每一节的每一个小标题,都应该加粗以示强调、醒目。通常章和节的标题选择庄重大气的字体,略微浓于、大于正文的字号。通过加粗与合理分配位置,每一个章节的标题和每一节的小标题都能够凸显出来,从而快速勾勒作品整体面貌,既起到提纲挈领的作用,也能够让编辑在"匆忙的一瞥"中对稿件留下较好印象。它显得突出,从而更能够引起编辑的注意。

四是稿件的正文最好统一字号、字体,这样才显得正式,甚至作为严格的出版物来对待。统一字号、字体就是为了追求一种整齐划一、干净明朗的效果,这一方面能够让创作者在修改过程中进行赏心悦目的阅读,也可以给编辑留下好的印象,同样方便他们的审阅。要按照发表、出版的标准来对文稿进行处理,因此"出版物标准"必须体现在自我编辑工作中。

五是编辑好,打印出来——"一部作品是一个人的生命痕迹"。不管是为了修改的方便,还是为了给自己留下一份生命的痕迹,自我编辑后的稿件应该按照印刷的规格打印出来,作为一个成品使之存在于此后的修改过程中。当然,自我编辑也可能发生在修改之后,那么打印出来之后其"存档"的功用就更加明显。创作者应该树立"一部作品就是一次生命旅程的痕迹"的理念,不管投稿、发表、出版情况如何,编辑后打印出来,都是对创作过程的一个交代,它本身起到的可能是"形式大于内容"的作用,但其效用不能忽略。当然,具体到稿件的细节编辑,还可以详细到标点符号的规整、封面的美化等,可做的工作还有很多。

第二节 修改也是一次创意写作

任何时候,创意写作的终点都无法进行设定:初稿的完成是修改的开始,修改的完成是出版的开始,出版之后是搜集各种反馈与批评声音的开始,评价之后是新一部作品创意的开始……创作者必须要首先熟悉这样的写作"流程",它是绵延不绝的"漫长的河流"。很多创意写作的专家都建议:"不必将修改视为苦差事。对很多作家来说,写作的乐趣不在于用白纸黑字写成初稿,而是不断地调整'拼图',直到所有部分都安排得天衣无缝。"[1]修改的作用既是追求完美,使作品呈现"天衣无缝的效果",同时也是一次对初稿的检验与新创意的探索,它可以是字词句的调整,包括错别字、语法检查、句子调整等,也可以是人物形象塑造的调整、故事情节的修补、文本结构的重造等。修改从深度与广度上来说存在着"小幅度动刀"与"大幅度调整"两个方面,只要后期觉得有需要,就有修改的必要。当然,从追求精致完美的角度来看,修改从来都是必要的,即便那些可以声称"一字不改"的创作者,也是修改到"改无可改"的地步才敢如此笃定。修改所带来的就是创作者对稿件的信心倍增,是在此后的投稿、发表和出版,乃至于在消费市场上能够

---

[1] 雪莉·艾利斯:《开始写吧!——虚构文学创作》,刁克利译,中国人民大学出版社,2011年版,第242页。

有好的表现的重要前提。但如何进行修改？要注意哪些事项？回答这些问题，需要从个人创意写作与团体创意写作出发来考虑。

创意作品的修改，按照创作方式的不同，至少应该考虑"个人性创作的修改"和"团体性的修改"两种修改方式。

其一，个人性创作的修改。由于它是独立完成的，带着鲜明的个人色彩，所以在具体的修改策略上很显然更具有私人性。就一般的原则来说，个人性的创作，尤其是长篇作品的创作，往往是一个马拉松的过程，耗费大量的精力，如果这时候修改举措失当，意味着创作者激情的消耗量较大，便不能够保证作品修改的质量。

综合来说，针对个人性创作的修改，我们建议应该注意以下几个方面：

一是"静置期"不但必要，而且是必须的。新的作品创作出来之后，完成初稿的写作者应该享受作品"完成"之后的舒畅与轻松，而不应该立马投入到作品的修改中。对于个人性的创作来说，写作过程本就是一个漫长的过程，立马投入修改之中，一来是还处在"热乎"状态，不太容易发现其中的问题，多是以"欣赏的目光"来看待作品，唯独经过"静置期"的创作者才能够冷静审视自己的作品，作品中出现的众多"错误与不适"才能够被发现；二来暂时的休息，是为了更好地积蓄力量来应对并不轻松的作品修改过程。创作者必须要认识到，修改过程的工作量并不亚于创作，那些需要修改的地方可能会发生"不舍得舍弃辛勤劳作成果"的现象，在举棋不定与大规模修改的情况下，个人需要面对较为复杂的情形。所以一些创意写作专业的教师建议："平衡的生活方式才是持续写作的最佳保障,包括去商店购物、和别人聊天时用完整句,这些都是生活中不可或缺的组成部分。不管你多么不想回归现实生活,你都应该至少有几周的时间暂时离开小说世界,让你的日常生活恢复正常节奏。这也可以让你对自己刚刚写完的小说有更客观的看法。"①他们甚至明确强调:"除非你急着交稿,否则至少把它放上两周,这一点至关重要。不要再去看它,哪怕瞥上一眼。……两周后,重读你的文章,你会以全新的目光看待你的作品。现在是做大修改的时候了。"②

二是在"静置期"中产生的新想法要随时记录下来。这可以看作对上一个步骤的延伸与补充——当创作完初稿之后,整个人的思维、情感、氛围都还停留在创作中,一时间难以平复,恰在此时可能会有一些关于初稿的新想法,但此时也最好不要回头来看作品,而是另外找一个地方,甚至是在日记中记录下这些想法,以便正式修改时能给自己一个提示。这其实可以称为"修改的预备期"。

三是检查文稿的开头和结尾,构成修改的第一个方面。"第一段(第一句)能够吸引读者的注意力吗?作品的整体架构如何?开始得太早或太晚?或者结束得太早或太晚?开头和结尾匹配吗?有没有伏笔?有没有一种问题得到解决的感觉(主人公发生转变/新的含义出现)?是封闭式结尾还是开放式结尾:结束后仍然意犹未尽?"③开头能否足够简洁高效地将阅读者带入到文本的故事情

---

① 克里斯·巴蒂:《30天写小说》,胡婷、刁克利译,中国人民大学出版社,2013年版,第142—143页。
② 雪莉·艾利斯:《开始写吧!——非虚构文学创作》,刁克利译,中国人民大学出版社,2011年版,第266页。
③ 苏珊·M.蒂贝尔吉安:《一年通往作家路:提高写作技巧的12堂课》,李琳译,中国人民大学出版社,2013年版,第192页。

境之中,是决定一个作品成败的重要标准。"好的开端,应紧扣作品主题,提出题旨,干净利索,富有魅力,牵动全局。"①同样地,结尾不仅仅意味着对文稿整体进行收尾工作,好的结尾意味着它将承接全部文稿的持续发展、囊括文稿的轮廓、牵引故事走向更为开放的局面……"小说是不是开头很精彩,但是结尾部分却不尽如人意?"②结尾是否得当有力?是否再次呈现了作品的主旨?或者向读者发出邀约?历来的创作经验总结都认为:结尾是"文章结构的基本内容之一,指文章的终止部分或段落。它是全文内容的自然延伸,又是全文内容的必然完结,担负着进一步表现中心思想和扩延文章内涵,归纳全文内容的作用。结尾是文章内容和结构组织的有机部分,必须立足于全篇内容和结构,在篇末总结全文、深化主题。文章结尾类型有三:一、束前结尾,自然收笔,所谓'卒彰显志'即属此类;二、推后结尾,言尽意无穷,所谓'余音绕梁'、'媚语夺魂'即是;三、简洁、利落、有力的结尾,所谓'力截奔马'即是"③。古代文章结构法中有所谓"凤头、猪肚、豹尾"之说,亦即开头要绚烂夺目,中间部分应充实丰满,结尾部分要简短有力、显出劲道。

　　四是检查人物形象的塑造是否完成、是否丰腴、是否能给阅读者留下深刻印象以至于念念不忘,构成了修改的第二个方面。在创意写作中,"与小说最相关的是人物的心路历程。首先我们要找到人物的核心性格,接着我们要为他的核心性格做些点缀装饰,追

---

① 尹均生:《中国写作学大辞典》,中国检察出版社,1998年版,第493页。
② 克里斯·巴蒂:《30天写小说》,胡婷、刁克利译,中国人民大学出版社,2013年版,第154—155页。
③ 尹均生:《中国写作学大辞典》,中国检察出版社,1998年版,第165页。

寻人物性格发展弧线的每一部分"①。因此，在修改的过程中就必须要首先注意人物的核心性格是否充分呈现？在呈现人物核心性格的时候是否关涉到其心路历程？人物的出场是否合理？在整个作品的结构中人物所占的地位如何？人物叙述的视角是否准确传达了最初的情节设计？人物的经历是否符合客观的情形？人物对白是否符合其性格与身份？等等。诸如此类，都需要在修改阶段最终定夺、完成，否则将会是缺憾与隐患。

五是修改的第三个方面，即故事、情节和结构。每一个场景设定都有助于故事的发展吗？有没有运用叙事技巧？情节的跌宕起伏配得上故事吗？作品样态适合这个故事吗？类型/子类型对于故事来说合适吗？这是谁的故事？是以什么视角讲述的？节奏一致吗（扫读长度，用词，重复）？作者的口吻是不是饱满、连贯的？②从实质上来说，我们认为：故事是一系列情节按照一定的结构顺序排列的结果。如此，三者统一在一个维度上进行修改和调整，也就必然是合乎情理的。鉴于此，有学者建议在故事讲述完毕之后要检验故事的合理性："好的故事各要素——人物、事件与见解——之间，必定有着这样那样的逻辑关系。人物产生行动，行动构成事件，事件反过来改变人物，产生价值观的变化，流露出感情。……打造坚实的故事逻辑链条，让我们的故事更加紧密；检查故事的逻辑链条，让故事更可信。"③情节的排布所构成的结构，是让故事产

---

① 杰夫·格尔克：《情节与人物：找到伟大小说的平衡点》，曾轶峰、韩学敏译，中国人民大学出版社，2014年版，第12—13页。
② 苏珊·M. 蒂贝尔吉安：《一年通往作家路：提高写作技巧的12堂课》，李琳译，中国人民大学出版社，2013年版，第192—194页。
③ 许道军：《故事工坊》，中国人民大学出版社，2015年版，第156页。

生吸引力的重要条件,因此修改时注重考查结构的合理性,所促成的故事吸引人的程度等,也是较为重要的修改的方面。

六是修改的第四个方面,即语言与标点符号等细节。在这方面,很多创意写作的教材建议:"把你的作品打印出来,开始逐行检查。像编辑一样检查你的稿子。找出语法和拼写错误。不要依赖电脑中的拼写检查功能。虽然显著的拼写错误逃不过它的法眼,但诸如把'借过'误写成'结果'的问题它就无能为力了。检查完语法错误后逐行进行修改。每一行怎么修改能使其更好? 被动语态是不是用得太多? 句子是不是令人费解? 是不是混淆了某种修辞?"①拼写错误与标点符号等,确实是修改要检查的重要任务,但这里所强调的"语言问题"则涉及创作者个人风格的形成与塑造、语言风貌与语体语势的使用与调整、叙述语言与对白语言的差异和设计、陌生化效果的追求与语言的使用等。在现实的创作中,创作者会不经意间使用日常口语,从而造成"满篇大白话",或者刻意为了营造一种语言的陌生化而生造、硬造一些新词与搭配方式,反而造成不良的阅读效果。"语言问题"已经成为一个隐而不显却构成致命性缺陷的要素,许多创作者在提笔创作时都自认为"语言关"早已不是问题,而实则语言使用的雷同化程度特别高,一个时代的人几乎操着同样的腔调在创作。风景语言如何搭配? 故事叙述语言如何构造? 人物描写的语言又该如何? 许多创作者让不通文墨的人满口格言警句、优美辞藻,而让深富修养、儒雅谦和的人操着一口市井方言,这其实就是语言不过关的表现——什么人说

---

① 雪莉·艾利斯:《开始写吧!——非虚构文学创作》,刁克利译,中国人民大学出版社,2011年版,第267页。

什么样的话,什么情景说什么样的话,这必然考验着创作者的语言使用基本功。越是基本功,就越是要重视。在创作阶段,由于要完成既定任务量不顾及语言问题是情有可原的,但到了修改阶段则必须一一考校一番,详细追求一遍,多揣摩、多尝试,寻找最符合文本气质的语言。

七是改变修改的形式,从头到尾,多次地、反复地修改、打磨稿件。可以采用默读的方式修改第一稿、第二稿,但接下来要调整一下修改稿件的形式,诸如听取别人的意见和批评。"听取别人对你小说的意见,既可能对小说修改有巨大的帮助,也可能让你很沮丧,关键看你是否找对人。"具体建议是:"选择和你文学品味相近的人","选择说话委婉而有技巧的人","告诉他你想听到关于小说哪方面的意见","耐心聆听:当那个裁决时刻到来的时候,你要认真听,仔细记,扼住想要争辩或者反驳的冲动。尽量多提问题,让读你小说的人把他的意见和盘托出,从小说的篇幅到他所喜欢的场景等等,畅所欲言,无所不谈。"[①]再比如,朗读自己的作品,作为一个听众重新审判自己的作品。雪莉·艾利斯就建议:"大声朗读你的作品。在作品上花费了这么长时间之后,你往往看不出错误。这种现象不仅发生在我编辑过的作家作品上面,也曾出现在我自己的作品中。一种对付这种修改盲区的技巧就是大声朗读你的作品。这时,一件奇妙的事情就会发生:耳朵可以为你找出眼睛看不到的很多错误,效果很显著。在你大声朗读的过程中,你忽略的输

---

① 克里斯·巴蒂:《30天写小说》,胡婷、刁克利译,中国人民大学出版社,2013年版,第145—146页。

入错误会显现出来,写得笨拙或了然无趣的部分就会暴露无遗。"①多形式、多侧面、多渠道反复修改文稿,是对自己稿件的负责,也是对编辑和阅读者的负责。"好的作品都是改出来的",这样的箴言从不过时。当然,每一个创作者都可以根据自己的习惯,在修改中寻找合适的方式:或者不同的修改方式,或者每一次修改侧重作品不同的要素,只要能够使稿件更加完善,至于方式和途径都是次要的。

其二,团队性创作的修改。对团队性的创作活动来说,修改的方式和原则有着不小的差异,盖因创作成员的组成差异会带来作品的诸种不同。尽管从整体上来说,修改是为了"使文章达到准确性、鲜明性、生动性"②,但当团队成员的水平有所差异、团队成员对创作目标和任务性质的理解有所偏差时,就必然需要在修改环节进行多重的关照。所谓"多重的关照",意思是需要对团队创作的成果进行多轮次、多侧面、多角度、多人次的后续修改,仍然强调团队成员的协作性、集体性。整体上来说,团队创意写作成果的修改需要注意的方面,除了个人创作需要关注的那些问题外,尤其是那些涉及创意产品的构成要素的方面外,还需要关注集体性、团队性的独特要求。

团队性创意写作成果的修改,大致上应从以下方面入手:

其一,"团队创作要趁热打铁"。需要注意的是,个人性创作需要搁置一段时间来"冷静",但团队创作恰恰需要"趁热打铁",创作结束之后稍事调整就要展开作品的修改。这是因为团队成员能够

---

① 雪莉·艾利斯:《开始写吧!——非虚构文学创作》,刁克利译,中国人民大学出版社,2011年版,第267页。
② 尹均生:《中国写作学大辞典》,中国检察出版社,1998年版,第284页。

保证对其他成员的创作成果做到冷静、客观,不必再刻意来一个"静置期"以获得陌生感,然后进入修改之中。之所以强调"趁热打铁"就在于,趁着团队成员还处于作品创作的"热乎劲"中,将修改作为创作的一部分来进行强化。由于出自众人之手,他们需要在对故事情节、人物塑造等方面仍然熟悉的时候来进行修改,有利于作品的前后统一。"静置期"反而会消磨他们持续创作的热情、对作品内容的熟识度等,不利于作品达成最终的修改效果。

其二,团队创作的协调性。此时可以将这种协调性暂定为"修改的协调性",它强调团队成员趁着"热乎劲"分头对作品进行修改,这其中需要强调:① 创作者不对自己的创作部分进行修改,而是审读其他成员的作品。② 创作者应该以作品的整体性为标准,对作品进行"挑毛病",从而带来严格而又苛刻的修改效果。③ 创作者在对他人成果进行修改的过程也是熟悉整个作品的过程,因此在修改他人创作的同时要与自己创作的内容进行比对、连贯、缝合,而不是单纯地指摘他人的作品。④ 所有创作者应该对其他人的创作进行修改,因此需要强调多轮次、多人次的修改效果。⑤ 协调性的落脚点应是创作者着眼于自己的作品——创作者应该从其他成员修改过后的作品重新出发,来修改自己的创作。唯独如此,团队成员之间通过修改才能够真正地把握住作品的整体性,真正地实现修改的效果。

其三,统一性是团队创作修改的重要要求与标准。这个统一性又分为两个方面:一是强调团队修改步调的一致性。也就是说,在修改任务的分配上,应该强调每个人的任务多少、修改速度的快慢、修改时间的如何,亦即修改步调的一致性。二是强调对作品各要素进行统一化处理。由于作品出自不同成员之手而导致的风格的不一致、人物乃至于故事情节等的不一致，都需要在修改阶段努力进行调整，以便使整个作品在风格上保持一致，从而达到"虽出自众人之手却仿若一人完成"的效果。这就需要强调团队成员在进行修改时对作品的各个要素进行统一化处理：语言风格是首位的，它包括叙述语言本身的调整，也包括错别字、病句等的检查；人物形象的前后一致性问题，性格发展过程的合理性等；在故事情节的排布与叙述上，也要力争前后一致，防止一个人的叙述节奏较快而另一个人的叙述节奏较慢的问题，统一性是团队创作的核心性的、本质性的要求。剔除芜杂、不一致与风格不统一，真正让作品成为浑然一体的自然而然之作。

其四，应该广义上理解多轮次的含义，它至少应该包括以下三个方面：① 一个团队成员对其他成员的作品逐一进行修改。这个修改过程必然是多轮次的，需要一个成员同时兼顾其他成员的所有作品。② 内容性的多轮次，指的是第一次进行修改可能关注的是语言问题，包括语言风格的前后统一，错别字与病句修改等，第二次修改则关注人物形象的塑造问题，第三次转化为对故事、情节与结构的修改，第四次则可能仅仅只是人物对白及其个性化体现等方向的修正。③ 在完成以上所要求的任务之后，团队成员就需要对整个作品，也包括将他自己创作的作品放入到整个作品之中，再做下一个多轮次的修改，再行检查、审阅、修改、校订等，直到作品臻于完美。

修改无止境，没有任何一部作品出手便能宣告成功，且不是一两次修改就能够臻于完美的。更为重要的是，在进行修改时，不管是个人还是团队其他成员，都应该树立一个意识，即"修改也是一次创意写作活动"。修改是创意写作活动必要的组成部分，是创意写作的持续而不是后续的修补。在修改过程中随时产生的创意都应该无缝衔接式地将之容纳到文本之中,而不是只注重错别字、语法错误、病句、语言风格等的修改。

第三节　学会做一个"投稿人"

经历了艰辛、漫长又熬人的创作阶段之后,又在同样辛苦、细致且烦琐的修改阶段之后,文稿已经打磨得臻于完美了。但对一部作品而言,接下来还有重要的一环,即将之"推销出去"。"营销作品"尽管是后续性的、实务性的,多数算在"后期制作"的范畴内,但"营销作品"同样需要创意思维的加持、灌注。"营销作品"是一个复杂的系统与过程,这里先仅就个人作品的"投稿与发表"进行一定程度的先导性介绍。

于尔根·沃尔夫曾在他的创意写作课堂上感慨道:"我所遇到的大多数作家都不喜欢推销自己以及自己的作品。你也是这样吗?那么,你是如何半途而废的呢?可能是遭遇了几次退稿耽误了你的进度,抑或是某个人的消极言论说服你放弃了自己的想法。我们中途放弃的事情往往是我们最看重的,因为我们害怕经历失败所带来的痛苦。那么现在是否应该重新拾起自己那曾经'疯狂'的想法和项目,并努力让其成真呢?如果推销自己让你感到恐惧的话,那么我将会告诉你这句话:你一定能够克服。对于作家来说,如今自我营销是一个比以往任何时候都重要的技巧。"[①]碍于情面也好,避免吹嘘自己也罢,写作者往往是"害羞且腼腆"的一类

[①] 于尔根·沃尔夫:《你的写作教练》,孟庆玲、伊小丽译,中国人民大学出版社,2013年版,第192页。

人,他们将大部分精力都投入在创作之中,对自己创作的结果未能更好地经营起来,从而导致一些意料之外的事情的发生。实际上,创意写作对创作者所提出的要求并不简单只是写好作品,而是一整套系统性的工程,考验着创作者各方面的能力,因此关于创意写作的培训从来也不是纯粹对写作技巧、作品要素的训练,还包括心理训练、推销自己和作品的训练等。所以,有人指出:"故事是寻找买家的商品。"[①]创作者必须首先将自己的作品看成是商品,然后在心理上认同商品需要推销的规则,才能够真正地胜任"商品推销员"的角色,在投稿过程中才能让自己和作品都真正走出去。尽管我们说一部作品最终能否发表和出版需要"靠作品本身来说话",但适当的自我推销的技巧也还是能够助力作品的发表与出版的。因为存在着"靠作品本身来说话"的误区,一些创作者就忽略了对投稿技巧的学习:"一些写作教师声称:学生作者不应该考虑作品出版的问题,而应该一门心思地努力学习写作技巧。类似言论大概是依据这样的假设——如果学生的写作技巧娴熟,出版便是顺理成章的事情。该假设也许是对的,然而我却很是怀疑那些提出这样假设的人的居心。……从某些方面来说,年轻作者在出版方面所需要的指导丝毫不亚于他在写作技巧方面的需求。哪怕是最令人尊敬的出版公司的退稿信也有可能在明智或有益的情况下多少显得敷衍了事。"[②]

如何来投稿,我们可暂且搁置不谈,先来看看为何许多创作者

[①] 德怀特·V.斯温:《畅销书写作技巧》,唐奇、上官敏慧译,中国人民大学出版社,2013年版,第265页。

[②] 约翰·加德纳:《成为小说家》,孟庆玲、伊小丽译,中国人民大学出版社,2016年版,第102—103页。

经常被退稿。有些创意写作教师就直接给学生们建议:"一个段落不能占四页;或者你不能每一页都使用奇怪的标点符号,就好像在新娘还没走到跟前的时候就乱撒玫瑰花瓣。"①这些建议实际上属于内容性的、文本性的,但还有一些偶然的、外部的、不在创作者把控范围之内的问题。比如加德纳就曾说:"大多数小说之所以被退稿,主要是因为其质量欠佳,然而这却不是作者遭遇退稿的唯一原因……有些退稿是因为没有将稿件发到合适的编辑手中,有些则是因为稿件根本没能从筋疲力尽或者不甚聪明的、迷糊的前期审核者手中幸免,也有可能是因为出版商有未处理完的作品,也可能只是因为这位编辑人受不了任何和'奶牛'有关的故事。"②编辑们一时心情的好坏、兴趣单一导致的稿件被弃用……通常情况下,哪怕是一些较为外在的原因,也可以通过"唯一沟通媒介"的信件或作品来一一化解,从而为自己赢得"发表机会"。毕竟,每一个创作者都明白,阴晴不定的心情也会因为优秀的、看着顺眼的稿件而变得舒畅起来;日常琐事导致的遗忘可以通过坚持不懈的信件来起到提醒的作用……采取一定的措施,让自己的身份从创作者转变为投稿人,真正让自己的作品走向市场,走向阅读者,这是创作者在稿件最终完成之后要做的事情。

从创作者转变为投稿人,需要做一些不同于作品创作的事情,采取一些更为贴心的行动:

其一,诚恳的态度,谨慎与仔细的行为。任何与编辑的沟通,

---

① 杰西卡·佩奇·莫雷尔:《来稿恕难录用:为什么你总是被退稿》,李琳译,中国人民大学出版社,2018年版,第267页。
② 约翰·加德纳:《成为小说家》,孟庆玲、伊小丽译,中国人民大学出版社,2016年版,第107页。

都应该抱着诚恳的态度,要在言辞和语气上采取恭敬的、诚恳的语汇,不仅体现在遣词造句上,还体现在整个自我推介的信件中。当然,这并非是要前恭后倨、失去自我,它应该是不卑不亢的、不骄不傲的。谨慎与仔细的行为,首先体现在文稿的干净整洁上,要设身处地为编辑着想,能够让其在繁忙的、琐碎的工作中节省时间和精力地审读稿件;其次,这些照顾周到的想法要体现在稿件中,比如字号统一、文面整洁、空间布局合理又落落大方……投稿的任何一个环节都不是小事,一些细节性的问题往往会造成致命的伤害;再次,有些编辑为了节省精力会发布一些关于稿件编辑的要求文件,一定要仔细阅读并且严格照做,否则会被视为不尊重编辑的规定;最后,给自己的作品最好写一个梗概,理论文章要将内容摘要置于信件内容之中,让编辑一览无余地知晓作品的主题,这有利于让他们决定作品是否有继续阅读下去的价值。

其二,切忌盲目投稿、"撞大运"心态。一个认真负责的"投稿人"会想方设法地"投其所好",也就是说,需要对杂志的风格、编辑的风格有所了解。这就需要创作者沉下心来去"研究、琢磨、把脉"各个文学期刊、出版社,然后将自己作品的风格与之进行比对,提高投稿的成功率。以当前中国文坛几大刊物来说,《人民文学》较为偏向于对时代政策的解读、大政方针的传达等,因此稿件的录用强调"于时而用";《收获》继承并延续着20世纪80年代的开拓、创新风格,力争推陈出新,侧重于文学本身的审美性传达,因此不避先锋、创意,扶持年轻人创作;《十月》则满怀文学之心,以开放、包容、温馨为主调,吸纳一切优秀文学作品,在文学的审美、思想的传达上较为注重,近年来刊发不少重量级的作品,其中乡土文学类作品较为出色。其他刊物如《当代》青睐于文坛成熟作家与作品,《作品》较为关注探索性与争鸣性作品,至于地方性文学期刊如《安徽文学》《福建文学》《山西文学》《四川文学》等,则较为关注本地作家的创作,当然眼光也会触及全国。唯独知晓各个刊物的特色、风格,才能将作品比之于它们的定位,投稿才会有所收获。

其三,学会给编辑推荐自己的稿子,要敢于并善于毛遂自荐。那么怎么给编辑推荐自己的稿子呢?你需要为编辑进行简短的复述、展示作品的核心内容。沃尔夫曾建议:"在营销方面有这样一句老话:'你卖的不是牛排,而是煎牛排的"嗞嗞"声。'也就是说,要展示给人们这一产品令人激动的方面,而不是告诉他们这个产品到底是什么。——不光是有关我们的作品的,还有我们个人的。"[1]信心满满者容易在介绍自己作品的时候显得自负且炫耀,信心不足者会掉进自我怀疑、束手束脚的困境中,真正好的介绍作品的信件,应该是与编辑促膝长谈式的,但此处"长谈"并不是要写一大篇关于作品的"自我评论式的推介",而要在有限的篇幅内把作品的特点展示出来,以节省编辑的时间,甚至留下供人想象的空间,吸引阅读者进入作品的阅读之中。除了告诉编辑"煎牛排的嗞嗞声"之外,还应该力争让作品、创作者自己与编辑之间"产生共鸣"[2]。正是基于此,我们要力争在有限的篇幅之内实现"有效推介的八个秘诀"[3]:一是让他们了解你所讲述的故事类型。二是在讲故事背

---

[1] 于尔根·沃尔夫:《你的写作教练》,孟庆玲、伊小丽译,中国人民大学出版社,2013年版,第192—193页。

[2] 詹姆斯·斯科特·贝尔:《从创意到畅销书:修改与自我编辑》,刘在良译,中国人民大学出版社,2016年版,第311页。在这里,贝尔讨论的是作品的结尾处,应该实现一个精彩的、完美的、尽善尽美的目标,也就是"写上好几个不同的故事结尾。尝试运用不同的表达方式和节奏",从而使作品能够真正地与阅读者产生共鸣。

[3] 于尔根·沃尔夫:《你的写作教练》,孟庆玲、伊小丽译,中国人民大学出版社,2013年版,第198—201页。

景之前先勾起他们的兴趣。三是让你的角色个性鲜明。四是尽快进入故事的主题。五是别遗漏了第三幕,也就是故事的结尾。六是将主题融入故事。七是一定要热情洋溢地讲述自己的故事。八是熟能生巧,多次练习。

其四,注意聆听、吸收编辑的正确意见,切不可抱有"一字不改"的态度,也不能完全"听之任之"。一般来说,编辑都是见多识广的人,也许他们并未遍读世界名著,但他们绝对审阅过许多稿件,且是各种各样、各具风格的稿件。他们提出来的意见不仅仅是为文稿负责,也是面向阅读者需求的。比起创作者,编辑则更为谙熟阅读者的心理需求,所以一篇稿件可能在编辑的帮助下要经历"大大小小的无数次修改",但不必介怀,这可能是最好的结果。当然,也会产生这样的情况:编辑所考虑的修改意见,与作品的基本设定南辕北辙,或正好相反,那么创作者就应该对稿件抱着坚定的态度,通达核心主题的路径很多——路径可以更改,甚至主题也可以在编辑的建议下修改得更为清晰明确,但彻底地"颠覆"稿件则意味着创作者的角色变为编辑了,此时也就不必对编辑"言听计从"了。和编辑沟通,让自己变成一个"投稿人",实际上考验的既是创作者的创作能力,同时检验创作者的社交能力——不是混朋友、混圈子、混社会,而是真诚地与另外一个"特殊的阅读者"交流关于稿件、作品的意见。

无论如何,"稿件的质量"始终是它发表、出版的根本依据和标准,但创作者也应该甚至必须推销自己的作品,真正让自己的作品变成产品、消费品,最终抵达阅读者、消费者的手中,实现作品的价值。"抽屉文学"是存在的,但它只存在于特殊年代,而不能够成为"文学的常态",其原因就在于"创意产品的天职"是被阅读、被欣赏、被消费。

第四节　改变角色：从生产者到批评者与消费者

从创作者、生产者，变为自己作品的批评者、消费者，从"鸡蛋里面挑骨头"到"物有所值的消费理念"，都应该成为创作者对作品进行"审判"的重要原则。之所以要将身份转变为批评者和消费者，原因就在于这提供了一种全新的视角来"审读作品"，所以在创作阶段结束之后，一般都会建议："现在应该唤醒你没有想象力的自我，要'他'来服务和回报你。……你要用日常的眼光、平时的想法来审视这些日积月累的素材和笔记。"[1]从创作者的角色与位置上走出来，转变身份，变成一个完全不了解创作规律与习惯、不知晓写作内在要义的"普通人"，将自己的心思与状态调整为一个批评者、消费者，只去关注作品本身，去追问作品是否达到了消费者的要求？是不是蕴含着批评者所需要的诸种要素？

作为批评者，由于其所要做的工作既是鉴赏性的，又是批评性的，所以其所站立的高度与所考虑的深度，会更加注重作品的以下方面：

其一，主题和内涵。这里面可以追问的是：主题（主旨）是什么？作者的思路清晰吗？有没有带来新的觉知（乔伊斯所谓的"顿悟"）？为什么这个故事是重要的？[2]乃至于要追问作品对既有的

---

[1] 多罗西亚·布兰德：《成为作家》，刁克利译，中国人民大学出版社，2011年版，第63—64页。
[2] 苏珊·M.蒂贝尔吉安：《一年通往作家路：提高写作技巧的12堂课》，李琳译，中国人民大学出版社，2013年版，第194页。

文学情状有无推进？在文体学的创新上、在语言的创造上是否有新的贡献？在人类思想的发展轨道上，作品有无最新成果？就现实的某些问题，作品是否给出了回应、解答？思想的创造性是否突出？批评者着眼于主题上、思想上，乃至于哲学的探索上，作品能提供什么，给出了什么样的答案，这一层次的追问和思考，实际上意味着对创作者的眼光、思想、境界等提出要求。

其二，叙事技巧、张力与冲突、叙述创新等。这考查的乃是作品的写作技巧：叙述视角（第一人称、第三人称、第二人称、混合人称等）、叙述顺序（顺序、倒叙、插叙、回叙等）、叙述节奏（叙述的快慢、叙述的长短、叙述的疏密、叙述的断续、叙述的轻重等）、叙述方法（白描、工笔、写意、抒情、议论、平铺直叙等）[1]……于此诸种，批评者就会追问：在对立的场景、人物和对话中是否存在张力？有没有运用叙事技巧，有没有"正向流动"？情节的跌宕起伏配得上故事吗？[2] 情节的布局是否得当？在故事结构的安排上，有没有做到引人入胜？人物行为与故事情节的搭配是不是天衣无缝？叙述的各个方面是否在逐步地凸显主题？等等。

其三，故事类型的安排，以及作品风格的建构。当下的文学类型化发展已经处于成熟阶段，自鲁迅《中国小说史略》引领小说类型学研究至今，创作作品在类型规约的顺从与反叛上，均有可以观察的成熟视点，因此在批评者的眼中，文体分类及其规约、类型故事及其规约、语言风格及其类型……都是可资借鉴的评批作品的依据。正因为作品存在着主题学、类型学研究的理论方法，作为一

---

[1] 尹均生：《中国写作学大辞典》，中国检察出版社，1998年版，第173—184页。
[2] 苏珊·M.蒂贝尔吉安：《一年通往作家路：提高写作技巧的12堂课》，李琳译，中国人民大学出版社，2013年版，第193页。

个批评者,定然会追问作品的如下问题:作品样态适合这个故事吗?类型/子类型对于故事来说合适吗?是以什么视角讲述的?风格对于主题来说恰当吗(诗意的,说教的,幽默的)?节奏一致吗(扫读长度,用词,重复)?作者的口吻是不是饱满的、连贯的?① 作者在驾驭题材类型上是否充分尊重类型规约,并取得某些类型上的创新成果?语言的叙述是否与人物的性格、故事本身的发展匹配?作品是否体现出了独一无二的个性风格?诸如这些问题,实际上都是在修改阶段应该重视的方面,它们是构成完美作品的重要部件。

其四,人物形象的塑造。对于一部作品而言,尤其是叙事作品来说,人物的塑造都是极其重要的任务,毕竟"读者希望人物看起来像真的人,完整的、活生生的、可信的、值得关心的人。他们希望像了解自己的朋友和家人那样了解人物,像了解自己一样了解人物。读者希望读完故事以后,自己对人物的了解,能远甚于在生活中对他人的了解。这也是虚构的目的所在,即超越日常生活,对人性进行深刻的揭露"②。一个鲜明的人物形象,是一部作品取得成功的有力保证——即便阅读者忘却了故事,忘却了人物的具体行动,但这个人物将栩栩如生地活在他的记忆之中,这就是一部成功的作品所能够达到的效果。因此我们可以追问:人物形象生动鲜活吗?对白是否强于人物和故事?对白是否有助于强化文风?每

---

① 苏珊·M.蒂贝尔吉安:《一年通往作家路:提高写作技巧的12堂课》,李琳译,中国人民大学出版社,2013年版,第193页。
② 奥森·斯科特·卡德:《人物与视角:小说创作的要素》,李菱、郑炜译,中国人民大学出版社,2019年版,第4页。

个人物是否都有独特的声音?① 以至于场景的设计是否有利于凸显人物形象?人物行动背后的逻辑是否符合塑造人物形象的性格原则?人物的存在是否推动故事的发展?人物行为的"例外状态"是否符合故事本身的发展逻辑?等等。评论者有时候是一个"吹毛求疵的形象",一个"鸡蛋里面挑骨头的家伙",他会绞尽脑汁地指摘作品的缺陷,哪怕最小单元的缺陷都逃不过他的法眼。但恰是如此,批评者犹如啄木鸟一样,啄出树皮中的害虫而使树木(作品)保持健康,因此正确地看待批评者的角色、将自己转化为批评者,许多问题可能就一目了然了。田纳西·威廉斯曾说:"那些负面评论总能给我动力。如果一场戏剧明显很失败的话,评论还没出来,我当天晚上就已经坐在打字机前了,相比大获成功,这种时候我更有动力去工作。"② 为作品负责,即便吹毛求疵、故意刁难,也是一种负责的行为。

相比于批评者的专业、审慎与多维度、多方面地"挑毛病",消费者则较为单纯地追求创意作品是否好读、吸引人,是否阅读过后会有"值得的感觉"。因此,他们追问的问题实际上较具代表性,也是创作者不能忽略的。按照消费原则来看,尽管我们说,创作者不用"取悦于读者""献媚于读者",但心中长存"读者意识",更有利于创作者修改自己的作品,使之趋于完美。若创作者从消费者的角色出发来修改作品,极容易凸显出以下几个方面:

其一,开头与结尾。我们再次强调开头与结尾,是因为它们在

---

① 苏珊·M.蒂贝尔吉安:《一年通往作家路:提高写作技巧的12堂课》,李琳译,中国人民大学出版社,2013年版,第193页。
② 于尔根·沃尔夫:《创意写作大师课》,史凤晓,刁克利译,中国人民大学出版社,2013年版,第226—227页。

作品中占据着独特的位置,一个是"第一印象好坏"的相遇,一个是"能否托付终身"的相知,唯独有美好的相遇才能真正走到相知,唯独有相知才能够真正地走向信赖与最终的选择。"好故事、好小说、好的回忆录的最佳开头概莫能外——都能做到让读者渴望读下去。这是因为你在恰当的时候选择了恰当的词句,你启动了一系列事件,引发了需要被回答的问题。"[1]作为消费者,他们是挑剔的,如果开头无法吸引他们,那么他们会果断地、毫不留情地甩下作品而转身离开。作为一个阅读者,我们应该追问自己的作品:我开始故事的时候引擎全开了吗?还是花费了太多的时间预热?我的开篇故事是如何遵循希区柯克的名言("伟大的故事就是剔除掉生活中乏味沉闷的部分")的?我尝试着呈现的故事世界是什么?什么样的情绪描写能够带给读者像现实生活一样的感受?我的小说基调是什么样的?我的描写符合小说的基调吗?在第一部分的故事中,是什么吸引读者一直读下去?主人公会面临什么样的危险?主人公的对手是谁?正反两方势均力敌还是反方更强大?我应该如何把它呈现出来?等等。

其二,必须要再次强调人物形象的重要性。阅读者可能只是因为关注作品主人公的命运,才被牵引着往前阅读,甚至直到作品已经阅读完毕他也不能离开主人公半步。如果恰好作品塑造了一个符合阅读者期待的人物形象,他们自然地将自我投射在人物身上,那么作品自然会成为阅读者解释自己行为的依据。而若要塑造大多人都会将自我投射到其身上的人物形象,那么就需要创作

---

[1] 杰西卡·佩奇·莫雷尔:《来稿恕难录用:为什么你总是被退稿》,李琳译,中国人民大学出版社,2018年版,第3页。

者真正提炼出一个"公共世界的核心性人物"："寻找人物,你不必苦苦追寻,其实也没那么神秘。你只需把自己的大脑变成一张网,伸向生活与文学的洪流之中,网住有意思的点子。……当你寻找合适的人物时,先把网撒向自己的日常生活：你遇见过的、了解的人,当然还有你自己。"[1]引人入胜的故事是属于人物的故事,情节是人物行动所带来的,结构是随着人物的生活轨迹展现出来的……作为一个枢纽,人物可以拎起诸多文本的要素。

其三,关于"阅读值得不值得的问题"。不管在哪一个方面,只要作品能够有一个点抓住了阅读者,就可以宣告作品是成功的,小到语言风格的独特性、用语的个性化,大到整个人物形象的塑造、故事的曲折动人等,所以创作者在转变为阅读者的时候必须追问自己：作品中到底哪一个要素能够留住读者？哪一个部分能够给予阅读者以物有所值甚至物超所值的踏实感？经受住了如许追问,作品的修改指向也就明确了。

作品的修改、投稿、发表与出版,是一个漫长的过程,其重要性也不亚于创作本身,因此创作者必须要在精神上重视这一过程,应多措施并存,多方法并用,不管是从修改的视角上、立场上、方法上,还是从具体的路径上、修改的次数上等,都应不避烦琐,勇于面对作品及其遗憾之处,力争出手后即是经典。作品的最终落脚点,永远是在消费者的手上,只有抵达阅读者的手中并最终被他们阅读、品评、鉴赏,甚至向更多的阅读者推荐,才算完成了一部作品的"全部创作"。

---

[1] 奥森·斯科特·卡德：《人物与视角：小说创作的要素》,李菱、郑炜译,中国人民大学出版社,2019年版,第34—35页。

后 记

这本书的写作与出版过程都经历了一些曲折，也带有许多个人的日常生活的烦扰——我是在2019年的10月，正式加入上海大学创意写作学科，领取了"创意写作活动的组织与管理"课题，拟定要写一部创新性的专著式教材。2020年4月，学科组召开了专题性的丛书策划会，其间形成了本书的大致框架；经过2022年4月开始的密集写作阶段，至当年12月，本书初稿完成。

按照最开始的计划，本书共包括四个核心部分：第一部分，"创意管理：原理与方法"；第二部分，"自我管理：过程与途径"；第三部分，"团队管理：概念与实践"；第四部分，"创意产品管理：营销与维护"。结语为"一个导论：创意写作管理学"。在整体的设计上，本书欲以新文科为研究背景，以生产过程为对象，以管理学和组织行为学为视角，以心理学为基础，以过程性与作品生产来统观创作现象，将创意写作活动分为"写作前""写作中"与"写作后"三个阶段，综合地运用文学、哲学、伦理学、管理学、组织行为学、心理学等学科知识，力求以新视角、新立场、新方法剖析作为人类本质性创造行为的创意写作活动及其运行机制、管理方式，既是对既有创意写作经验的总结，亦是对创意写作理论研究视域的全新开拓。

"创意写作的过程性"以及"创意写作的产品生产属性"是两个理论前提：前者意味着过程的可管理性，分阶段、分步骤、分序列地对过程性的行为进行规范、整合,本然地属于管理学研究的内容,尤其是产品的生产过程;后者是将创意写作进行"活动化、生产性"等理论归纳,从而选择有别于文学的视角来对之进行观照。基于此,创意管理、自我管理、团队管理、产品管理,构成了一个"创意写作产品生产的全过程"闭环的理论探讨体系,为创意写作的理论研究、教学实践、市场推广、产业化发展等提供参照意见。尤其是创意写作思维训练、分要素训练、灵魂管理及其相关个人思想与素养的提升、阅历与阅读的积累等,作为创意写作学科基础性的理论话题,对之进行多角度、多视野的研究是十分必要的,毕竟,"作为经验的创意写作"若要实现学科化发展的目标,就一定要建构属于其自身的知识体系。值得注意的是,创意写作尽管是有别于传统写作学的新学科,但它仍然不避讳对传统写作学知识与理论的借鉴与挪用,甚至作为对写作活动的关注,它们所涉及的对象及其运行机制都是一致的,因此具有理论上的相通性。

创意写作自 2009 年引入国内高校以来,中国化一直是学界孜孜以求的目标,致力于建设具有中国气派、中国风格的创意写作学科,终于随着 2024 年新的二级学科目录的发布而宣告阶段性目标的达成。但创意写作学科建制化发展,仍然吁请严密的理论研究,毕竟它需要梳理学科知识体系、提供基础概念辨析、厘定内涵与外延等。《创意写作管理》实则是在这样的趋势中,为创意写作学科化发展贡献微薄力量的结果。

2022 年完成初稿的写作之后,这本书的出版遭受了一些曲折——关于理论本身的建构性争论、关于"专著式教材"的分歧,甚至关于解释模式的有效性等。至于外在原因:它的初稿有 53 万字,体量过于庞大。为了保证内容完整性,以及顺利出版,本书最终只能舍弃了30万字的内容,将其中的23万字以如今的模样呈现出来。本书聚焦于个人性的创意写作过程性的管理,因此它变成了两部分:基础性理论话题的"创意管理"与实用性理论探究的"自我管理"。被舍弃的部分,则主要是创意写作的"团队管理"与"产品管理"——它们更偏向于组织行为学、管理学、市场营销学、广告学等学科的知识与内容,但依旧是对创意写作市场化、产业化发展方向的探究。未来倘若机缘到了,再行出版,也是颇值得期待的事情。

在本书的写作过程中,我经历了父亲的病重卧床与离世,心头创痛无以言表,久久盘桓。那些在他病榻旁奋笔疾书的日子,成了父亲陪伴我的别样方式,也是他留给我的最后相聚与念想。父亲是本本分分、老老实实、勤勤恳恳的庄稼人,在营务土地和田园的日子里,他欣喜、欢愉,稳重、浑厚,一如庄稼地的质朴与深沉。甚至在他病倒的那个黄昏,他已在田地里劳作一整天。我紧急带着他去医院时,他仍穿着沾满泥土的衣衫和布鞋。他一辈子省吃俭用、谨言慎行,傲一口气,坚韧地抚育五个孩子的成长。作为他最小的孩子,如今我也已年届不惑,他大约是觉出自己可以稍事休息了,便撒手人寰。这本书敬献给他,作为我对他的一种怀念与祭奠。

尽管本书已经完成,但自觉创意写作的许多基础性理论话题,仍然需要作更进一步的探讨。就在此书筹备出版的时候,《创意写作基础读本》已经开始着手撰述——它不再强调研究视角的新颖、综合性知识的运用,而奠基于创意写作的过程性研究的相关成果,大约不久的将来,即可与读者见面。即便是本书的相关研究,也仍然有许多不足之处,敬请读者不吝批评指教,也期待学界同人一起努力,将创意写作建设成真正具有中国风格、中国气派的本土化新兴学科。

创意写作的时代已然来临,诸君当携手前行,共创学术辉煌。

飞往湖南岳阳的航班上
2025.6.5